東大理三合格講師30名超による

医学部
受験の叡智

受験戦略・勉強法の体系書

改訂新版

合格の天使　著

もくじ

~はじめに~………………………………………… 12
改訂版　出版にあたって………………………………… 15

序論　まず知っておくべき全国の医学部の入試（選抜）方式

◎第1章　国公立大学…………………………………… 16
1．一般選抜
2．学校推薦型選抜（旧推薦入試）
3．総合型選抜（旧 AO 入試）
◎第2章　私立大学…………………………………… 18
1．一般選抜
2．学校推薦型選抜（旧推薦入試）
3．総合型選抜（旧 AO 入試）
4．共通テスト利用選抜
◎第3章　入試（選抜）方式と合格可能性………………… 21

受験戦略編

第1部　戦略なき勉強法と対策は捨て去れ　24
◎第1章　「医学部合格への覚醒」の章
～医学部合格が難しい本当の理由を知れ～………… 24
【第1節】　誰でも医学部合格は可能だ　24
1．医学部に合格できない原因は明確
2．誰でも医学部に合格できる客観的な根拠
◎第2章　医学部不合格への対策をとっていないかのチェック項目！… 27
1．不合格への勉強法や対策というものがある
2．医学部に不合格になる受験生がやっている対策
3．多くの受験生・高校生・保護者の方の失敗

◎第３章　医学部確実合格を決している重大要素…………………… 33
1．勉強量や努力量の順番で合否が決まっているわけではない
2．勉強量や努力量では医学部受験は勝負にならない論拠
3．医学部に合格するには勉強量や努力量以前に優れた受験戦略が必要

第２部　医学部合格への３大戦略　36

◎第１章　医学部合格への３大戦略総則…………………………… 38
1．医学部合格のための３大戦略
2．３大戦略を構成する重大要素

◎第２章　３大戦略その１　「ターゲットを絞る」…………………… 40
【第１節】「試験問題の３類型＼難問の２分類®」理論　40
1．「試験問題の３類型」と「難問の２分類」
2．医学部の入試問題の特徴
3．第３類型の問題の正体
4．第２類型の問題に込められた大学側の出題意図
5．「第２類型易問題」「第１類型問題」の本番でのモンスター化を理解しろ
6．医学部の出題パターンの分析・検証
7．試験問題の３類型から導く医学部合格へのターゲットの選別
【第２節】得点戦略®　57
1．トータル得点で２～３割、１教科４～５割得点できなくても合格可能
2．全国すべての医学部の入試問題の出題パターンの分類要素
3．12 パターン分類表
4．全国の医学部の 12 パターンへの属性
5．出題パターン別得点戦略
6．12 パターン分類の補足
【第３節】この章から得るべきもの　93
1．出題パターンの分類と得点戦略から得るべきもの
2．合格者と不合格者を分けているある秘密

◎第３章　３大戦略その２「ターゲットへの的確なアプローチ」… 96
【第１節】「勉強ターゲットの３類型」理論　97
1．まずは確認　多くの受験生が軽視する勉強の順番
2．巷では分類・ロジック化されていないターゲット
「基礎習得の３分類」理論・「一般化脳」理論・「得点脳」理論
3．「基礎習得の３分類」理論・「一般化脳」理論・「得点脳」理論とは
4．「基礎習得の３分類」理論
5．「一般化脳」理論
6．「得点脳」理論
7．成績が伸びない場合にチェックすべきポイント
8．得るべき「得点脳」には志望校により『次元』がある
9．「得点脳」には『種類』がある
10．「過去問至上主義」を貫け
【第２節】【要注意！】医学部受験生がとらされている誤った受験対策　128
1．「基礎が大事」ということを間違ってとらえた受験対策
2．私大医学部の問題の独自性に対する誤った受験対策
◎第４章　３大戦略その３「志望校・併願校と選択科目の戦略的決定」…130
【第１節】　志望校と併願校の戦略的決定方法　130
1．多くの受験生が犯す戦略的視点なき志望校・併願校の決定
2．戦略的志望校・併願校決定のために必要となる視点
【第２節】　理科科目の戦略的決定の方法　131
1．決定の基準
2．戦略的視点＝科目特性の加味
3．多くの受験生が取る組み合わせ
4．受験生物に隠されたある事情
5．最終決定の方法
【第３節】　共通テスト社会科目の戦略的決定の方法　136
1．決定の基準
2．戦略的視点＝科目特性の加味

3．多くの医学部志望受験生が選択する共通テスト社会科目

4．最終決定の方法

第3部　各自の合格戦略を構築せよ　140

◎第1章　志望校を決める……141

◎第2章　志望校の問題の特性を知る……142

1. 受験対策に入る前、基礎標準知識が身につく前にやっておくべきこと

2. 基礎標準知識が身についてから本格的にやるべきこと

（本格的な過去問分析、過去問演習の段階でやるべきこと）

◎第3章　得点シミュレーションをする・得点戦略を立てる……146

1. 受験対策に入る前、基礎標準知識が身につく前にやっておくべきこと

2. 基礎標準知識が身についてから本格的にやるべきこと

（本格的な過去問分析、過去問演習の段階でやるべきこと）

3. 得点戦略の重要性を示す当塾元受講生の合格例

4. 各自の得点戦略表

勉強計画編

第1部　勉強計画の立て方　160

◎総則　勉強計画を立てる際の絶対的なポイント……161

◎第1章　年間計画の立て方……162

【第1節】　各科目に共通の視点　162

1．9月の終わりを目途にする

2．過去問に取り組む時期

3．共通テスト対策の位置づけ

◎第2章　中期計画の立て方……164

◎第3章　短期計画の立て方……165

【第1節】　短期計画のポイント　165

【第2節】 短期計画を立てる際のポイントと手順 165
1. 短期計画を立てる前提として必要なこと
2. 計画は時間基準ではなく内容基準で立てること
3. 実際に何を意識して計画を立てるのか
4. 短期計画立案のスパン

第2部 年間計画のサンプルプラン 169

◎第1章 国公立医学部受験生の年間計画のサンプルプラン………171
【第1節】 サンプルプラン1 二次試験に国語なしのパターン 171
1. 夏休み前まで 2. 夏休み頃（7、8月） 3. 9月～ 4. 11月～
5. 12月～ 6. 共通テスト後
【第2節】 サンプルプラン2 二次試験に国語ありのパターン 173
1. 夏休み前まで 2. 夏休み頃（7、8月） 3. 9月～ 4. 11月～
5. 12月～ 6. 共通テスト後
◎第2章 私大医学部受験生のサンプルプラン………………………176
1. 夏休み前まで 2. 夏休み頃（7、8月） 3. 9月～ 4. 11月～
5. 1月～

第3部 計画の実践と軌道修正のポイント 179

◎第1章 計画の実践と軌道修正のコツ………………………………180
【第1節】中期計画を1週間のスパンで落とし込む計画の場合の実践と軌道修正の体験談 181
1. 東大理三合格講師 菊地からのアドバイス
2. 東大理三合格講師 光畑からのアドバイス
3. 東大理三合格講師 岡田からのアドバイス
4. 東大理三合格講師 伊藤からのアドバイス
5. 東大医学部医学科推薦合格講師 桜田からのアドバイス
6. 本書旧版に掲載していた元東大医学部医学科講師からのアドバイス

【第２節】中期計画を１日単位に落とし込む計画の場合の実践と軌道修正の体験談　186
1．東大理三合格講師　河野からのアドバイス
2．東大理三合格講師　渡辺からのアドバイス
3．東大理三合格講師　後藤からのアドバイス
4．東大理三合格講師　深川からのアドバイス
5．東大理三合格講師　安藤からのアドバイス
6．本書旧版に掲載していた元東大医学部医学科講師からのアドバイス
◎第２章　ノルマを達成できない時は原因を分析せよ……………………191
【第１節】　勉強に取り組めない場合の原因と対処　191
1. 計画は最初緩すぎるくらいでいい
2. 東大理三合格講師　江尻からのアドバイス
3. ゴール設定を明確に
【第２節】勉強時間を確保しているのにノルマが達成できない場合　193
1．様々な試行錯誤をしてみる
2．計画と自分の実力に齟齬がないかを検証する

勉強法編

第１部　勉強法総論　198
1．基礎から過去問へとステップを積もう
2．教科書レベルの基礎の身につけ方
3．問題集・参考書の効率的な活用法
4．網羅系問題集（受験標準問題集）の本当の有用性
5．答案の大切さ
6．時間を計って問題を解くべきか
第２部　各教科の勉強法　209

もくじ

◎**第１章　英語の勉強法**……………………………………………………210
英語を学ぶにあたって
＜１＞年間スケジュール ＜２＞勉強の手順 ＜３＞勉強法
＜４＞英語の実力が伸び悩む原因！ ＜５＞高１・高２生にむけて
＜６＞よくある悩みとその対処法＜７＞おすすめの問題集・参考書
◎**第２章　数学の勉強法**……………………………………………………234
数学を学ぶにあたって
＜１＞年間スケジュール ＜２＞勉強の手順 ＜３＞勉強法
＜４＞数学の実力が伸び悩む原因！ ＜５＞高１・高２生にむけて
＜６＞おすすめの参考書・問題集
◎**第３章　理科の勉強法【化学　物理　生物】**…………………………252
理科を学ぶにあたって
【化学の勉強法】＜１＞年間スケジュール ＜２＞勉強の手順 ＜３＞勉強法
＜４＞化学の実力が伸び悩む原因！ ＜５＞高１・高２生にむけて
＜６＞おすすめの参考書・問題集
【物理の勉強法】＜１＞年間スケジュール ＜２＞勉強の手順 ＜３＞勉強法
＜４＞物理の実力が伸び悩む原因！ ＜５＞高１・高２生にむけて
＜６＞おすすめの参考書・問題集
【生物の勉強法】＜１＞年間スケジュール ＜２＞勉強の手順 ＜３＞勉強法
＜４＞生物の実力が伸び悩む原因！ ＜５＞高１・高２生にむけて
＜６＞おすすめの参考書・問題集
◎**第４章　国語の勉強法【現代文　古文・漢文】**………………………286
国語を学ぶにあたって
＜１＞年間スケジュール ＜２＞勉強の手順 ＜３＞勉強法
＜４＞国語の実力が伸び悩む原因！ ＜５＞高１・高２生にむけて
＜６＞おすすめの参考書・問題集
◎**第５章　小論文の勉強法**…………………………………………………303
小論文を学ぶにあたって
＜１＞具体的な勉強法 ＜２＞おすすめの参考書

◎第６章　共通テスト社会の勉強法【地理　倫理政経　世界史　日本史】…306
共通テスト社会を学ぶにあたって
【共通テスト地理の勉強法】＜１＞年間スケジュール＜２＞勉強の手順
＜３＞勉強法＜４＞高１・高２生にむけて＜５＞おすすめの参考書・問題集
【共通テスト倫理政経の勉強法】＜１＞年間スケジュール＜２＞勉強の手順
＜３＞勉強法＜４＞高１・高２生にむけて＜５＞おすすめの参考書・問題集
【共通テスト世界史の勉強法】＜１＞年間スケジュール＜２＞勉強の手順
＜３＞勉強法＜４＞高１・高２生にむけて＜５＞おすすめの参考書・問題集
【共通テスト日本史の勉強法】＜１＞年間スケジュール＜２＞勉強の手順
＜３＞勉強法＜４＞高１・高２生にむけて＜５＞おすすめの参考書・問題集

志願理由書・面接対策編

第１部　志願理由書の書き方　330

◎第１章　志願理由書の作成概要・書くべき内容……………………330
【第１節】　志願理由書の作成についての概要　330
【第２節】　志願理由書に書くべき内容　330
【第３節】　志願理由書作成でその他気をつけること　332

第２部　面接対策　333

◎第１章　医学部面接概要と対策……………………………………333
【第１節】　医学部面接についての概要　333
【第２節】　面接の種類　334
【第３節】　面接の流れ　335
【第４節】　面接での質問内容とそれへの対処　335
【第５節】　医学部面接対策のまとめ　338

本番戦略編

医学部に合格する「本番戦略®」 342

◎総則　本番戦略は普段の勉強の指針になるもの……………………342
◎第１章　試験得点の３類型　その１　攻撃の得点®　…………344
【第１節】　攻撃の得点とは　344
【第２節】　攻撃の得点で注意すべきポイント　344
◎第２章　試験得点の３類型　その２　防御の得点®　…………348
【第１節】　防御の得点とは　348
【第２節】　防御の得点を得る具体的な手段　348
◎第３章　試験得点の３類型　その３　手順の得点®　…………353
【第１節】　手順の得点とは　353
【第２節】　手順の得点を得る具体的な手段　353

合格への決意編

あなたは医学部に合格する　360

◎第１章　優れた受験戦略に基づく勉強計画・勉強法・受験対策がすべてを変える………………………………………………………360
【第１節】ここにある医学部合格のための受験戦略・勉強法の真実　360
1．受験界最高結果を叩き出している当塾講師陣の真実がここにある
2．世の中の勉強法や受験対策の決定的な誤り
◎第２章　最難関医学部突破者の知られざる真実……………………364
【第１節】　突き抜けた受験結果は天性の才能とは無関係！　364
【第２節】　「天性の才能」という誤解を覆す現実　365
◎第３章　当塾講師陣からの受験の真実を踏まえた応援メッセージ…369
【第１節】　本書の執筆・監修講師陣からのメッセージ　369
1.　東大「理三」現役合格講師 藤井（地方私立高校出身）からのメッセージ

2.　東大「理三」現役合格講師 河野（地方私立高校出身）からのメッセージ
3.　東大「理三」現役合格講師 菊地（都内私立高校出身）からのメッセージ
4.　東大「理三」『次席』現役合格講師 小団扇（都内私立高校出身）からのメッセージ
5.　東大「理三」現役合格講師 安藤（地方公立高校出身）からのメッセージ
6.　東大「理三」現役合格講師 正門（地方公立高校出身）からのメッセージ
7.　東大「理三」現役合格講師 花村（地方公立高校出身）からのメッセージ
8.　東大「理三」現役合格講師 深川（地方私立高校出身）からのメッセージ
9.　東大「理三」現役合格講師 江尻（地方私立高校出身）からのメッセージ
10.　東大「理三」現役合格講師 佐伯（都内私立高校出身）からのメッセージ
11.　東大医学部医学科「日本初」推薦合格講師 笠原（地方国立高校出身）からのメッセージ

【第２節】　合格の天使から最後に　あなたへ贈る言葉　384

番外編

医学部合格へ導く究極の受験指導とは何かを分析・解明する　386

◎第１章　本当に優れた医学部受験対策とは……386
◎第２章　叡学会（株）合格の天使の指導……388
◎第３章　当塾講師陣の実力があって初めて可能な指導というものがある……390

～おわりに～……396

はじめに

本書は、東大理三合格講師30名超を擁する叡学会（株）合格の天使が、

☑ 当塾講師陣の圧倒的受験結果とその実力の習得プロセスを分類・分析・ロジック化

☑ 当塾講師陣が全国すべての医学部の問題を独自に分析・検証し12パターンに分類

これらをベースに本当に優れた受験戦略・勉強法を導き出し体系的にオリジナル理論としてまとめた医学部攻略のための受験の叡智®、受験戦略・勉強法の体系書®です。

※「受験の叡智」および「受験戦略・勉強法の体系書」は（株）合格の天使の登録商標です。

※30名超の東大理三合格講師につきましては公式サイトに実名公表を行っております。

当塾が分類・分析しロジック化したオリジナル理論の詳細説明や各教科の勉強法部分についての詳細説明の一部については拙書『受験の叡智【受験戦略・勉強法の体系書】』も併せてご覧いただくことでその真髄をよりご理解いただけます。医学部絶対合格を期す皆さんは是非併せてご覧ください。

※当社が出版しております書籍は

・『受験の叡智【受験戦略・勉強法の体系書】』シリーズ

・『医学部受験の叡智【受験戦略・勉強法の体系書】』シリーズ

であり、いずれもエール出版社から出版されているもののみです。

医学部に実際に合格した実力・結果がないのに医学部合格に導くための受験戦略や勉強法は絶対に導けません。さらに医学部に合格する受験指導と口で言うことはできても実際の指導実力が伴いません。

なぜなら、

戦略や方法論が本当に理にかなった優れたものであるならば、それには必ず指導者自身の圧倒的な受験結果が伴う

受験戦略論や勉強法が本物であるならば、それをしっかり実践すれば必然的に圧倒的結果に至ることができる

圧倒的結果によって実証されたもののみが本物である

からです。

本書は医学部最難関突破という圧倒的受験結果をたたき出した30名超の東大理三合格講師陣と当塾の叡智を結集したあなたの医学部合格可能性を大きく高めるための受験戦略・勉強法の体系書です。

実際多くの受験生が勉強法というものを学んでいるにもかかわらず結果が出ない、そして勉強法や医学部受験対策というと論拠も検証もないものに飛びついてしまって肝心な核となる部分について何も学んでいないと言えるのです。

当社、合格の天使では優れた受験戦略を前提としない勉強法や受験対策を 『「勉強するための」勉強法』『「勉強するための」受験対策』と位置付けています。

合格したいなら『「勉強するための」勉強法』『「勉強するための」受験対策』と『「合格するための」勉強法』『「合格するための」受験対策』

を明確に区別してください。

そして『「合格するための」勉強法』『「合格するための」受験対策』をしっかり理解するためにまず『優れた受験結果に実証されている本物の受験戦略論』から学んでください。

それをしっかり理解したうえで実践していってください。

医学部に合格するために特別な才能や能力は一切関係ありません。

本書はこのことを客観的根拠とともに明確にし、まずその部分をしっかりと認識していただき、この本を手に取っていただいているあなたに医学部に合格するための優れた受験戦略に基づいた勉強計画、勉強法のすべてをお伝えすべく出版に至ったものです。

受験界最高峰突破をも可能とした圧倒的結果に実証された受験戦略・勉強法を学び、医学部合格を掴み取ってください。

改定版　出版にあたって

本書『医学部受験の叡智【受験戦略・勉強法の体系書】』シリーズおよびその姉妹書である2014年初版の『受験の叡智【受験戦略・勉強法の体系書】』シリーズ、このいずれにおいても受験戦略や勉強法の核となる部分はブレなく不変です。

上記の当社既刊書に書かれている内容はブレなく最新版にすべて引き継がれています。

ですのでいずれのシリーズも最新刊を買っていただければ最新の情報とともに優れた受験戦略・勉強法を得ていただけます。旧版を購入していただく必要は一切ありません。

2014年の『受験の叡智【受験戦略・勉強法の体系書】』初版出版当時、試験のからくりや受験戦略を事細かに解説した書籍など当社が知る限り存在していませんでした。また、勉強法についても、どの参考書がよいかとか問題集や参考書は何周すべきとかそういったレベルのものでした。

当社の出版以降、当社書籍内容やノウハウと同じようなことを語るものが非常に増えてきているようです。中にはそれまで主張していた勉強法と方向性がそもそも全く異なるのになぜか当社書籍・ノウハウと同じ勉強法を語るものまであります。

しかしながらオリジナルでなく、かつ、論理的に導かれたものでない理論にはどこかに論理や方法論の大きな矛盾やブレが必ず存在します。そのような方法論に従ってしまうと受験対策が誤った方向に進んでしまいます。

本書をご覧いただいている皆さんはそうならないために、ブレなき受験戦略・勉強法を出版当初から提唱し続けている当社書籍からしっかり学んでいただければと思います。

序論 まず知っておくべき全国の医学部の入試（選抜）方式

第1章 国公立大学

1．一般選抜

他の入試方式に比べ募集人員が多く、主に学力試験によって合否が決まる。名称の通り最も一般的な入試方式といえる。

国公立であれば共通テストの点数と二次試験（個別学力試験）の点数の合計点に加え小論や面接の試験が課され、その評価も合否決定の基準となる。二次試験は英語・数学・理科２科目のパターンが基本だが、国語が課される大学や理科が課されない大学もある。理科の科目についても、基本的には物理・化学・生物から２科目選択が基本のパターンだが、物理が必須の大学や物理・化学の２科目に決まっていて生物が選択できない大学もあるので、受験を考えるときは自分の選択科目で受験可能か、戦略的に問題がないかを必ず確認したい。

小論や面接の評価方法は点数化される場合もあるが、段階評価等で点数化がされない場合も多い。

2．学校推薦型選抜（旧推薦入試）

かつて推薦入試と呼ばれていたが、2021年度入試より「学校推薦型選抜」という名称に変更された。

国立の場合は出身高校にかかわらず出願できる「公募制」のみであり、学校長の推薦が必要である。出願資格として学校の評定平均4.3以上（学習成績概評A）を求められることがほとんどであり高校３年間の成績が重視されている。一般枠の他に地域枠や緊急医師確保対策枠等、地域医療の人員確保を目的に設けられた、大学卒業後の勤務地等に制限がある条件付きの募集枠が近年拡大傾向である。現役生だけではなく浪人生が出願可能な大学もある。

選抜方法は大学により様々だが、書類選考、小論、面接、共通テストが課されることがほとんどで、学力試験を課される大学もある。

3．総合型選抜（旧AO入試）

かつてAO入試と呼ばれていたが、2021年度入試より「総合型選抜」という名称に変更された。

学校推薦型選抜に比べ医学部で総合型選抜を採用している大学は少なく、募集人員も少ない。

学校推薦型選抜と同様に出願資格として学校の評定平均4.3以上（学習成績概評A）を求められることがほとんどで、書類選考、小論、面接、共通テストが課されることがほとんどである。口述試験が課されるところもある。

出願時期は学校によって様々だが、9月以降に出願がはじまるため、大学によっては早くから準備をする必要がある。

第2章　私立大学

1．一般選抜

他の入試方式に比べ募集人員が多く、主に学力試験によって合否が決まる。名称の通り最も一般的な入試方式といえる。

私立の場合は個別学力試験の点数および小論、面接の評価が合否決定の基準となることがほとんど。小論や面接の評価方法は点数化される場合もあるが、段階評価等で点数化がされない場合も多い。

個別学力試験の科目は国公立と同様に英語･数学･理科２科目のパターンが基本だが、国語が選択できる大学や理科が１科目の大学もある。また配点も大学によって様々で、１科目の配点が高く設定されている場合もあるので得点戦略が特に重要である。記述式とマーク式があり、試験時間が国公立に比べ短い傾向にある。

2．学校推薦型選抜（旧推薦入試）

かつて推薦入試と呼ばれていたが、2021年度入試より「学校推薦型選抜」という名称に変更された。

出身高校にかかわらず出願できる「公募制」と大学が指定した高校の生徒のみが出願できる「指定校制」があり、いずれも学校長の推薦が必要である。出願資格として学校の評定平均3.7～4.0以上を求められることがほとんどである。一般枠の他に地域枠など、地域医療の人員確保を目的に設けられた、大学卒業後の進路や勤務地に制限がある条件付きの募集枠が国公立と同様に近年拡大傾向である。現役生だけではなく浪人生が出願可能な大学もある。

選抜方法は大学により様々だが、学力試験、小論、面接を課されることがほとんどである。

3．総合型選抜（旧 AO 入試）

かつて AO 入試と呼ばれていたが、2021 年度入試より「総合型選抜」という名称に変更された。

原則としては専願であるが、私立の一部の大学では併願可能な入試区分が存在する。

出願資格として学校の評定平均の点数が求められない大学もある。出願時期は学校によって様々だが、9 月以降に出願がはじまるため、大学によっては早くから準備をする必要がある。

4．共通テスト利用選抜

共通テストの点数と小論、面接の評価で合否が決まる。学力試験は課されない大学がほとんどだが、英語の試験が二次試験として課される大学もある。医学部の共通テスト利用選抜で合格を勝ち取るためには共通テストでかなりの高得点を取る必要があるが、採用される科目が英語・数学・理科の点数のみなどに限られている場合が多いので、理数系科目は高得点を取れるのに社会や国語だけどうしても点数が取れないという人でも、共通テスト利用選抜で合格を狙うことができる。大学によって国語や社会の点数も採用する場合や、国語は現代文の点数だけが採用されるなど科目や配点が異なる。共通テスト利用選抜に前期・後期がある大学もあり、その場合は前期・後期で採用される科目や配点、2 次試験で実施する試験が異なるので注意しよう。

共通テスト利用選抜は近年拡大している入試方式であり、東北医科薬科大学では 2022 年度入試から新規で実施される。

なお福岡大学では「一般選抜」の一つとして「共通テスト利用型」がある。

◆共通テスト利用選抜が実施される私立大学◆
※ 2022年度の各大学の募集要項等からのデータ
東北医科薬科大学、国際医療福祉大学、獨協医科大学、埼玉医科大学、杏林大学、順天堂大学、昭和大学、帝京大学、東海大学、東京医科大学、愛知医科大学、藤田医科大学、大阪医科薬科大学、関西医科大学、近畿大学、福岡大学

【要注意！】 どのような試験方式を採用するかは、各大学および年度によって変わりうる。ここではあくまで本書の出版時点での2022年度の各大学の募集要項等からデータを集めたものである。2022年度も含め今後も**各大学が入試（選抜）方式、科目、配点を変更することはありうるので、志望校については各自しっかりと確認することが必要である。**

参考：以上をまとめた表

国公立		私立	
一般選抜	前期・後期があるが、後期は縮小傾向。	一般選抜	私立では後期入試（2期）が拡大傾向。
学校推薦型選抜	地域枠が拡大傾向。	学校推薦型選抜	地域枠が拡大傾向。
総合型選抜	旧AO入試	総合型選抜	旧AO入試
		大学入学共通テスト利用選抜	近年共通テスト利用を採用する大学が増えており、拡大傾向。一般選抜との併用が可能なことも多い。

＊その他　学士編入、帰国生選抜、外国人留学生選抜、子女入試等がある。

第３章 入試（選抜）方式と合格可能性

以上見てきたように医学部入試にもその選抜方式にはいくつかの種類がある。

医学部合格のチャンスを増やすという意味で、一般選抜以外の受験を検討してみることもお勧めする。

ただし、一般選抜でも受験する場合は、そもそも他の方式で併願できるのかや試験日程なども十分に調べたうえで検討していただきたい。

私立大学の共通テスト利用選抜は一般選抜と併願できる場合が多いが、国公立大学も受験する場合は共通テスト利用の二次試験が国公立前期日程の直前に行われる場合もあるのであらかじめ日程もしっかり考慮に入れたうえで検討するとよい。

本書では主として一般選抜試験対策を中心に受験戦略・勉強法を解説していくが、当塾の30名超の東大理三合格講師陣の中には、東大医学部医学科推薦合格講師他、慶應義塾大学、順天堂大学、慈恵会医科大学、防衛医科大学の各医学部に重複合格している講師も多数おり（慶應義塾大学医学部「特待合格」講師も複数）、彼・彼女らが志願理由書、小論文、面接対策についても解説しているので是非参考にしていただきたい。

受験戦略編

◇第1部　戦略なき勉強法と対策は捨て去れ

第1章　「医学部合格への覚醒」の章
～医学部合格が難しい本当の理由を知れ～
第2章　医学部不合格への対策をとっていないかのチェック項目！
第3章　医学部確実合格を決している重大要素

◇第2部　医学部合格への3大戦略

第1章　医学部合格への3大戦略総則
第2章　3大戦略その1「ターゲットを絞る」
第3章　3大戦略その2「ターゲットへの的確なアプローチ」
第4章　3大戦略その3「志望校・併願校と選択科目の戦略的決定」

◇第3部　各自の合格戦略を構築せよ

第1章　志望校を決める
第2章　志望校の問題の特性を知る
第3章　得点シミュレーションをする・得点戦略®を立てる

第1部　戦略なき勉強法と対策は捨て去れ

第１章　「医学部合格への覚醒」の章

～医学部合格が難しい本当の理由を知れ～

第１節　誰でも医学部合格は可能だ

１．医学部に合格できない原因は明確

　医学部に不合格になる原因というものを真剣に考えたことがあるでしょうか。

　医学部に不合格になる勉強法や対策というものがあります。

　医学部の合格が運任せになってしまう勉強法や対策というものがあります。

　そしてこれが世間一般にはあふれかえっているのです。

　医学部に本気で合格したのなら、

①　まず医学部に不合格になる原因を知る

②　世間一般の医学部受験対策とは異なる「合格するための勉強法と対策」を知り実践する

ということが必要です。

　この双方向から医学部合格をつかみ取りに行きましょう。

　本書ではこのすべてをご提供していきます。

医学部に合格できないことと、天性の才能や能力は関係していません。優れた受験戦略とそこから導かれる勉強計画、勉強法、対策を手に入れれば、誰でも医学部に合格することは可能です。

2．誰でも医学部に合格できる客観的な根拠

本書の姉妹版である拙書『受験の叡智【受験戦略・勉強法の体系書】』でもご説明している事柄ですが、医学部受験においては特に以下の大学入試問題の客観的性質を正しく認識してください。

医学部入試の問題は、どこの大学の問題であろうが、合格点を取るために、高度な発想やひらめきが要求されているものではありません。高校履修範囲の知識の本質的な理解とそこからの一定の問題分析力、論理的思考力、論理的表現力で対処できるものです。

後述しますが、医学部の場合、一部の大学で高校履修範囲を超える分野からの出題がなされることがありますが、このような問題に対処できなくても合否には全く関係がありません。

この現実をまずしっかりと認識してください。

上記入試問題の客観的性質は、先天的な能力や才能など医学部受験の合否に全く関係がないということを意味しています。

自分には才能がないとかもともとできる人がいるという考えは大学入試においては捨ててください。それは自分を甘やかすための口実、現実逃避するための言い訳、あなたの夢を阻害する非真実にすぎません。

的確な受験戦略と勉強法に基づいて、さらに日々の勉強を効率化させることができれば誰でも医学部に合格することは可能です。多くの受験

生が医学部に挑み、跳ね返される、浪人、多浪に陥ってしまうのは天性の才能や能力が原因なのではなく、他の部分に明確な大きな原因が存在するのです。

医学部受験の場合は、一般の大学入試に比し、これがさらに複雑に絡み合っているだけです。

本書ではこの複雑に絡み合っている部分をすべて明確な論理とともに明らかにします。

本書を熟読することで全国の医学部受験生に対して大きなアドバンテージを得てください。

第2章　医学部不合格への対策をとっていないかのチェック項目！

1．不合格への勉強法や対策というものがある

多くの受験生が医学部に不合格になってしまう原因は、「才能のせい」ではなく、それ以外の明確な原因があるということまでは説明しました。その明確な原因というのは以下のいくつか、もしくは、すべてに当てはまる勉強法や対策をとってしまっているからです。

皆さんも思い当たる節がないかしっかり客観的に検証をしてみてください。一つでも該当事項があれば医学部という狭き門に合格するにはマイナス要素になります。

複数該当事項がある場合、どんなに頑張ってこれから先勉強しても、勉強する前から不合格への道を歩んでいることになります。

心して現状の自分の勉強法や対策に検証を加えてください。

2．医学部に不合格になる受験生がやっている対策

医学部は確かに難関です。合格枠の争いが非常に激しいです。しかしこの事実から多くの受験生や高校生、さらには保護者の皆様に至るまで短絡的に次のような考えを持ってしまっている、もしくは指導機関に持たされてしまっています。

ここでは簡潔に誤った対策を列挙します。

論理的な根拠はすべて詳細に本書の中で解説していますので、まずあなたがこの誤った考えに支配されていないかをここでは検証してくださ

い（左側の四角に該当するものはチェックを入れていってみてください）。

【医学部受験対策に関するそもそもの誤解】

□ 医学部の問題（殊に私大医学部の問題）が特殊だから最初からその特性に合わせた対策や勉強をすれば有利になると誤解する
□ 医学部に合格するには全国のライバルに差をつけないといけないと誤解する
□ 医学部受験生はレベルが高いから難問も正解しないと差がつかないと誤解する
□ 難しい参考書や問題集をこなせてこそ、そこではじめて差をつけることができると誤解する
□ 何冊も難しい問題集や参考書をこなすことではじめて医学部に合格できる実力がつくと誤解する

以上の部分でそもそもの事実の捉え誤りをしているので、そこから導かれる「受験対策」や「指導の選択」は以下のように**誤った方向**に向かってしまいます。

【誤った対策】

□ 如何に特殊な対策を他の人よりも多く計画に組み込むかに焦点を当ててしまう
□ 如何に他の人よりも多くの勉強時間を確保できるかに焦点を当ててしまう
□ 如何に問題集の回数を多くこなせるかに焦点を当ててしまう
□ 如何に多くの問題集や参考書をものにできるかに焦点を当ててしまう
□ 如何に難しい問題集や参考書をものにできるかに焦点を当ててしまう

□ とにかくたくさん勉強すれば医学部に不合格になることはないと量重視に焦点を当ててしまう
□ 問題集や参考書は何を使えばいいのかという問題集・参考書の詳しい情報の収集に躍起になってしまう
□ 問題集や参考書は何周繰り返せばいいのかという情報の収集に躍起になってしまう
□ 1日10時間以上勉強するにはどうすればいいのかという精神論の追求に走ってしまう
□ 他の受験生と勉強時間・勉強量を競うという意味のない競争へ没頭してしまう
□ 大量のものをやらなければならない、長時間勉強しなければならないということに焦点を当ててしまったがゆえに、やる気や集中力というものにおかしな執着をしてしまう
□ 敵が見えていないがゆえに生じているに過ぎない漠然とした不安を、自分の将来の展望や夢自体に問題があるのではないかという方向への言い訳・こじつけへ傾倒してしまう

【誤った指導の選択】
□ 勉強の初期段階から志望校医学部の独自性がある問題対策を行えば合格可能性が上がると謳うものを信じてしまう
□ 早い時期から医学部合格レベルの問題演習を行い、解説講義を聞けば合格の実力がつくと謳うものを信じてしまう
□ ライバルが予備校や塾に通っているから自分も行かないと差をつけられると勘違いして指導内容や講師の実力を吟味せずに知名度や宣伝だけで予備校や塾を選んでしまう
□ 医学部に合格した人が通っていたから予備校や塾に行けば医学部に合格できる実力をつけられると勘違いしてしまう
□ 多くの勉強時間を確保してくれるから・スパルタ式に管理してくれるから○○予備校や○○塾に行けば医学部に合格できる実力がつく

と勘違いする

【誤った志望校の決定】

☐ 大学を問わず医学部受験対策として受験対策を最後までひとくくりで考えてしまう
☐ 志望校や併願校を単に偏差値のみで決めつけてしまう
☐ 私大の方が国公立よりも対策が楽と決めつけてしまう

３．多くの受験生・高校生・保護者の方の失敗

あなたは上記のチェック項目にいくつチェックが入りましたか？チェックが多ければ多いほどあなたの医学部対策や勉強法は大きく合格からずれていることを意味します。

実際に本書を読んでくださっている医学部志望の受験生、高校生、保護者の皆さんの多くの方が上記事項に該当することをやってしまっていると思います。

そのような方に正面から問います。

医学部に合格するために必要な実力って具体的にどのようなものか明確に答えられますか？

その実力をつけるために必要不可欠かつ必要十分なものって具体的にどのようなものか明確に答えられますか？

この部分が明確でないとするなら、皆さんは自分が実践している受験対策や受講している受験指導について何を根拠に医学部合格に役立つものと判断しているのですか？

少し厳しいことを言っていますが、そもそもの部分が明確ではないの

に、本当に優れた受験戦略、勉強計画、勉強法、指導の選別などできるはずはないのです。

にもかかわらず多くの受験生や高校生や保護者の方は前記に列挙した受験戦略なき様々な受験対策を優れたものと信じ突き進んでしまっているのです。

この結果を如実に表したものが、現状の世の中の受験結果です。医学部の合否の結果です。

要するに医学部の合否は、ごく一部の的確な対策をとっていた上位合格層以外は、闇雲に勉強した受験生の中の争いになっています。すなわち医学部の合否は勉強したから必ず合格できるというものではなく、多分に偶然にゆだねられてしまっているということです。

このような対策では、高校２、３年生になってから一念発起して頑張った受験生はそれまでそれなりに勉強してきた受験生には、絶対に及ばない、差は埋まらないという結果を導きます。

これを表す例が、医学部合格率に占める中高一貫校の上位独占です。

また、いくら模試や学校の成績が良い人でも、医学部合格にとって必要かつ的確な対策をとっていなければ不合格になってしまうのです。狭き合格枠を医学部合格に焦点を当てた的確かつ効率的な対策を知らずに偶然の中で争っているのですから。

しかし、この現象を逆手にとればあなたの現状や過去がどうであろうが、現在の高校がどうであろうが、医学部合格はつかめるということです。

なぜなら、上記で説明したようにごく一部の的確な対策を知っている上位合格層以外の合格枠は空いているということを意味するからです。

そして的確な対策をあなたが取ることができるなら、ごく一部の上位合格層と実力を拮抗させることができる＝確実に合格できるレベルに達することが可能になるのです。

この観点から是非本書を活かして医学部合格を勝ち取ってください。

第3章　医学部確実合格を決している重大要素

1. 勉強量や努力量の順番で合否が決まっているわけではない

勉強しても結果が出ない、合格ラインを越えられないのがほとんどの受験生です。

この原因に真剣に向き合ったことはありますか？

自分より少ない勉強時間や勉強期間で実力を伸ばしたりする友人や周りの人を見て自分とは才能が違うと思ってしまったりひがんでしまったことはありませんか？

さらには最難関の医学部に合格した人たちを見て、もともと自分とはすべてが違うと思ってしまったことはありませんか？

この思考自体、医学部に不合格になる原因を分析することを妨げてしまう考え方です。

また、**医学部に合格するためには「何をすべき」で「何をすべきでない」かの分析**をこの時点で放棄してしまっています。

それでは合格は運任せになってしまうのです。

2. 勉強量や努力量では医学部受験は勝負にならない論拠

勉強量・努力量で勝負するというのは、「馬力」をかけて押し切るという考え方です。

物量作戦です。

しかし、医学部受験においてこの「馬力」で押し切るという戦略は通用しません。

すべての大学や学部の中で最もこの戦略では合格できないのが医学部です。

大学入試の問題の性質から、馬力で合格できない学部を順番に並べると以下のようになります。

最難関医学部 ＞ 医学部
最難関理系学部 ＞ 国公立理系学部 ＞ 国公立文系学部
私大理系学部 ＞ 私大文系学部

※あくまで大枠で見たものであり、各大学の問題の性質により当然例外もあります。

暗記科目の比率が高い私大文系であれば、物量作戦でもなんとかなってしまうこともあります（大学や学部によります）。

しかし、「理系科目」の得点が合否にとって重要なパーセンテージを占める医学部受験の場合は、理系科目の「科目特性」から単なる問題集や参考書の繰り返しや演習量を増やすという物量作戦では確実に合格ラインを越える実力をつけることができないのです。

さらに、５教科７科目の対策が必要となる国公立医学部の場合は、科目数が多いため当然１科目にかけられる時間は相対的に少なくなりより効率的な対策が必要になります。また私立医学部の場合であっても多くの受験者が狭き門を争う性質上、付け焼刃でない確実な実力を養う必要があります。

要するに
① 科目特性に応じた的確な対策
② 時間が有限である大学入試において優れた受験戦略に基づいた効率的な対策
が医学部の場合にはより求められるということです。

通常の受験対策においては、効率や要領の良さ＋馬力で合格できてしまうこともあるのですが、狭き門である医学部に合格するためには、より的確な受験戦略を前提とした勉強法と対策が必要になるのです。

3．医学部に合格するには勉強量や努力量以前に優れた受験戦略が必要

優れた受験戦略に基づく勉強計画や勉強法、受験対策を持っているかで合否にどの程度の影響があるかを表すと以下の図のようになります。

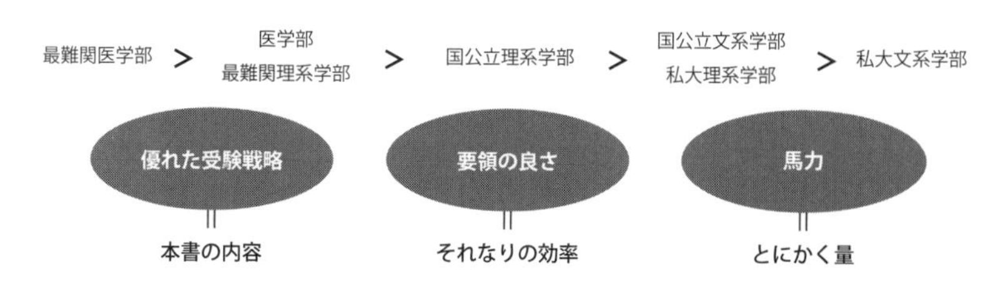

物量作戦で一年間頑張った受験生が結果的にどのレベルまでの実力をつけられるかということを大枠で表すと以下のようになります。

英語はまあまあ、化学や生物の知識問題はそれなりに得点できるが合格点には届かない、数学や物理は全く伸びない……

これが物量作戦で対策した医学部不合格者の典型的な実力状況です。

これは、「馬力」で押し切れる要素が教科ごとにどの程度あるかという「科目特性」が如実に表れた結果です。

とにかく問題集や参考書を繰り返すことや多くの問題演習を単に積み重ねる勉強をしていても上記結果を変えることはできないのです。

本書を読んでくださっている皆さんは、以下をじっくり読み込み、医学部合格へのビッグアドバンテージを手に入れてください。

第2部　医学部合格への3大戦略

この第2部の目的と有用性について、以下、拙書『受験の叡智【受験戦略・勉強法の体系書】』から一部を抜粋しご説明します。

> この章のお話は一般に大学受験までしか経験したことのない方の勉強法では分析されたり、触れられていることがない内容を多々含んでいると思います。
>
> 大学入試というたかが1～2回の試験の経験でここまで分析する必要性を感じるはずはないからです。また分析する機会もその発想も絶対に出てくるはずがないものだからです。しかし、受験戦略・勉強法、さらには日々の勉強への取り組み方を決するにはこの事実の認識・分析なくして優れたものは導きえません。この認識がないと安易に現在の受験制度を否定したり、的外れな観点から受験への批判が生じたりします。また、「受験戦略論の真似事」や『「勉強するための」勉強法』を盲信してしまうことになります。
>
> とは言え、この章のような分析を加えたものをこの本の出版以前に合格の天使受講生以外の一般の受験生が簡単に手にできたわけではないと思いますので、それはやむを得ないこととも言えます。しかし、今こうしてこの本を手にしているあなたは正確な事実認識を持ってください。それがあなたの第一志望・難関大学合格を確実にする道です。

拙書『受験の叡智【受験戦略・勉強法の体系書】』の初版出版時（2014年）に上記内容を記載しました。

以下の第２部について、ここまでしっかり「分類」して「ロジック化」した勉強法本や指南書は当社が前記初版を出版する時点では存在しなかったということを明記しておきます。

本来、本当に優れたオリジナルな受験戦略・勉強法を独自に確立し確固たるものとして有しているのであれば、その本質や内容の核心がコロコロ変わったりブレることなど絶対にありえないのです。ここに本書および当塾の真髄があります。是非オリジナルな本物からじっくり学んでください。

以下、多々、当塾のオリジナル用語や理論、メソッドが出てきますので丁寧に説明を加えていきます。

第１章　医学部合格への3大戦略総則

1．医学部合格のための３大戦略

限られた受験期間で狭き門の医学部に合格するためには闇雲に勉強していたのでは合格できないということまでは第１部でわかっていただいたと思います。

ただし、そのこと自体がわかっても、では具体的にどのような対策をとればいいのかということがわかっていなければ実力を合格レベルまで確実かつ最短で身に付けていくことは不可能です。

医学部に合格できる実力を確実かつ効率的に身に付けていくためには、

❶ **ターゲットを絞る**（やるべきことを絞って勉強のターゲットを明確化する）
❷ **ターゲットへの的確なアプローチ**（ターゲットに対して的確な攻略法を知ること）
❸ **志望校・併願校と選択科目の戦略的決定**（❶❷を踏まえた各自の状況を反映した受験戦略の構築）

が必要です。

この明確な区分けすらできていないのが多くの受験生であり、世の中の受験対策です。

本書を読んでくださっている皆さんはすべてを一緒くたに考えるのではなくまず分類・区分けして頭を整理していってください。

2．3大戦略を構成する重大要素

前記で分類・区分けした3大戦略にはそれぞれの段階で分析・検証を加えるべき要素があります。

当塾がオリジナルに分類、分析、命名、ロジック化してオリジナル理論として構築しているのが以下のものです。

❶ ターゲットを絞る

(1)「試験問題の3類型＼難問の2分類®」理論

(2)「得点戦略®」理論

❷ ターゲットへの的確なアプローチ

(1)「勉強ターゲットの3類型」理論

(2) 医学部の問題特性と的確な位置づけ

❸ 志望校・併願校と選択科目の戦略的決定

(1) 志望校と併願校決定の戦略的決定

(2) 理科科目の戦略的選択

(3) 共通テスト社会科目の戦略的選択

以下ではこの各重大要素について説明を加えていきます。

以下を読んでいただくだけでもあなたの医学部合格可能性は飛躍的に高まります。

第2章　3大戦略その1 「ターゲットを絞る」

限られた時間で医学部に合格する実力を確実かつ効率的につけるためにはターゲットを絞ることがまず大事になります。

このターゲットを絞るために必要となる絶対的な視点、それが**合格の天使オリジナル理論**である、

☑「試験問題の３類型＼難問の２分類®」理論

☑「得点戦略®」理論

です。

※「試験問題の３類型」、「試験問題の３類型＼難問の２分類」および「得点戦略」は（株）合格の天使の登録商標です。

第1節　「試験問題の３類型＼難問の２分類®」理論

１．「試験問題の３類型」と「難問の２分類」

この試験問題の３類型、難問の２分類の概念は、あくまで合格の天使の独自概念ですので、以下に定義を明記します。

この部分はここから先頻繁に出てくる概念ですのでこのページの端を折る等して適宜参照してください。

合格の天使オリジナル理論

☞ **【試験問題の３類型】理論**

◎第１類型

受験基礎標準知識がそのまま問われている問題

※教科書や受験基礎標準問題集にある知識やパターンをそのまま素直に当てはめれば対処できる問題

◎第２類型

高校履修範囲の基礎知識、定理、公式をもとに、一定の問題分析力、論理的思考力、論理的表現力を問う問題

※出題の元ネタ（背景）が大学範囲以上であっても、解くために必要な知識自体は高校履修範囲内であるものを含む

「第２類型易問題」：一ひねりだけで典型問題になる＝壁がひとつだけでそこから後はすらすら解ける問題

「第２類型難問題」：テクニックが組み合わさった問題＝式変形などでも難しいところがある＝壁が何個もある問題

◎第３類型

・高校履修範囲を超えた知識・定理・公式が前提となっていてその知識をあらかじめ有していないと解答が不可能な問題

・非常に奇抜な発想を必要とする問題

・細かい知識・マニアックな知識を要求する知識問題

☞ **【難問の２分類】理論**

大学入試の難問には第２類型の難問（得点可能な難問）と第３類型の難問（得点できない難問）がある。

【理論から導かれる帰結】

第３類型の問題は受験対策でも本番でも一切かかわる必要がない。第３類型の問題は切り捨てろ！

以上の「試験問題の３類型」「難問の２分類」がこれから先のお話の前提知識です。

２．医学部の入試問題の特徴

⑴ 第３類型の問題の出題という事実が多くの受験生、保護者の誤解を生む

医学部入試問題の場合に特に注意すべきなのが、**第３類型混入型の出題がされる大学が一般の大学・学部よりも多く存在するということです。**これは殊に私大医学部や単科の医科大学に顕著ですが、**この部分に多くの受験生や保護者の皆様の対策の過誤を招く要因があります。**この部分の捉え方を誤っているのが世の中の多くの医学部受験対策と称されるものです。

多くの医学部の入試問題は高校履修範囲の受験基礎標準知識とそれを前提とした一定の問題分析力、論理的思考力、論理的表現力があれば合格点に達すると断言できます。

先ほどの類型で言うと、**第１類型と第２類型までの問題の範囲で合格者は決まっている**のです。

この点の理論的根拠・分析の詳細は『受験の叡智【受験戦略・勉強法の体系書】』に詳述していますので是非本書と併せてご覧ください。本書では、全国のすべての医学部の試験問題を分析した結果に特化して話を進めます。

先ほども述べたように医学部入試問題の場合、第３類型の出題をする大学が一般の大学に比して多い傾向にあります（この点の詳細については、第２節の得点戦略の箇所で全国のすべての医学部の入試問題を当社の東大理三合格講師30名以上が結集して独自に分析し類型ごとに振り分けた資料を掲載します）。

このような第３類型の問題に対して絶対に誤解してはならないことがあります。

それは**第３類型の問題**というのは多くの合格者も解けないという事実です。

正確に表現すると**解く必要がありません**。

解けなくても合否に全く関係ありません。わかりやすく言い換えると、その類の問題は受験界最高峰の実力を有する当塾の東大理三合格者でも東大トップ合格者でも一発勝負の受験という緊張状態の中で制限時間内に解き切ることは不可能なのです。

それ以前に、そもそも、高度な戦略論を持つ人たちはその種の問題に関わりません。

その種の問題を解けるように対策をするのは時間の無駄であり不合格への道だからです。

さらに、本番で必要以上に関わればその時点で即時間不足・不合格になります。

第３類型の問題というのは、本番で解かなくてもよい問題・関わってはいけない問題＝対策する必要が全くない問題　ということです。

にもかかわらず、多くの受験生はこの部分に焦点を当ててしまったり、この部分を克服できなければ医学部に合格できないといった情報や対策に振り回されているのです。

また、そもそもそのような問題を出題する大学とそうでない大学を区別せずにすべてひとくくりにして「医学部受験対策」とか、「私大医学部対策」という曖昧模糊とした情報や対策に踊らされてしまっているのです。

⑵ 現実を認識していない多くの受験生

以上の部分を実感として認識できていない受験生は結局、**「医学部は難関だ」という事実から、難しい問題ができるかどうかで合否が決まるという誤ったメッセージを受け取ってしまう**のです。

その結果、難しい問題も解けなくてはならないと思い込み、『「勉強するための」勉強法』に走ってしまうのです。不安や焦りをごまかすために馬力で不合格への道を突っ走るのです。

「ライバルより多くの勉強量や勉強時間を確保すれば不合格になることなんてありえないだろう」

「ライバルよりも難しい問題を解けるようになれば合格できるだろう」と。

これが多くの受験生が頑張ろうと思えば思うほどやってしまう医学部対策であり勉強法です。ただこの部分の認識を改めないと厳しい試験は勝ち抜けません。

多くの受験生がこの点の認識ができていない、できないのは、なぜ得点しなくていい問題が本番の試験に出題されるのかを知ることができないからです。

この部分について当社が独自の分析を加えた詳細な説明を拙書『受験の叡智【受験戦略・勉強法の体系書】』に掲載してあります。この部分は是非『受験の叡智【受験戦略・勉強法の体系書】』を併せてご覧ください。

本書では、この部分について以下、簡潔にポイントと結論を示します。

3．第3類型の問題の正体

(1) 合格者選抜試験である大学入試のカラクリを独自に分析した結論

大学入試は言うまでもなく合格者選抜試験です。

しかし、一般の高校入試までと異なり多くの受験生の中から、圧倒的に少ない合格者を選抜しなければなりません。

大学入試以降、各種国家試験・資格試験は受験生を落とすための試験、選別するための試験に変化していくのです。

後ほど詳述しますが、ここでは結論だけ言っておくと、大学側が欲しい人材というのは基礎標準知識をしっかり習得しその使いこなしができる人間です。こう断定できる根拠は、皆さんが手術をする際、基礎理論に基づかず、かつ検証もされていない独りよがりの突飛な発想や方法で手術を行うことなど許されない、という事実を考えてみてください。

大学側は基礎標準知識の習得とそこから正しく導かれる問題分析力・論理的思考力・論理的表現力で問題を解決できる人間を合格させたいと考えていることは明らかです。このことから基礎標準知識の正確な習得とその使いこなしができることを確認できる問題で合否を決したいと考えるはずです。

このような前提のもと、基礎標準知識の習得とその使いこなしができれば誰でも医学部に合格できる問題を出題するという条件・出題意図を満たしながら、他方で合格者選抜試験という性質を有する入試で受験生に差をつけて選抜しなければならないとしたら、あなたならどうしますか。

ここに第3類型の問題を出題する大学の入試問題の真実を知る核心があります。

仮に「真の意味の難問」＝「第３類型の試験問題」＝「基礎標準知識をしっかりと習得しかつ過去問演習を通じて基礎標準知識の本質的理解、使いこなしができるようになっているにもかかわらずそのような受験生にも解けないような問題」が３割あったとしましょう。

この場合、合否を決するのは残りの７割の基礎標準知識とその使いこなしで正解しうる問題、得点しうる問題を如何にミスなく時間内に解ききるか、できる限りの得点をそこで確保するかです。決して第３類型の問題の一部で得点を獲得することなどではありません。

一部の国公立大学や単科の医科大学、私大医学部の入試問題を分析すると時間設定が厳しい上、第３類型の問題の出題があるところも確かにあります。しかしこれが意図しているところは何かというと実は基礎標準知識の重視以外の何ものでもないと当社合格の天使は分析し結論づけています。

それはどういうことかというと、先ほど説明したように試験問題が難しくなればなるほど、合格レベルの受験生が確実に得点できる問題が現実として減ります。ほとんどの受験生が解けない問題が増えるので、**現実的には満点の下方修正が行われているに等しい**のです。

100点満点とされている試験科目でいえば、第３類型の問題を３割混ぜることによってその科目で合格レベルにある受験生の**満点は70点**ということになります。

すなわち最初から得点できる問題が狭められた範囲での争いになります。実質的には70点満点の試験の中で争いをしていることになります。第３類型の問題を混ぜることにより、一方で簡単に70点を超えるような高得点を取りにくいという結果を導くことができます。

他方で残り7割の基礎標準知識とその使いこなしで得点できる問題を多く取りこぼせば、その取りこぼしが100点満点の配点がある場合に比べ致命傷になる確率を高めることができるという結果を導けるのです。

高得点を獲得することはどんな受験生にも不可能であるが、基礎標準知識に曖昧な部分がある受験生には簡単に低得点を獲得させることができるということです。

まさしく基礎標準知識とその使いこなしがすべてものを言う試験と化すのです。

基礎標準知識とその使いこなしを重視し、他方で合格者選抜試験である入試においては受験者に差をつけて選抜しなければならないという相反する要請を満たそうとするなら、この形式で出題することがその目的にかなうのです。

⑵ 試験本番での第3類型の試験問題に課せられた役割

第3類型の試験問題の役割は試験本番にもあります。

第3類型の問題を出題することにより、基礎標準知識があいまいな受験生はそれが他の合格レベルにある受験生の多くも得点できない、解答できない第3類型の難問なのか、基礎標準知識を積み重ねていけば解答できる第2類型の問題なのかの区別をつけることができないという状態を招くことができます。基礎標準知識がしっかりしていない受験生は、ある時点で見切りをつけることが不可能になるのです。本番においても、関わる必要がない部分に必要以上に関わってしまう、重点を置いてしまうのです。

これは基礎標準知識を用いれば解答できるが異常に時間がかかるという類の問題（第2類型難問題の中の最上位に位置する難問題）に関して

も同じことが言えます。時間がかかるかどうかは基礎標準知識がしっかりないと本番では見通しが立たないのです（第２類型の問題には難易度の幅があることは後述します）。

この場合、試験本番で時間と労力を注ぎ込むべき問題の区別がつかない、多くの時間を浪費する、確実に得点すべき問題を焦りや時間不足によって得点できないという現象を簡単に引き起こすことができるのです。

結果的に得点すべき問題にかける時間が足りなくなる、落ち着いて対処すれば得点できる問題も得点できなくなる、それまで蓄積してきた力を出し切れない、結果、不合格ということになります。

試験になると力が発揮できないという受験生がいますが、それは実は力を発揮できていないのではなくて、本物の実力をつけていない受験生を選別するための出題者側の意図にはまっているに過ぎないのです。

以上のように、基礎標準知識とその使いこなしを重視しつつも、合格者選抜試験である入試においては差をつけなければならないという矛盾する要請を満たそうとしたら、第３類型の問題を混ぜることにより基礎標準知識が曖昧な受験生をその部分に関わらせることにより大学側の当初の意図通りそのような受験生を排除することができるのです。

⑶ 第３類型の試験問題の正体

以上から導かれること、それは第３類型の問題など大学側が最初から得点させようなどと思っていないという結論です。得点してほしいなどと思っていないという結論です。

基礎標準知識を駆使しても解けない第３類型の問題の出題意図は基礎標準知識の本質的理解を「裏から」聞いてきていると結論付けることが

できるのです。すなわち、基礎標準知識が曖昧な受験生を不必要な問題に関わらせることによって選別し不合格にするために第３類型の問題を出題しているということです。

現実の入試問題とその結果を見る限り、少なくともこう考えてしまっても確実に合格するという受験戦略を構築する上では誤りではないと合格の天使では分析しています。

多くの受験生は、医学部に合格するには難問が解けないとならない⇒どうしたら難問を解けるようになるか、難問まで解けるようにするにはどうしたらいいのか、という方向ばかりに意識がいき、対策もその方向へと流れてしまいます。結果的に合格するために最も重要な基礎・標準知識の習得とその使いこなしに焦点を当てるということがおろそかになります。

大学側が求めているものと異なるものを一生懸命１年かけて、１日10時間以上かけて、試行錯誤して、どんなに頑張って勉強しても合格などできないことは明らかなのです。

厳しい言い方をしますが、出題意図を考えていない、捉えていない受験戦略論や勉強法、そこから導かれる日々の勉強や対策など合格にとって有害無益です。

合否を分けるのはあくまで基礎・標準知識の習得とその使いこなしをできるようにすることであるということは肝に銘じてください。

⑷ 第３類型の問題の唯一の例外

例外として第３類型の問題であっても正解すべき問題があります。それは志望校の問題で頻出となっている前提知識や思考部分です。

これは大学側が知っておいてほしい知識や思考として受験生に求めているものと言えます。したがって志望校の過去問分析・過去問演習の段階でこれらの知識や思考については例外的に対処すべき事柄になります。

あくまで頻出事項かどうかということに注意を払ってください。単なる第3類型の問題にすぎないのにそれを対策が必要なものと勘違いをしないことが重要です。

4．第2類型の問題に込められた大学側の出題意図

試験問題の真実を究明するには出題者である大学側の意図・心理を分析することが最も大切です。ここでも拙書『受験の叡智【受験戦略・勉強法の体系書】』に掲載している弊社、合格の天使の独自分析について説明していきます。

◎第1類型と第2類型の問題の得点で合否が決まる根拠

大学入試というのは大学側の意図としては、大学で学問を学ぶ受験生を採用する試験です。

ことに医学部の場合、人命を預かる、人命に寄与する学生を選抜するという視点が加わります。

このことから、大学側の出題意図・心理を分析するには「医学を学ぶ受験生を採用する試験」という観点が非常に大事になってきます。以下この観点から分析を加えます。

学問に限らず世の中のすべての理論や技術は基礎知識や基礎理論から成り立っていて、その部分の知識と本質的な理解なくして応用も発展もない、新たな理論も発見も生まれません。

突飛なひらめきや発想というのは、基礎理論に基づいていない限り単なる戯言です。

基礎理論に基づいていないひらめきや発想は単なるデタラメです。

基礎理論から論理的に証明できない理論は虚偽です。

これらは誰でも簡単に発想はできるけれど使い物にならない代物でしかないのです。

そんなものを優秀な人材を確保したい大学側が求めているはずなどないのです。

医学部の問題で合格点を取るには、基礎知識を本質的に理解しているかと基礎知識を基に問題分析力を前提とした一定の論理的思考から論理的表現力を踏まえた一定の結論が導けるかが重要になってくるのです。

なぜならそれこそが学問上の研究を極めていくうえでも医師として様々なケースに的確に対処していくにも欠かせないもっとも重要なものだからです。

医学部の入試問題で合否を分けるのはこの種の問題で如何に得点できるかです。

出題者側が本番で高校履修範囲までの基礎標準知識を使って一定の論理的思考をもとに一定の結論を導くように、問題分析も含めしっかり考えるように問題をあえて作成しているのです。このことを本当の意味で理解できていない受験生が非常に多いのです。

逆に理解できれば受験戦略も勉強法も日々の勉強も非常に合理的かつ効率的なものへと変えていけます。

5.「第2類型易問題」「第1類型問題」の本番でのモンスター化を理解しろ

以下では、今までのお話を踏まえ、基礎標準知識自体の習得や本番での取りこぼしを軽視するな、ということを説明します。

(1) 志望校の問題分析の前に知っておくべき「試験の特性」

本番でミスをするなとか、日々の勉強でもミスを軽視するなということはどこでも言われます。しかしそれがなぜなのか現実を知っていなければ本当の意味など実感できません。

だから多くの受験生はこの部分についていい加減な対策になってしまうのです。いつまでたっても本当の意味などわからないのです。

皆さんは恐ろしい現実を知っておいてください。

国家試験、資格試験を含め、試験一般の性質として、争いがハイレベルになるほど、合格点前後の数点の間に多くの受験生がかたまる（団子状態になる）という傾向があります。これは、確実に取れる問題で得点してくる受験生が多くなるからです。

また試験問題が難しくなればなるほど、合格レベルの受験生が確実に得点できる問題が現実として減ります。ほとんどの受験生が解けない問題が増えるので、結果として満点が下方修正されているに等しいのです。とすると、基本問題の得点が実質のトータル点に占める得点比率が非常に大きくなります。したがって基本問題・確実に得点できる問題の取りこぼしは「即致命傷」になるのです。

確実に得点しうる問題での取りこぼしやミスをなくすことというのは、単にそれをしないようにという次元の問題ではなく、それをやれば競争率が激しい医学部の入試ではたった１点や１問に泣くという結果を招いてしまうということを実感として持ってください。

⑵ １問や１点に泣くことは偶然起きる悲劇なんかではない

１問や１点で第一志望校を逃すという結果を招いてしまう現実は「悲劇としてではなく、試験制度の性質として、あらかじめ大学側が予期したものとして、当然のこととして毎年起こりうる」ものであるということを認識してください。

日々の勉強において、本番でミスに注意しようというだけの話ではなく、普段から基礎知識は確実に理解・整理・記憶していかなければならないということをまず肝に銘じて日々の勉強に取り組んでください。後述しますが、過去問演習を通じて、基礎知識は自在に使いこなせるようになるまで習得しておかなければ医学部合格はありません。その上で本番でも絶対に基本問題を取りこぼしてはならないのです。

以上の「試験問題の３類型」「難問の２分類」理論を踏まえ、以下では全国の医学部の問題出題パターンを分析しましょう。

6．医学部の出題パターンの分析・検証

全国の医学部の試験問題を合格の天使の「試験問題の３類型」理論に応じてパターンに分けると

以下のように分類できます。

1．第１類型＋第２類型易問題型
2．第２類型易問題「多」＋第２類型難問題「少」型
3．第２類型易問題「少」＋第２類型難問題「多」型
4．1～3に第３類型を混入させる型
5．第２類型難問題オール型

医学部と一口に言っても試験問題の類型によってとるべき対策もマスターすべきレベルも異なっているのです。

さらに、全国の各医学部の試験問題の解答形式はマークシートが主である大学と記述が主である大学に分かれます。上記類型化とこの要素を組み合わせると、医学部と一口に言っても最終的に焦点を当てるべき対象が異なってくるということです。

にもかかわらず、この点の分析・検証がないままに対策を行うと以下の弊害が生じるのです。

- 第3類型の問題で得点する必要はない＝対策する必要がないのにそこに大きな時間と労力を費やす⇒第2類型の易問題や第1類型の問題の習得や取りこぼしに対しての対策に十分な時間と意識が回らなくなる

- 第2類型の易問題と難問題の区別をつけずに対策する・させられることでやるべき問題や問題集・参考書の選別を誤る、日々の勉強で焦点を当てるべき部分を誤る

- 第2類型易問題型や第2類型易問題「多」＋第2類型難問題「少」型の出題の大学やたまたまその年度にその類型での出題だったに過ぎない医学部の合格者の結果だけを見て、どの大学でも薄くて簡単な網羅系問題集しかやる必要がないという安易な勉強法を信じる

- 医学部に合格するには○○時間の勉強時間が必要といった対象も根拠も明確ではない医学部をすべて一緒くたにした情報に踊らされる

- 問題集や参考書は○回やらなければならないという根拠のない回数基準の勉強法を信じる

- 受験校を選択する際に、問題の類型や特性を考えずに偏差値のみを基準に志望校や併願校を決めてしまう、決めさせられてしまう

等々です。

これらにつき的確な分析とそこから導かれる優れた対策を与えられて

いる受験生とそうでない受験生でどのくらいの差がつくかは想像に難くないと思います。

数ヶ月というスパンで考えただけでもものすごい差です。1年間というスパンで考えたら取り返しがつかない差にもなりうるのです。

しかし、多くの受験生はこのような的確な分析や検証を得ることができずに、攻略すべき必要がない事柄に多くの時間を費やし、また費やすことを強いられているのです。

7．試験問題の3類型から導く医学部合格へのターゲットの選別

(1) 第3類型の問題に対処する勉強はバッサリと切り捨てろ！

医学部に合格するには第3類型の問題で得点することは不要。

⇒第3類型の問題で得点できるように対策をする必要は一切ない

医学部志望者は難問の区別もなく第3類型の問題も含めて、この部分を得点しなければならない、ここでこそ差がつくととにかく誤解しやすいですが､本書を読んでいるあなたはその認識を改めることができます。それによって多くの時間も努力も無駄にならなくて済むのです。

医学部志望者で試験問題の正体も不明なまま勉強している受験生というのはこの部分に勉強時間と意識の大半を費やしています。特に直前期の大事な時期を多くの受験生は試験問題の本当の真実もわからずこの部分に費やしているのです。

勉強しているのに実力が伸びない、合格しないのは実は当たり前なのです。

この点は殊に私大医学部や単科の医科大学を志望している受験生は注意してください。

この本を読んでいるあなたはもう全国の受験生に対して大きなアドバ

ンテージを得ています。

(2) まずは基礎標準知識の理解とその習得に全力を注げ！

基礎標準知識は確実に得点すべき第1類型の問題の取りこぼしをしないためとともに、「第2類型の問題で得点するための道具である」から、この部分が曖昧では、第1類型の試験問題重視の試験では当然ですが、第2類型重視型の試験問題では決して合格点を取れないことになります。

基礎標準知識の習得とその理解は「第2類型の問題で得点するための道具である」ということは決して忘れないでください。第2類型の問題ができない原因は思考力や応用力が足りないのではなくてそもそも基礎標準知識の理解と習得が足りていないことによって生じている受験生が多いという事実をまず謙虚に見つめてください。

また、「第2類型易問題」「第1類型問題」の本番でのモンスター化という部分を改めて思い出してください。1問や1点に泣くことは偶然起きる悲劇なんかでは決してないことを肝に銘じてください。難関大学や競争率が激しい大学では当たり前に予定された結果なのです。

戦略として、基礎標準知識の習得とその理解には全力を注ぐ、そして曖昧な部分は極力なくしていく勉強をするということに重点を置くことが大事です。

(3) 第2類型の試験問題への対処こそが受験戦略構築の最終的ターゲット

第2類型の問題というのは以上見てきたように合格者を選抜するという試験の性質においても、出題者である大学側が合格させたい受験生を選抜するという観点から見ても、すべてを満たす問題です。

問題作成にあたって、基礎知識をもとにしているものの、知識を覚えただけの多くの受験生が解ける問題ではなく、基礎知識を本質的に理解した受験生だけが解答しうる問題を作成するというのはとてつもなく難しいことです。能力が高い教授をはじめとする問題作成陣でないとなしえないことなのです。一般的な受験生が知らないような知識をもとに、正答率の低い問題を作ることは誰にでもできます。しかし大学側が合格させたい受験生に得点してほしいと考えている問題はそうではなく、基礎の本質的理解とそれを前提とした問題分析力・論理的思考力・論理的表現力で解答しうる、得点を獲得できる問題なのです。

だからこそ大学側はこの第２類型の問題には力を入れてくるのです。

試行錯誤してくるのです。そこに大学側の意思や求めている知識、思考というものがすべて現れるのです。**医学部に合格したいなら基礎標準知識の習得と本質的理解、第２類型の問題への的確かつ徹底的な対処を明確なターゲットに据えてください**。

ここまでの理論を理解していただければ勉強や対策のターゲットを大きく絞れるのです。

以下では**ターゲットを絞るためのもう一つの理論**を説明していきます。

医学部合格へさらに近づいていきましょう。

第2節　得点戦略®

限られた時間で医学部に合格する実力を確実かつ効率的につけるためのターゲットの確定としてもう一つの絶対的に必要になるのが得点戦略®である。

※「得点戦略」は（株）合格の天使 の登録商標です。

1．トータル得点で２～３割、１教科４～５割得点できなくても合格可能

医学部に合格するためにはなんでもかんでも高得点を取らないとならないわけではない。また、すべての科目で高得点を獲得しなければならないわけでもない。

この部分を多くの受験生が誤解しているのである。

志望校の問題特性に応じてある程度の高得点が必要な大学とそうでない大学がある。

さらには各大学の試験問題である各教科の問題特性によっても取るべき得点は違う。

「試験問題の３類型」「難問の２分類」理論で示したとおり、第３類型の問題が出題される大学であるのか、第２類型の易問題が主として出題される大学であるのか、第２類型の難問題が主として出題される大学であるのかによっても合格点や目標とすべき得点は大きく異なる。それに加えて受験者のレベル層によっても合格点は異なる。

これらすべてを考慮して**まず合格最低点を超える戦略を立てる**という意識を持ってほしい。闇雲に難しい問題集や参考書を何冊もこなす必要などない・闇雲に問題解説講義を受ける必要はない、ということを、まずは現実として認識することが重要である。この意識、認識を持つことで日々の勉強でやるべき優先順位やターゲットを絞っていけるのだ。

この点について、当塾の東大理三合格講師陣が全国すべての医学部の試験問題について独自の分析と検証を加え12パターンに分類した出題パターンと出題パターン別の得点戦略を以下掲載し分析結果を示す。

※旧版では13パターンとしていたところ本書では12パターンに分類しているが、それは各大学の入試形式や配点、出題傾向の変化によるものである。

2. 全国すべての医学部の入試問題の出題パターンの分類要素

(1)以下では、各大学の医学部の入試問題を分析し以下4つの観点からまず分類する。

A 合格に必要な得点率
B 解答形式（マーク式か記述式か）
C 第3類型の出題の有無
D 配点率（共通テスト重視 or 二次試験・個別試験重視 or 二次試験・個別試験のみ）

(2)以下、A ～ D のそれぞれの分類要素についての説明である。

A 合格に必要な得点率

・高得点
・低得点

の2つに分類した。

大学によっては基本的な問題の出題が多く、高得点帯での争いになるものもあれば、複雑な問題の出題が多く、合格最低点が低得点にとどまる大学もある。この結果は第2類型易問題メインの出題か第2類型難問題がメインの出題かによって左右される。この得点率は得点戦略を決める上で最も重要となる客観的なファクターである。合格最低点を公表していない大学は近年減りつつあるがそれでも一定数存在する。これらの大学はパターン⑫と分類した。

国立大学では総点75%という得点率を基準にし、それ以上を高得点、それ未満を低得点として分類した。私立大学では個別試験での70%という得点率を基準とし、それ以上を高得点、それ以下を低得点と分類した（共通テストの点数を使う産業医科大学は例外的であるが、十分低得点型である）。

※旧版では「国立大学は二次試験が70%、総点が75%（二次試験での判定を優先）」という得点率を基準にしていたところ、本書ではよりわかりやすくするため「国立大学は総点75%」という得点率を基準とした。

B 解答形式

・記述がある大学
・マーク式のみで記述がない大学
の２つに分類した。

記述の出題があれば、当然答案作成の練習をしなければならない。マークメインであれば答案を作成する必要はないが、部分点がないため all or nothing な採点となる。決してミスは許されない。ミスをしないための工夫・練習が他の大学以上に必要である。

「名称を答えよ」のように記号問題ではないが、過程を記述しない問題は「記述無し」に振り分けた。

C 第３類型の出題の有無

・第３類型の出題がある大学
・第３類型の出題がない大学
の２つに分類した。もちろん他の指標に比べこの項目は分類が難しい部分もある。高校範囲外の知識が必要な問題であれば明らかだが、一応誘導もついているけれど知識がなかったらほぼ無理だろうという少し曖昧な第３類型の問題もあるのだ。また、年ごとに出題されるかは変わる。むしろ毎年決まって出題される大学はごくわずかだ。そのため、入試本番ではどの大学であっても、「絶対に第３類型の問題が出ない」という前提で臨むのは危険である。「第３類型の問題もありうる」というセンサーを働かせ、そのセンサーをどれくらい強く意識すべきか、という指標として考えてほしい。

実際に出題された場合は第３類型の問題であると見抜く＋即座に飛ばすという練習が必要になる。潔く飛ばすという行為は意外とできない人も多い。合格最低点を取れればそれ以外は何も必要ないという意識が薄いのである。普段の問題演習では難問・悪問だから潔く飛ばすという練習はできないので、模試や過去問演習を通じて慣れよう。

D 配点率

・共通テストの配点が重め
・個別試験の配点が重め
・個別試験のみで共通テストが加味されない（≒私大）

の3つに分類した。

私立では共通テスト利用を採用する大学や産業医科大学を除けば個別試験のみであり、国公立は共通テストの得点の比重が重い大学が多い傾向にある。

「共通テストの配点が重め」と「個別試験の配点が重め」の境界は「共通テスト点数の総得点に占める割合が33％以上か否か」とした。

3．12パターン分類表

※旧版では13パターンとしていたところ本書では12パターンに分類しているが、それは各大学の入試形式や配点、出題傾向の変化によるものである。

全国の医学部の問題を前項で述べた分類要素で分類した結果が以下の一覧表である。

パターン	得点率	解答形式	第3類型の出題	得点配分	校数
①	高得点	記述あり	あり	共通テスト重視	国公立4
②	高得点	記述あり	なし	共通テスト重視	国公立18
③	高得点	記述あり	なし	個別試験のみ	私立1
④	低得点	記述あり	あり	共通テスト重視	国公立6
⑤	低得点	記述あり	あり	二次・個別試験重視	国公立1 私立1

⑥	低得点	記述あり	あり	個別試験のみ	私立 4
⑦	低得点	記述あり	なし	共通テスト重視	国公立 11
⑧	低得点	記述あり	なし	二次試験重視	国公立 5
⑨	低得点	記述あり	なし	個別試験のみ	私立 8
⑩	低得点	記述なし	あり	個別試験のみ	私立 1
⑪	低得点	記述なし	なし	個別試験のみ	私立 6
⑫	非公表				国公立 6 私立 10

※防衛医大は国公立に含めた

4．全国の医学部の 12 パターンへの属性

以下が 12 パターン分類表に従った全国の大学の出題パターンの分類である。

＜注意＞

例年、以下に列挙するパターン分類から外れる出題をしてくる大学が必ず存在するということには十分注意したい。特に私大医学部は 2 ～ 3 年で傾向が変わるところも存在する。基本的には過去 3 年分のデータを元に分類しているが、合格に必要な得点率は当然年度によって変化する。ここでの分類が低得点であろうが高得点であろうが、第 1 類型･第 2 類型易問題の出題が多い年度の得点率は上がり、第 2 類型難問題の出題が多ければ得点率は下がる。

この場合に大事なことは以下の点である。

・例年と異なり第 3 類型の出題がなされても本番では一切関わる必要がない
・第 2 類型の難問題の比率が増えても第 1 類型の問題と第 2 類型易問題～難問題までのうち第 1 類型の問題と第2類型の易問題からきっちり得点していき、できるだけ第 2 類型の難問題でも得点をかき集める

これで十分に合格点は獲得できる。

皆さんの受験年に出題傾向が変わっても、本書の内容をしっかり思い出し、冷静に対処できればそれだけで有利な状況に立てることは理解しておいてほしい。

そのためにも前節の「試験問題の３類型・難問の２分類」理論の説明は常に見返していただきたい。

① 高得点　記述あり　第３類型あり　共通テスト重視
【国公立】名古屋大学、岡山大学、三重大学、鹿児島大学

② 高得点　記述あり　第３類型なし　共通テスト重視
【国公立】北海道大学、秋田大学、山形大学、筑波大学、岐阜大学、神戸大学、広島大学、山口大学、徳島大学、香川大学、九州大学、佐賀大学、長崎大学、熊本大学、琉球大学、横浜市立大学、大阪公立大学、奈良県立医科大学
※大阪市立大学は2022年度より大阪府立大学と統合し、大阪公立大学（仮称）に名称変更

③ 高得点　記述あり　第３類型なし　個別試験のみ
【私立】帝京大学

④ 低得点　記述あり　第３類型あり　共通テスト重視
【国公立】福井大学、浜松医科大学、滋賀医科大学、大分大学、京都府立医科大学、和歌山県立医科大学

⑤ 低得点　記述あり　第３類型あり　二次・個別試験重視
【国公立】京都大学
【私立】産業医科大学

⑥ 低得点　記述あり　第３類型あり　個別試験のみ
【私立】慶應義塾大学、東京慈恵会医科大学、藤田医科大学、関西医科大学

⑦　低得点　　記述あり　第３類型なし　共通テスト重視
【国公立】　旭川医科大学、札幌医科大学、東京医科歯科大学、信州大学、富山大学、鳥取大学、島根大学、愛媛大学、高知大学、宮崎大学、福島県立医科大学

⑧　低得点　　記述あり　第３類型なし　二次試験重視
【国公立】　千葉大学、東京大学、金沢大学、大阪大学、名古屋市立大学

⑨　低得点　　記述あり　第３類型なし　個別試験のみ
【私立】　東京女子医科大学、日本大学、北里大学、愛知医科大学、大阪医科薬科大学、近畿大学、兵庫医科大学、福岡大学

⑩　低得点　　記述なし　第３類型あり　個別試験のみ
【私立】　金沢医科大学

⑪　低得点　　記述なし　第３類型なし　個別試験のみ
【私立】　岩手医科大学、埼玉医科大学、昭和大学、東邦大学、川崎医科大学、久留米大学

⑫　非公表
【国公立】　弘前大学、東北大学、群馬大学、新潟大学、山梨大学、防衛医科大学
【私立】　東北医科薬科大学、自治医科大学、獨協医科大学、国際医療福祉大学、杏林大学、順天堂大学、東京医科大学、日本医科大学、聖マリアンナ医科大学、東海大学

※例外的に⑫に分類した大学もあるので、「出題パターン別得点戦略⑫」の記載を参考にしてほしい。

以下それぞれのパターンごと得点戦略を提示していく。

注意！

以上掲載してきた12パターン分類及び次ページより掲載する出題パターン別得点戦略の情報についてはあくまで2021年分析時点のデータをもとに分析していることに注意していただきたい。

募集人員、配点、共通テストと二次比率、足きりの基準、地域枠などは毎年どこかの大学で必ず変更が行われている。特に近年は共通テスト導入などの受験改革に伴い入試形式の変更が相次いでいる。必ず各自の志望校の大学のHPや募集要項をみて最新の情報を収集していただきたい。これも医学部合格への重要な戦略の基礎をなす勉強の一環ととらえるべきである。特に情報が得られにくい地方在住の受験生は、情報のせいで出遅れるということがないよう積極的に自分から情報を集めよう。

5．出題パターン別得点戦略

⑴ パターン①　高得点　記述あり　第３類型あり　共通テスト重視

該当校：【国公立】名古屋大学、岡山大学、三重大学、鹿児島大学

第3類型の出題される科目…名古屋大学：数学・物理・化学、岡山大学：生物、三重大学：生物、鹿児島大学：生物

名古屋大学前期日程を例にとる。

＜入試形式（2022年度）＞

募集人員は前期日程：90人　後期日程：5人　学校推薦型選抜：12人　の計107人である。

後期日程の人数は変更される可能性もある。

＜配点＞

	国語	数学	理科	外国語	社会	計
共テ	200	200	100 × 2	200	100	900
二次	150	500	250 × 2	500		1650
計	350	700	700	700	100	2550

共通テスト英語に関してはリーディングを150点満点、リスニングを50点満点として合計200点に換算する。

＜入試データ＞

年度	合格最高点	合格最低点	合格者平均点
2021	2316	1935	2041.90
2020	2273	1822	1969.65
2019	2200	1885	2000.61

これをみてわかる通り、各年度合格最低点は全体のおよそ75%前後である。

＜得点戦略の例＞

共テ	国語	数学	理科	英語	計
800	90	300	350	400	1940/2550

<分析>

共通テストで9割弱の800点を取るとする。

国語が二次試験でも課される数少ない大学の1つである。他科目に比べて国語にかけられる対策時間はやはり少なくなるため、国語の点数をあてにした得点戦略を立てるのは危険であろう。数学では第3類型の問題が出題されるも、典型問題も出題されるのでそれをしっかりとり、他は部分点を稼ごう。1問の配点が125点と高い。比較的点数が取りやすい英語で得点を稼ぎ8割・理科で7割を取れば、国語は6割程度の90点だけですむ。

<学習アドバイス>

第3類型が出題されるからといって、勉強方法は第3類型が出題されない大学を目指す場合と何ら変わらない。結局は第1・2類型の問題が解ければ合格するということは共通しているからである。

共通テストの配点が高く、高得点帯での争いとなるため、他の医学部以上に共通テストの結果が重要となる。11～12月ごろから共通テスト試験の対策を本格的に始めるとよいだろう（社会に関してはもっと前から始めているほうがよい）。その時期の勉強時間全体の2/3程度を共通テスト対策に回し、残りを二次対策としよう。1月に入ったらさらに共通テスト対策の比重を増やしたい。ただし、二次試験の問題に全く触れていないと、感覚が鈍ってしまうので、少なくとも1日各科目最低1問は解きたい。

第3類型が出題されるので、問題の難易度の見極めが重要となる。そのためには典型問題の網羅的な理解が前提となる。それさえできて、過去問演習を通じて感覚を養えればさほど臆することはない。

共通テスト対策と二次対策がどちらも大きく比重を占めるので、なるべく早く秋ごろには、各科目を一通り完成させておきたい。

⑵ パターン②　高得点　記述あり　第３類型なし　共通テスト重視

該当校：【国公立】北海道大学、秋田大学、山形大学、筑波大学、岐阜大学、神戸大学、広島大学、山口大学、徳島大学、香川大学、九州大学、佐賀大学、長崎大学、熊本大学、琉球大学、横浜市立大学、大阪公立大学、奈良県立医科大学

例として神戸大学を取り上げる。

＜入試形式（2022 年度）＞

後期日程は行われず、入学定員は、前期日程 92 人　総合型選抜 10 人　学校推薦型選抜 10 人の計 112 人である。

面接が課される。しかし、点数には入らない。

志願者数が約 3.0 倍を超えたら足切りを実施する。実際に足切りも実施されており、およそ 72%といわれる。

＜配点＞

	国語	数学	理科	外国語	社会	計
共テ	80	80	40 × 2	80	40	360
二次		150	75 × 2	150		450
計	80	230	230	230	40	810

共通テスト英語に関してはリーディングを 64 点満点、リスニングを 16 点満点として合計 80 点に換算する。

＜入試データ＞

年度	総合最高点	総合最低点	総合平均点	共通テスト平均点
2021	714.200	613.200	646.375	321.388
2020	740.120	616.960	649.641	324.206
2019	748.960	660.320	684.031	326.879

近年、合格最低点は低下傾向にある。例年であれば 660 点程度が必要である。

<得点戦略の例>

共テ	数学	理科	英語	計
330	100	115	120	665/810

<分析>

どの科目も7～8割近くの高得点が必要となる。苦手科目がある場合はそれが大きく足を引っ張ると、他で補いきれない。苦手な科目を100点として、得意科目でそれをカバーするのが現実的であろう。

<学習アドバイス>

どの科目も高得点が必要である。苦手な科目、範囲をつぶすことが必須となる。1科目だけ得意にしたところで、130～140点までしか伸びないであろう。それよりも、苦手な科目をつぶして100点を切らないようにする方が合格の可能性は高まる。苦手な科目の勉強は精神的に苦痛であるが、合格のためには耐えるしかない。苦手な科目には、それを苦手とする何かしらの原因（文法の欠如や計算力不足、そもそもの基礎が不十分など）があるはずなので、模試などを受けてどこが失点源となっているのかを分析して改善することが必要である。自分で分析できないようであれば、先生などに相談しよう。

また、記述がありながらも高得点を取らなければならないので、記述での減点に特に注意を払わなくてはならない。自分での添削には限界があるので、添削を依頼できる状況を作っておくとより安心である。

応用的な少し難しめの問題集をこなすよりは、基本的な標準問題集を完璧にしよう。また、その際に記述の練習を早めに始められると理想的である。

⑶ パターン③　高得点　記述あり　第３類型なし　個別試験のみ

該当校：【私立】帝京大学

帝京大学について記す。

<入試形式（2022 年度）>

一般選抜の募集人員は 96 人（うち 6 人は臨時定員の予定)、共通テスト利用選抜が 10 人、学校推薦型選抜が 10 人の計 116 人の予定である。

ここでは一般選抜について取り上げる。

一次試験では科目が選択できることが特徴的である。英語は必須だが、その他は数学・化学・生物・物理・国語（現代文のみ）から２科目選択する。また、数学は数Ⅲが含まれない。２次試験では課題作文と面接が課され、その出来で合否を判定する。

また、一次試験の試験日は３日間設定されており、そのうち２日以上受験することも可能である。その場合は、各日のうち最も合計点が高い日の点数が採用される。複数日で一次試験を通過しても２次試験を受けられるのは１回である。

<配点>

英語	その他	計
100	100 × 2	300

<入試データ>

年度	合格者最低点
2021	211
2020	215
2019	212

合格ラインは約７割である。

<得点戦略の例>

英語	数学	理科	計
70	75	75	220/300

<分析>

選択科目の自由度が高い・数学では数Ⅲが出題されないなど、入試形式が特徴的であり受験生は判断が迷うところである。ただし、問題自体は典型的なものが多い。そのためあえて対策の手薄な国語を選択するよりも、十分対策ができている理系科目を選択するのがお勧めである。数学は数Ⅲが出題されないので、比較的解きやすく感じると思うが、理科2科目の受験でもよいだろう。事前に各科目を2、3年分解き、点数を出して最も期待できる2科目で出すのが無難である。

<学習アドバイス>

基礎が十分定着しているかが最大のカギになるだろう。基礎をおろそかにして演習ばかりしていても穴だらけで得点は伸びないだろう。「記述あり」の分類ではあるものの、記述問題が出題されるのは英語と国語のみで、理系科目には記述はなく、答えのみである。理系科目を受ける場合は部分点も期待できないため、計算ミスが命取りになる。「記述なし」タイプの側面もある。「基礎がしっかりと定着しており、ミスを避けられる」タイプが合格しやすいと考えられる。標準的な問題集をしっかりとマスターしよう。結局はそれが他の大学の対策の肝となる。

また、ミスが命取り・答えのみという点で、共通テストやセンター試験と似た形式ともいえる。それらの過去問をメインとした勉強はお勧めしないが、適宜問題を解いて穴がないかを探してもよいだろう。

⑷ パターン④　低得点　記述あり　第３類型あり　共通テスト重視

該当校:【国公立】福井大学、浜松医科大学、滋賀医科大学、大分大学、京都府立医科大学、和歌山県立医科大学

第３類型の出題…福井大学：生物、浜松医科大学：化学、滋賀医科大学：生物、大分大学：化学、京都府立医科大学：数学、和歌山県立医科大学：生物

京都府立医科大学を例にとる。

＜入試形式（2022年度）＞

一般選抜前期日程は100人、学校推薦型選抜７人が募集人員である。小論文と面接を課されるが、点数には入らない。

＜配点＞

	国語	数学	理科	外国語	社会	計
共テ	100	100	50 × 2	100	50	450
二次		200	100 × 2	200		600
計	100	300	300	300	50	1050

共通テスト英語はリーディングを50点満点、リスニングを50点満点として合計100点に換算する。

＜入試データ＞

年度	合格者最高点	合格者最低点	合格者平均点
2021	849.5	670.5	725.6
2020	864.0	657.3	741.5
2019	837.8	669.6	719.4

共通テストを含めても６割５分取れば合格最低点を超える。

<得点戦略の例>

共テ	数学	理科	英語	計
400	60	95	120	675/1050

<分析>

合格者最高点ですら8割程度しか取れていない。それほどまでに二次試験の問題の難易度が高い。特に数学はよほど実力のある人でない限りは手も足も出ない問題も多い。しかし、合格最低点を見るとそうした問題が解ける必要は全くないとわかる。むしろ理科の各大問の最初の小問を数問＋英語で十分最低点は取れる。数学に関しては完答は厳しいので、取れる小問を落とさない＋部分点を泥臭く稼ぐ程度で十分である。

<学習アドバイス>

全12パターンのうちで最も対策が大変である。共通テストのための基礎の徹底反復・対策に加え、二次のため応用力の強化＝第2類型難問題への対処に、第3類型を見抜くための難易度を見極める感覚が必要である。

二次試験が難しい大学が多く第3類型の問題の得点は見込めないので、いかに低得点勝負といえども共通テストで十分な点数を取らなければならない。また、特に理科では問題数が多く時間が厳しい場合もあるので、素早く第3類型を見抜き飛ばすことが必要になる。第3類型は難易度が高いからといって得点もそれに応じて高くなるわけではない。いわばコスパが最悪なのである。そうした問題を早く切り捨て、コスパの良い問題に時間を割くということを心がけて過去問演習に臨もう。

また、第3類型を見抜くためには標準問題をマスターしておかなければならない。どうせ二次の問題が難しいからと共通テストの対策ばかりするのではなく、まずは標準問題を完璧にするのが最優先であることを再度強調しておきたい。

⑸ パターン⑤　低得点　記述あり　第３類型あり　二次・個別試験重視

該当校：【国公立】京都大学

【私立】産業医科大学

第３類型の出題…京都大学：数学、産業医科大学：数学

産業医科大学について記す。

＜入試形式（2022 年度）＞

学校推薦型選抜と一般選抜をあわせた定員は 105 人であり、一般選抜では約 80 人の予定である。

私立大学としてはめずらしく一般選抜においても共通テストの得点を利用する。

また、二次試験で小論文と面接が課される。小論文は 50 点満点であり、面接は点数は与えられていないが合否判定の際に重視するとある。

＜配点＞

	国語	数学	理科	外国語	社会	小論文	計
共テ	60	60	60	60	60		300
二次		200	100 × 2	200		50	650
計	60	260	260	260	60	50	950

共通テスト英語の配点はリーディングを 48 点満点、リスニングを 12 点満点として合計 60 点に換算する。共通テスト理科は 1 科目のみで第 1 選択科目が採用される。二次試験の理科は 2 科目であることに注意したい。共通テスト理科と二次試験理科の科目は被っても問題ない。

＜入試データ＞

年度	合格最低点
2021	606
2020	553
2019	542

6 割 5 分取れれば合格である。

<得点戦略の例>

共テ	数学	理科	英語	小論文	計
260	110	80	130	30	610/950

<分析>

二次試験が難しめなので、私立といえども共通テストで8割以上得点しておきたい。

他の科目に比べると理科が少し難しめなので、数学と英語で理科をカバーするような得点戦略が賢明である。

2021年度は二次試験が易化したため、合格最低点が上昇している。

<学習アドバイス>

第3類型の出題はあるが、数学だけに限られ、勉強法自体はパターン⑧と変わらない。典型的な標準問題をマスターし、演習を通じて問題の難易度を見極める感覚を養おう。理科で第3類型が出題される場合と違い、数学で出題される場合はある程度時間的な余裕がある。そのため、多少見極めに時間がかかっても問題ないが、解こうと思ってはいけない。気づいたら時間の大半をその問題に奪われているという最悪の結末に陥らないように逐一時間は気にしよう。

京都大学の数学は大学入試でもトップレベルの難易度を誇る。基礎を完璧に習得することは前提である。それに加えて、その基礎を組み合わせたり言い換えたりする応用力も鍛えねばならない。ただし、難しくて手も足も出ないということではなく、基礎力と応用力を兼ね備えた人であれば太刀打ちできるレベルである。

産業医科大学は私立ではあるが、共通テストの点数を採用するため、共通テストの得点が良かった人におすすめである。

⑹ パターン⑥　低得点　記述あり　第３類型あり　個別試験のみ

該当校：【私立】慶應義塾大学、東京慈恵会医科大学、藤田医科大学、関西医科大学

第３類型の出題…慶應義塾大学：物理、東京慈恵会医科大学：化学、藤田医科大学：生物、関西医科大学：物理・生物

例として慶應義塾大学について述べる。

＜入試形式（2022 年度）＞

一般選抜の定員が 66 人である。そのほか帰国生入試と外国人留学生入試も行われている。面接と小論文が課されるが、点数化はされない。

＜配点＞

数学	理科	外国語	計
150	100 × 2	150	500

＜入試データ＞

年度	合格最低点
2021	251
2020	303
2019	303

6 割強取れば合格できるほどに難しい。

＜得点戦略の例＞

数学	理科	英語	計
80	130	100	310/500

＜分析＞

英語と理科で6割と少し得点してしまえば、あとは数学で半分ほど取ればよい。数学は答えのみが聞かれるものが多いので、計算ミスをすると大幅に失点してしまう恐れがあるが、英語と理科をしっかり固めておけば安心である。逆に数学で7割以上得点できると、かなり楽になる。第3類型の出題が理科でみられるが、それ以外は十分得点源にできる。

＜学習アドバイス＞

一口に記述ありとまとめてはいるものの、過程の記述がメインの大学とマーク・短答メイン+記述少しだけの大学もある。記述練習にかける時間はこの2つで変わってくるので、志望校の候補に入ったのであれば早い時期に過去問に目を通して、どちらのパターンなのかを確認しよう。東京慈恵会医科大学は特に合格最低点が低い。難問の出題が予想されるので部分点をかき集めることに徹しよう。逆にせっかくかき集めた部分点が不十分な記述のせいで減点されていては意味がない。答えが出ていないけれどもここまではできたというアピール+減点されない記述の練習をしてもよいだろう。一般的に英語は点数を取りやすいので英語を得点源として安定させるのが王道であろう。

⑺ パターン⑦　低得点　記述あり　第３類型なし　共通テスト重視

該当校：【国公立】旭川医科大学、札幌医科大学、東京医科歯科大学、信州大学、富山大学、鳥取大学、島根大学、愛媛大学、高知大学、宮崎大学、福島県立医科大学

富山大学を例にとる。

＜入試形式（2022年度）＞

2022年度から後期日程が廃止され、新たに総合型選抜が実施される。一般選抜前期日程70人、学校推薦型選抜15人以内、総合型選抜Ⅱ 10人，富山県特別枠10人（予定）の募集となる。

面接も課される。100点満点で得点がつけられる。

足切りは倍率が約５倍を超えると実施される。

＜配点＞

	国語	数学	理科	外国語	社会	面接	計
共テ	200	200	100 × 2	200	100		900
二次		200	100 × 2	200		100	700
計	200	400	400	400	100	100	1600

共通テスト英語はリーディング160点満点＋リスニング40点満点で計200点満点に換算する。

＜入試データ＞

【共通テスト（センター試験）】

年度	合格者最高点	合格者平均点	合格者最低点
2021	812.4/900	752.3/900	681.2/900
2020	845.8/900	763.5/900	688.8/900
2019	826.2/900	776.9/900	735.4/900

【二次試験】※2021年度より配点が変更されている

年度	合格者最高点	合格者平均点	合格者最低点
2021	559.0/700	407.8/700	300.5/700
2020	669.9/800	543.9/800	472.5/800
2019	632.0/800	535.9/800	480.0/800

【総点】※2021年度より配点が変更されている

年度	合格者最高点	合格者平均点	合格者最低点
2021	1302.2/1600	1160.0/1600	1095.1/1600
2020	1515.7/1700	1307.4/1700	1246.1/1700
2019	1442.0/1700	1312.7/1700	1263.0/1700

総点を見ると7.5割が必要に見えるが、二次を見ると6割程度である。

<得点戦略の例>

共テ	数学	理科	英語	面接	計
780	80	80	120	60	1120/1600

<分析>

共通テストで高点数が取れ、得点しやすい英語で稼ぐことができれば、あとは数学・理科で半分以下の点数でも合格できる。共通テストの点数により大きく左右される。

<学習アドバイス>

共通テストで高得点が必要でありながら、二次で難しい問題＝第2類型難問題が出るので、基礎と応用のどちらも力が必要となる。ただし、普段の勉強方法は変わらない。基礎をまずは固めないと応用力はつかないということは、他のパターンと同じだ。二次対策を先にするということは絶対である。二次対策で点数を取れｔるようになれば共通テストでも自然と点が取れるようになる。

共通テストと二次の難易度の差が大きいので、共通テスト直前であっても二次の問題は解き続けていないと感覚が鈍ってしまう。共通テストの過去問で十分な点数が取れるようになったら、その科目の共通テスト対策は直前まで止めておいて、二次の過去問演習に移ってしまおう。

⑻ パターン⑧　低得点　記述あり　第３類型なし　二次試験重視

該当校：【国公立】千葉大学、東京大学、金沢大学、大阪大学、名古屋市立大学

東京大学を例にする。

<入試形式（2022年度）>

ここでは理科三類について記す。他の学類からも医学部に進学することはできるが、その門はかなり狭い。

一般選抜の定員は95または97人であり、学校推薦型選抜が３人程度の予定である。例年足切りが行われ、2021年は534/900、2020年は611/900、2019年は630/900と７割程度の得点が必要である。2021年度から共通テストのリスニングが加味されるようになった。

<配点>

	国語	数学	理科	外国語	社会	計
共テ	200	200	100 × 2	200	100	900 → 110点換算
二次	80	120	60 × 2	120		440
計						550

共通テスト英語はリーディング７割＋リスニング３割である。

<入試データ>

年度	合格最低点	合格平均点	合格最高点
2021	375.7111	405.5365	480.4333
2020	385.6111	414.1081	492.2333
2019	385.3778	410.8422	497.9222

７割程度が合格最低点である。

<得点戦略の例>

共テ	国語	数学	理科	英語	計
95	45	85	80	90	395/550

<分析>

共通テストの比率は低いものの、ある程度の点数がないと二次試験を圧迫してしまう。780/900点でおよそ95点に換算される。二次試験問題のレベルは高いが、特に数学は最近易化傾向にあるので、得点源としたい。英語は7割強で安定させたら、それより上を目指すのはなかなか骨が折れる。国語の点数はだいたい40点前後に固まることが大半で、大きく差がつくことはあまりないので、国語を得点源にするのはお勧めできない。

合格者も多くが理系科目を得意としており、このことからも国語と英語をある程度で安定させたうえで数学・理科で差をつけて合格する人が多いのであろう。

<学習アドバイス>

二次試験重視とはいっても、共通テストで出鼻をくじかれると二次試験の負担が重くなる。11～12月ごろには共通テスト対策を始めたい。特に国語は古文漢文も含め二次試験で使うことになるので、二次対策がてら早めに始めるとよいだろう。

第3類型の問題は出題されないが、特に数学は一問一問が手ごわい。第2類型難問題がメインの出題である。基礎問題集で基礎事項を習得することはもちろん必要だが、さらにもう1レベル上の標準問題集をこなすべきである。ただし、やたらと難しい問題を解きまくればいいというわけではなく、一問一問から定石やテクニックを吸収することが重要である。その際には記述の練習もかねて、実際に答案を作って、先生に添削してもらいたい。理科も序盤は標準問題集に載っているような問題が多いので、ここで失点してはならない。無茶ぶりをされることはほとんどなく、大抵が自分の見知った解法で解けるはずだという感覚が重要である。

⑼ パターン⑨　低得点　記述あり　第3類型なし　個別試験のみ

該当校：【私立】東京女子医科大学、日本大学、北里大学、愛知医科大学、大阪医科薬科大学、近畿大学、兵庫医科大学、福岡大学

例として、大阪医科薬科大学をあげる。

<入試形式（2022年度）>

2022年度より、総合型選抜（8人）、一般選抜前期日程（77人）、後期日程（15人）、大阪府地域枠（2人）、共通テスト利用（10人）に変更になった。

ここでは一般選抜前期について取り上げる。小論文も面接も点数化はされず、段階評価される。

<配点>

数学	理科	英語	計
100	100 × 2	100	400

<入試データ>

年度	正規合格最低点
2021	263
2020	249
2019	270

年によって大きくばらつきがあるが、7割弱が合格ライン。

<得点戦略の例>

数学	理科	英語	計
60	140	70	270/400

<分析>

年度によってばらつきがあるので得点戦略を立てにくいが、難易度が変動しにくい英語で70点は安定して取りたい。数学は難しめな問題も出題されるが、記述式なので部分点をかき集めてなんとか6割の60点は取りたい。理科で140点を取れればだいたいの合格ラインに到達する。

<学習アドバイス>

個別試験のみで記述問題を中心に出題されるので、問題を解く能力とともに、解答を作り出す力＝論理的表現力も必要とされる。特別なことをやる必要はないが、記述力のトレーニングは必要である。先生や講師に添削してもらおう。

低得点での争いであり、さらに記述中心なので、泥臭く1点1点をかき集める必要がある。解けた問題では記述による減点を防ぎたいのはもちろんのこと、答えにたどり着かなかった問題に関しても、わかったところやその後の方針を書いておくことで、部分点を稼ぎにいくべきである。普段の過去問演習から白紙答案を作らない癖をつけよう。ただし、気づいたことをやたらと書き殴っても採点官は読んでくれない。その時も論理を意識しよう。

⑽ パターン⑩　低得点　記述なし　第3類型あり　個別試験のみ

該当校：【私立】金沢医科大学

第3類型の出題…金沢医科大学：物理

金沢医科大学について記す。

＜入試形式（2022年度）＞

一般選抜前期が65人、後期が10人、総合型選抜（AO入試）21人、総合型選抜（卒業生子女入試）8人、学校推薦型選抜6人という募集人員になっている。

ここでは一般選抜前期について取り上げる。

一次試験では英語・数学・理科、二次試験で小論文・面接が課される。小論文と面接にも点数が付き、それぞれ60点、110点満点である。ただし、面接の点数には調査書等も加味される。

＜配点＞

数学	理科	英語	小論文	面接	計
一次	100	75×2	100		350
二次			60	110	170

＜入試データ＞

年度	一次合格最低点	一次合格最高点
2021	204/350	288/350
2020	213/350	303/350
2019	264/400	357/400

一次試験の合格ラインは6～7割である。

※2020年度から配点が変更されている

<一次試験得点戦略の例>

数学	理科	英語	計
60	80	75	215/350

<分析>

2019年度物理にて素粒子に関する第3類型の問題の出題が見られたが、知識の穴埋め問題2問程度であり、得点にはほとんど関わらないであろう。また、その問題もほとんど問題集では扱われないものの、教科書には一応載っているので高校範囲といえなくもない。

<学習アドバイス>

素粒子に関する問題が出題され、ほとんどの受験生が面食らったと思われるが、ほんの数問だけであり、ほとんど合否には影響しなかっただろう。そのためほぼパターン⑪の「第3類型なし」パターンと学習としては変わらない。

強いて言うならば、よほど余裕がある人は直前に理科の教科書を通読して知識を詰め込んでもよいだろう。ただ、ほとんど合否には影響しないので、無理に行う必要はない。

⑾ パターン⑪　低得点　記述なし　第３類型なし　個別試験のみ

該当校：【私立】岩手医科大学、埼玉医科大学、昭和大学、東邦大学、川崎医科大学、久留米大学

例として埼玉医科大学をあげる。

<入試形式（2022 年度）>

一般選抜では前期 60 人、後期 20 人を募集し、それ以外にも共通テスト利用選抜 10 人、学校推薦型選抜 40 人、帰国生選抜などがある。

ここでは一般選抜前期について取り上げる。

一次試験で小論文が課されるが、点数はつかず段階評価され、二次試験で用いられる。二次試験は面接である。

<配点>

数学	理科	英語	計
100	100 × 2	100	400

<入試データ>

2020 年度以前は英語の配点が 150 点、小論文の配点が 50 点であったため、合計点は 500 点満点である

年度	一次合格最低点
2021	238/400
2020	320/500
2019	286/500

6 割程度が合格ラインである。

※ 2021 年度から配点が変更されている

<得点戦略の例>

数学	理科	英語	計
60	60 × 2	70	250/400

<分析>

問題自体には癖がなく、科目ごとの難易度にあまり差はないので、得意科目で少し多く得点して、それで苦手科目の失点を補おう。

<学習アドバイス>

答えのみなので、計算ミスなどのケアレスミスで簡単に点数がなくなってしまう。普段からミスをしないよう心掛け、検算のスキルを磨くことも重要である。低得点での争いであるため、解ける問題を落としてしまうと合格がかなり遠のいてしまう。

無理にすべての問題を解こうとしなくていいので、解ける問題を確実に合わせるという心持ちでいるとよい。その点で問題の難易度を見極める感覚も重要である。典型問題の網羅的理解が前提ではあるが、過去問演習を通じて感覚を養おう。また、本質的な理解とは言えないので推奨はされないが、答えの形や選択肢などから答えを推測するという手もある。わからない問題はさっさと飛ばして後で戻ってくるという戦略が有効であろう。

⑿ パターン⑫　得点非公表

該当校：【国公立】弘前大学※1、東北大学、群馬大学、新潟大学、山梨大学、防衛医科大学※2

【私立】東北医科薬科大学、自治医科大学、獨協医科大学、国際医療福祉大学、杏林大学、順天堂大学、東京医科大学、日本医科大学、聖マリアンナ医科大学、東海大学

<学習アドバイス>

合格最低点が大学からは非公表なので、得点戦略が非常に立てにくい。合格した先輩やネットの情報などからある程度の目安は立てられるが、信憑性はあまり高くない。

できれば**信頼できる講師に問題を見てもらって、何割くらい解ければよいかを判断**してもらえるとよい。

以下に大学ごとの各科目の難易度表を載せておくが、しっかりと自分の目で難易度は確かめよう。

大学名	数学	化学	物理	生物	英語
弘前大学※1					
東北大学	標準	標準～難しめ	標準	標準	難しめ
群馬大学	標準	難しめ	難しめ	なし	なし
新潟大学	難しめ	標準～難しめ	標準～難しめ	標準	標準～難しめ
山梨大学	標準	難しめ	標準～難しめ	標準	なし
東北医科薬科	難しめ	難しめ	標準	難しめ	難しめ
自治医科大学	標準	標準	標準	易しめ	易しめ
獨協医科大学	標準	易しめ	標準	標準	標準
国際医療福祉	標準	難しめ	難しめ	難しめ	難しめ
杏林大学	標準	標準	標準	標準～難しめ	標準
順天堂大学	難しめ	難しめ	難しめ	標準～難しめ	標準～難しめ
東京医科大学	標準	標準	標準	標準	難しめ
日本医科大学	易しめ～難しめ	標準	標準	標準	難しめ

聖マリアンナ	標準	標準	標準	標準	標準
東海大学	易しめ〜難しめ	標準	標準〜難しめ	標準	標準

※1弘前大学は2021年度から従来の二次試験から総合問題300点という形になった。後述を参照されたい

※2防衛医科大学校については後述を参照されたい

難易度のレベルわけとしては、

数学…易しめ：黄チャートレベル　標準：青チャートレベル
　　　難しめ：新数学演習レベル

化学…易しめ：リードαレベル　標準：重要問題集Aレベル
　　　難しめ：重要問題集Bレベル

物理…易しめ：エッセンスレベル　標準：良問の風レベル
　　　難しめ：難問題の系統と分析レベル

生物…易しめ：セミナーレベル　標準：基礎問題精講レベル
　　　難しめ：標準問題精講レベル

英語…標準：共通テストレベル　難しめ：共通テストより難しい

を基準として分類した。

また、第3類型の出題がある大学は以下のとおりである。

防衛医科大学：生物　東北医科薬科大学：化学・英語

※以下、入試問題が特殊な弘前大学について記す。

＜入試形式＞

一般選抜と総合型選抜がある。募集人員は全体で85人である。一般選抜（計43人）のうち青森県定着枠が8人、一般枠が35人であり、総合型選抜（計42人）のうち青森県内枠27人、北海道・東北枠15人の予定である。一般枠が全体の半分以下しか占めないことが特徴的である。

一般選抜では共通テストと個別学力検査の内容及び出願書類を総合評

価する。個別学力検査は、総合問題、面接試験が行われる。

総合型選抜では、共通テスト（900点）と個人面接（300点）、ケーススタディの自学自習（与えられたシナリオ及び資料を読み、自分の考えを論述する100点）の点数を1300点満点に合計する。

以下、一般選抜について記す。

＜配点＞

	国語	数学	理科	外国語	社会	総合	面接	計
共テ	200	200	300	200	100			1000
個別						300	200	500
計								1500

共通テスト英語に関してはリーディングを100点満点、リスニングを100点満点として合計200点に換算する。

＜入試データ＞

入試形式が変更された2021年度の一般枠の合格最低点は1068/1500であった。

＜総合問題得点戦略＞

共テ	総合	面接	計
800	140	140	1080/1500

＜学習アドバイス＞

大学の入試要項の記載によると、総合問題は

「日本語又は英語の文章や図表などの資料を用い，そこから得られる情報と意味の理解度を評価します。これまで授業で学んだ知識を関連付け，多面的・多角的に考察し，考察の過程や結論に至る根拠を記述できる力を重視します。例えば，教科書等で扱われていない初見の内容であっても，資料の意味するところを読み解き，科学的思考に基づき考察する問

題などを出題することもあります。また，英語での解答や計算を求めることもあります。」
とされている。

実際の問題は英語の長文・表や図が与えられ、和訳、英訳、読解の小問が主で、長文に関連した数学・化学の小問が数問だけ出題される。一般的な長文の問題を解く能力に加え、表やグラフから情報を読み取って考察し、論理的に説明する能力が求められる。一般的な長文を解く練習をするとともに、日頃から科学的な話題にアンテナを張り、また、単に機械的に和訳するのではなく内容を自分なりにかみ砕いて考える習慣をつけることで、こうした総合問題にも対応できるだろう。

数学・化学の問題は、見たことのない問題のように思えるが、基本的な事項で解けるので、問題形式の奇抜さに惑わされず、基礎的・標準的な問題の演習を行えば十分である。

※日程などが非常に特殊な防衛医科大学校について記す。

<入試形式>

10月末に一次試験があり、12月に二次試験が課されるという特殊な日程の入試を行う。2022年度から試験日程・内容が一部変更となり、一次試験では学力試験・小論文、二次試験では口述試験、身体検査を課される。

一次試験では外国語・数学・国語・理科のすべての科目に択一式と記述式が課され、試験時間内に両方を解くこととなる。択一式で一定の得点に達しない場合は、記述式の採点が行われない。小論文は二次試験受験者について採点が行われる。このように入試形式がかなり特殊である。

募集定員は約85人である。

<配点>

非公表である。

＜合格最低点＞

非公表である。

＜記述式得点戦略＞

非公表であるので、戦略が立てにくいが、難易度の高い数学は5割、標準的な理科と英語で６～７割程度を目指したい。

＜学習アドバイス＞

試験が10月の終わり頃と時期が早く、問題の難度も高い。択一式と記述式からなるが、択一式には、難度の高い問題も何題か混じっているので、そのような問題は諦めて効率よく解ける問題を選んで解いていく必要がある。基礎的、標準的な問題をしっかりと演習することで難度の高い問題を発見する力が身についていくだろう。

記述式も難度が高い問題があるが、標準的な問題を確実に取っていけば合格点は取れる。やはり、基礎的・標準的な問題を網羅的に確実に自分のものにしていくような学習が合格のために必要になる。

2022年度からの変更により、前まで択一式の試験・記述式の試験と分かれていたものが、それぞれの科目について択一式・記述式が同時に課されることとなった。他にも、２日間行われていた一次試験を１日間とする、国語の出題範囲から古文漢文を除く、小論文試験を一次試験時に実施する、などの変更がなされたので、公式HPなどで入試要項を見ておくべきであろう。

試験日程がかなり早いことから、他の大学とは勉強スケジュールが大きく異なる。8～9月にはどの科目もある程度完成していたい。そのため、現役生の場合は授業の先取りを行う必要があるかもしれない。無理に焦って基礎の習得をおろそかにしないよう注意が必要である。基礎の習得が不十分だと他の大学を受ける際に困る。

6．12 パターン分類の補足

以上のデータ以外にも大学によっては入試形式に特徴があるものもある。個別試験で理科が課されない国公立や理科の生物選択が不可の大学もある。標準問題集を徹底的に反復する過程はどの大学でも必要となるが、早い段階に自分の目で大学の公式 HP などで志望校の情報を調べておこう。

また、再受験生は再受験の寛容度などはやはり多少考慮に入れるべきである。ネットの口コミで判断するのは危険なので、なるべく信頼できる情報源や客観的なデータをもとに判断したい。客観的なデータとは、

・面接の点数の占める割合
・合格者最低点が公表されているか
・実際の入学者の年齢別割合

などがある。なるべくこうしたデータを判断の材料としたい。

以上 12 パターンにわけて得点戦略を書いてきたが、あくまでこれは一例である。各自の学力や志望に応じて、臨機応変に対応されたい。

重要なのは、合格に必要なのは、合格最高点でも合格者平均点でもなく合格最低点だということである。入試で何点であろうが、入学してしまえば関係ない。無理に背伸びをしないよう気を付けなくてはならない。

第3節　この章から得るべきもの

1．出題パターンの分類と得点戦略から得るべきもの

第 1 節で「第 3 類型の問題への対策を一切排除」すべきことを伝えた。

第 2 節で「各自の志望校の出題パターンを分類・分析」することでターゲットにさらなる絞りをかけた。そして「得点戦略」から「合格最低点」を取るということにまずは焦点を当てることによって日々の勉強でやるべき優先順位とターゲットをさらに絞り込むことが可能になる。

本書を読んでくださっている皆さんは、まずこの部分の分類と理論をしっかり頭に叩き込んでほしい。これを読んでくださっているあなたはこれだけでも相当有利に医学部受験対策を進めていける。

2．合格者と不合格者を分けているある秘密

ここまで読んでいただいただけでもお分かりの通り、世の中でひとくくりにされている医学部受験対策とは異なり、本当は医学部受験と一言に言っても合格点を取るためには様々な要素がある。それをすべて分析してあぶり出し、そこにだけ焦点を当てることができたらどれだけ確実かつ効率的にあなたが第一志望とする医学部合格への対策をしていけるか実感していただいていると思う。

得点戦略の節では、全国の医学部の入試問題に、当塾の東大理三合格講師陣が分析を加えたものを掲載したが、紙面上、当然すべての詳細を掲載できているわけではない。

試験問題の3類型と難問の2分類の節でお伝えした
1．第1類型＋第2類型易問題型
2．第2類型易問題「多」＋第2類型難問題「少」型
3．第2類型易問題「少」＋第2類型難問題「多」型
4．1～3に第3類型を混入させる型
5．第2類型難問題オール型
について、より詳細に分類・分析したデータがある。

皆さんに注意していただきたいのは、これが的確かつ正確にできるのは、実際に全国のどこの医学部の問題でも解きうる、したがって分析を加えうる実力があって初めてできることという事実である。

例えば、同じく最難関大学合格者であっても数Ⅲを受験していない＋二次試験や個別試験の理科を受験していない＝受験科目として数Ⅲ＋理科科目を極めていない人が全国の医学部の問題を的確に分析できるかと言ったらそれはノーだ。最難関大学理系合格者であっても数学や理科科目を得意としていない人についても同じことが言える。

皆さんが第一志望とする医学部について的確な対策をとっていきたいのなら、できる限り高い実力の人にアドバイスを得ていただきたい。ここまで説明してきた事柄だけでも多くの要素があり、それについて一つ一つ的確なものを得られるか否かで大きな差がついてしまうことはお分かりだと思う。

どのような実力の人からアドバイスや指導を得ることが出来るかということは、やるべきことを的確に選別し焦点を絞れるか＝確実かつ効率的に実力をあげていけるか、医学部合格に必要な学力・思考、ノウハウを得られるか、ということに直結してきてしまう重大な要素だ。

この部分の意識が非常に薄い受験生も多い。でも個人の努力や能力と関係がないこの部分で大きな差をつけらてしまっているのが現実である。皆さんはこの現実をしっかり認識するとともに悔しい思いをしないように十分注意していっていただきたい。

第3章　3大戦略その2「ターゲットへの的確なアプローチ」

前章でターゲットを絞るという視点を示しました。

ただ、狭き門である医学部に合格するためにはこれに加えターゲットへの的確かつ効率的なアプローチが必要になります。

ターゲットを絞る＋さらにそのターゲットに的確に焦点を当てる、この2つを組み合わせることで数倍ではなく数乗の効果で医学部合格へ向かっていけます。

このターゲットへの的確なアプローチをとるために必要となる絶対的な視点、それが合格の天使オリジナル理論である

●「勉強ターゲットの3類型」理論

です。これに加え

●医学部受験生がとらされている誤った受験対策を知ること

も必要になります。

この章でも、**合格の天使のオリジナル理論**を用います。

この節のキーワード・キーポイントは

☑**「勉強ターゲットの3類型」理論**

とそれを構成する要素である

☑**「基礎習得の3分類」理論**

☑**「一般化脳」理論**

☑**「得点脳」理論**です。

第1節　「勉強ターゲットの3類型」理論

1．まずは確認　多くの受験生が軽視する勉強の順番

合格の天使オリジナル理論である「勉強ターゲットの3類型」理論に入る前に以下のあたり前の部分をまず皆さんに確認しておきます。あたり前のことなのに多くの受験生が軽視してしまうのが以下の勉強の順番です。

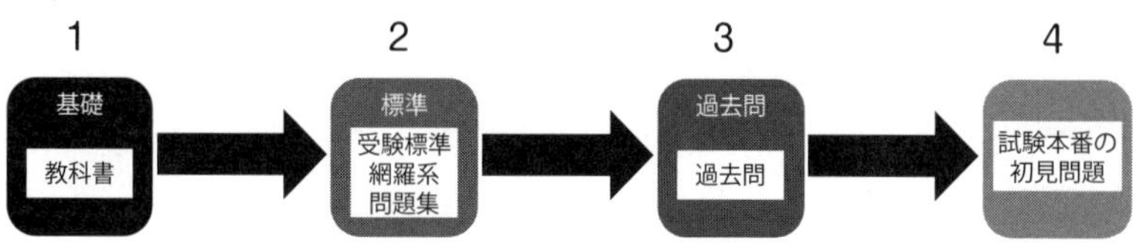

医学部受験生の場合自分は難関である医学部を受験するのだから2をできなければ始まらない、合格できないとして1を軽視します。

いきなり2のレベルの問題集や参考書から勉強を開始してしまうのです。

しかし、すべての学問は基礎の上に成り立っています。繰り返しになりますが突飛なひらめきや発想というのは、基礎理論に基づいていない限り単なる戯言です。

基礎理論に基づいていないひらめきや発想は単なるデタラメです。

基礎理論から論理的に証明できない理論は虚偽です。

基礎というのはすべての根幹をなすものという意識は高みを目指すなら絶対に忘れないでください。

当塾講師陣が圧倒的受験結果に至っているのはまずこの基礎の部分で他の受験生とは理解と網羅性に大きな差があるからです。

こう言っても「基礎が大事なんてことはわかっている」「そんなのあたり前」という人がいます。でも、実際の受験対策として取られている

ことは、このわかりきった、当たり前と言われることを無視しているといっても過言ではないのです。

基礎が大事であるということはわかっています、という方に問いたいのですが、本当に前記図の順番で皆さんは勉強していますか？　そしてその順番が意味することを理解していますか？

受験における授業や講義と言われているものの関係性を見てみてください。

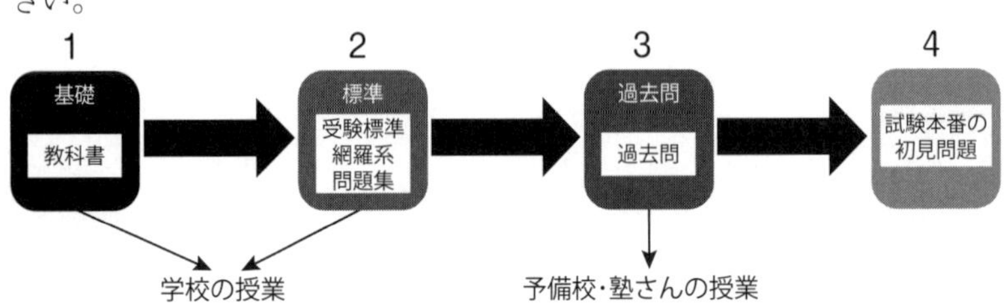

予備校さんや塾さんの授業や講義と称するものがこの図の分類にすべて当たるわけではありませんが、多くの予備校さんや医進系予備校さんの授業や講義というのは特に３の部分に当たることをしていることが多いと言えます（ここでいう過去問とは各自の志望校の過去問ではなく、様々な大学の大学入試問題一般を指します）。

基礎や標準知識の習得をしっかりと行っていないのに、受験年になったからと言っていきなり３から始まる講義や授業に参加する、これが医学部を目指す多くの受験生の失敗の典型パターンです。

さらに医学部受験の多浪生に多いのが、そのようなカリキュラムの予備校さんや塾さんに通い続け、毎年毎年３の部分からの勉強を繰り返しているだけというパターンです。

これではいくら勉強しようが、得ているものはその授業や講義で扱った問題だけを解けるようになるだけ＝丸暗記＝初見の問題には一切使えない思考なのです（この点の論拠は後程説明します）。

現役生であればこのような失敗を犯さないように、当たり前のことであっても十分に認識してください。浪人生の方はこの現実をしっかりと見つめなおしてください。

ここに**「現役生は伸びるけど浪人生は伸びない」と言われている秘密も隠されている**のです。世間一般や場合によっては受験指導機関でさえ、浪人生の試験結果の現状の現実面だけを捉えて、浪人生＝もう伸びない受験生、のように捉えてしまうのですが、それは大きな誤りです。

浪人生がなぜ実際の受験結果として伸びる人が少ないのかについて解明することなく、安易に浪人生＝できない人のようなレッテルを貼られているのです。この誤った認識を皆さんは覆してやってください。

浪人生が伸びないのは、前記のように基礎とその本質的理解の習得をないがしろにしていた人が、浪人後その部分に焦点を当てることなく、いきなり２や３の部分に焦点を当てた勉強をしてしまっている、もしくはさせられてしまっているからだけなのです。

多浪生の場合は、毎年毎年それを繰り返してしまっているだけなのです。

決して能力が低いわけでも、天性の才能が足りないわけでもありません。

浪人生であっても１の部分から２の部分について着実に実力をつけてきたけれど、その後の部分の習得が時間的に間に合わなかったという人は、現役生よりも大きく伸びます。

ですので、１の基礎の部分の習得があいまいな浪人生の皆さんはまずは自分の勉強を見つめなおしてください。そしてこの理論をよく理解して、おかしなレッテルをはがしてやりましょう！

２．巷では分類・ロジック化されていないターゲット
「基礎習得の３分類」理論・「一般化脳」理論・「得点脳」理論

基礎が大事、勉強の順番が大事ということはそれなりに認識できている方も多いかと思います。しかし、この先に一般的には明らかにされていない圧倒的実力者とそうでない人を分けているターゲットがあります。

それは当塾がオリジナル理論として命名している「基礎習得の３分類」理論、「一般化脳」理論、「得点脳」理論です。この概念も当塾のオリジナルなものですので説明を加えていきます。

まず、先ほどの図を再び掲載します。

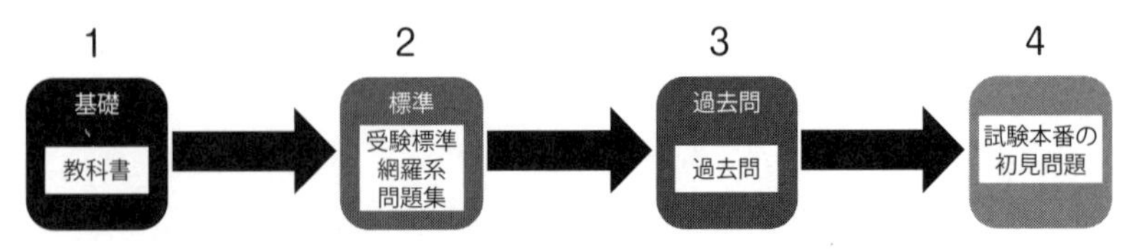

この順番や項目は誰でもが勉強の順番として認識できるものです。

しかし、実は、この図は合格に必要なすべての段階を表していません。

医学部に合格する、すなわち受験において高い実力をつけるために攻略すべきもの、得るべき最も重要なものは１，２，３の間にそれぞれ存在する

●「基礎習得の３分類」理論

●「一般化脳」理論

●「得点脳」理論

から導かれるものなのです。

この「基礎習得の３分類」理論・「一般化脳」理論・「得点脳」理論こそ、当塾講師陣が他の東大合格者やその他の大学の合格者よりも優れた

ものを持っている部分です。そして圧倒的受験結果を叩き出している秘密の部分です。これは天性の才能とかそういったものは無関係なものです。的確な対策で誰でもが得られるものなのです。

しかし、一般的にこの部分がロジック化されたものは巷には存在しません。なぜならこれは突き抜けた受験結果を有する東大理三合格講師や東大「首席」合格講師を束で抱える当塾が「通常の東大合格者や他大学合格者」と「突き抜けた実力を限られた受験期で身に付けた当塾講師陣」の実力の違いに分析と検証を加え解明した部分だからです。

これを読んでくださっている皆さんはこれからご説明する当塾のこの理論をしっかりと学んでください。

合格の天使オリジナル理論

☞**【勉強ターゲットの3類型】理論**

通常の実力をつけていく勉強の手順・フローとしては以下の図のイメージで捉えているのが多くの受験生や世間一般の受験対策です。

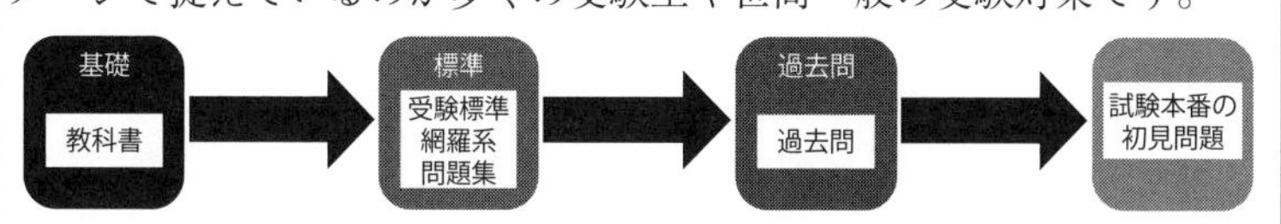

しかし、この図の⇒部分にこそ本来得なければならないターゲットがあります。

それが合格の天使オリジナル理論**【勉強ターゲットの3類型】理論＝「基礎習得の3分類」理論・「一般化脳」理論・「得点脳」理論**です。

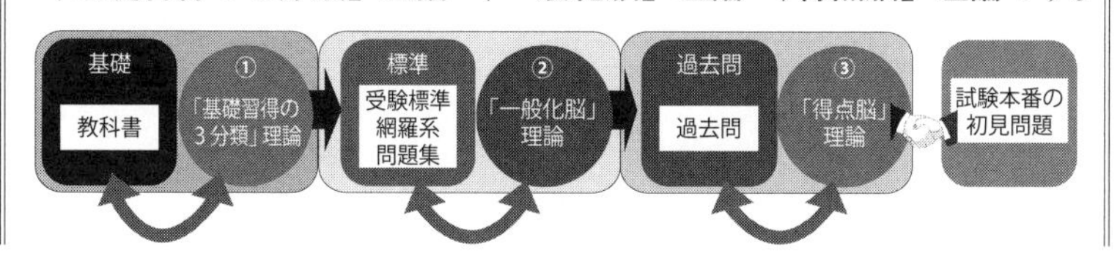

☑ **「基礎習得の3分類」理論**:基礎の習得対象を「関連記憶」「単純記憶」「理解記憶（本質的理解）」の3つの要素に分類し、基礎を高い次元で習得する理論

☑ **「一般化脳」理論**：受験基礎標準問題集の個々の問題からエッセンスを抽出し一般化されたエッセンスを蓄積する理論

☑ **「得点脳」理論**：一般化脳理論で一般化し抽出・蓄積したエッセンスを個々の問題に適用・運用させる問題分析力・論理的思考力・論理的表現力を形成する理論

この「基礎習得の3分類」理論、「一般化脳」理論、「得点脳」理論は、“参考書や問題集をとにかく繰り返せという回数を重視・基準とした勉強法”や“勉強時間や勉強量を単に重視した勉強法”では決して得ることができない部分です。そもそもそのような勉強法からは導くことすら不可能な理論です。しかし大学受験で高得点をとるためには最も必要な力なのです。

【理論から導かれる帰結】

「基礎習得の3分類」を前提とした「一般化脳」と「得点脳」にアプローチせよ。

3.「基礎習得の3分類」理論・「一般化脳」理論・「得点脳」理論とは

◎「基礎習得の3分類」「一般化脳」「得点脳」の定義内容を確認

「基礎習得の３分類」理論、「一般化脳」理論、「得点脳」理論のいずれの要素も決して天性の才能ではなく、勉強の焦点を的確に把握しそこにターゲットを絞って勉強していくことで誰でもが得られる能力です。そしてここには特殊なひらめきや発想など一切必要ありません。

多くの受験生がこの部分の力を得られないのは、そもそも、受験において突き抜けた結果を出している人とそうでない人の差がどこにあるのかしっかりと論理的に解明されたものがないがゆえに日々の勉強で焦点を当てるべき部分を知らないからです。

だから、多くの受験生は、問題集の問題や授業や講義の問題そのものを攻略することに焦点を当てた勉強を繰り返してしまうのです。この勉強の典型が基礎はとにかく繰り返して覚えろ、問題集はとにかく繰り返せ、とにかく回数を重視して即座にその問題に答えられるようにしろ等の回数・問題数を重視した勉強法です。これは当塾が提唱する「合格するための勉強法」ではなく、合格に直結しない「勉強するための勉強法」の典型です。

このような焦点がずれている勉強を繰り返しても、的確なターゲットを知りそこに焦点を当てて勉強してきた受験生にはかなわない、追い越せない、追い越されてしまうのです。

また実力も効率的には絶対に伸びませんし、どんなに勉強してもそこそこの実力でとどまってしまうのです。

合格が「たまたま」や「運任せ」になってしまうのです。

以下「勉強ターゲットの３類型」についてひとつずつ理論の説明を加えていきます。

4.「基礎習得の３分類」理論

先ほどご説明したように**「基礎習得の３分類」理論**とは、

基礎の習得対象を

☑**「関連記憶」**

☑**「単純記憶」**

☑**「理解記憶（本質的理解）」**

の３つの要素に分類し、基礎を高い次元で習得することです。

この「基礎習得の３分類」の理論は記憶効率を高めることに直結する理論です。

一般に「基礎」とされるものは単に覚えろ、繰り返せと言われますが、大学受験となれば覚えなければならないことは膨大な量になります。

これを単に覚えようとすれば

●覚えてもすぐ忘れる

●覚えることが多すぎて頭の中が整理されない

●すぐに引き出すことができない使えない知識を集積しているに過ぎない

●本質的理解をすべき部分まで丸暗記

という結果を招きます。

これを一生懸命やってしまっているのが多くの受験生です。

しかし、単純暗記しなければならないものを減らす、ということを行えば記憶効率は数倍高まりますし、心理的な負担も減るのです。

⑴「関連記憶」と「単純記憶」

「関連記憶」とは、覚えるべき対象について根本原理、関連事項などの視点でグループ化し記憶する、イメージと結び付けて記憶する等を行うことです。

「単純記憶」とは、言うまでもなく、単に丸暗記することです。

勉強法編の各教科でこの関連記憶の対象部分についてところどころでご紹介していますが、簡単に列挙するだけでも英単語・古文単語、物理の公式、化学の有機・無機の知識、生物の知識、社会科目の知識、これらすべてに実は「関連記憶」を行える部分が多数存在しているのです。

当塾講師陣は突き抜けた受験結果を持っているので多くの方はとてつもない記憶脳を持っていると思われているかもしれませんが、これは完全に事実と異なります。
当塾講師陣も暗記物は大嫌いな講師陣が多いです。要するに頭の構造は変わらないし、暗記物を覚えるのは面倒だし、なかなか覚えられないのです。

でも各教科で「関連記憶」できる部分は関連記憶を行うことで、それ自体の記憶効率を高めるとともに、「単純記憶」しなければならないものを減らすことによって単純記憶しなければならないものの記憶効率も高めているのです。

ここに記憶効率の差が出ているのです。

⑵「関連記憶」と「単純記憶」の関係

「関連記憶」できるものを増やせば「単純記憶」をするものを減らせる＝両者の記憶効率を高めることができることは説明したとおりです。

ここから導かれることは､覚えなければならないものを覚える際には、まず「関連記憶」できるものは関連記憶をする、そこから漏れたものだけを仕方なく「単純記憶」する、ということを常に意識して行うことです。

もちろん、自分で取り組む場合には最初からこれを区分けすることはできません。ある程度暗記を繰り返していくなかで「関連記憶」ができないかを考えてみてください。

大学受験という範囲に限って言えば、記憶効率の差は天性の才能ではなくて、この分類と実践自体にあると断言できます。

実際に当塾の受講生はこの部分の対象についても質の高いノウハウを持っている講師陣から常に個別指導を通じて伝授を受けることができるので実力を効率的に伸ばすことができるのです。

⑶「理解記憶（本質的理解）」

「理解記憶（本質的理解）」については説明するまでもないと思いますが、原理や定理・定義の仕組みを根本から理解し、「核」となる部分を理解を含めて記憶することです。

基礎には単純に覚えなければ始まらないものも多くあります。それが先ほど説明した「関連記憶」と「単純記憶」の対象です。

しかし、他方でただ覚えただけでは使える範囲が限られる、応用が利かないという基礎もあります。数学の公式の一部や物理の定理や公式、化学の反応式の仕組みなどがその典型です。

原理原則に戻って理解する、大元を理解するこれが単なる暗記と異なる基礎の本質的理解です。

この本質的理解も、自分で勉強する場合は、最初から得られるものではありません。勉強が進んでいく中で基礎に立ち返る必要があるポイントを見つけ立ち返る中で得ていくものです。

これを繰り返すことで「理解記憶」の対象となる基礎を使いこなせるようになるのです。

(4) 突き抜けた受験結果を有する当塾講師陣の「頭の中」

「関連記憶」すべき対象を的確に掴んでいる、「理解記憶（本質的理解）」が必要な対象を的確にわかっている、そしてそこから漏れたものを仕方なく「単純記憶」する。

この分類が的確に行われているのが当塾講師陣の頭の中です。

もし「この分類をすべて教えてもらうことができるなら」と考えた場合、あなたが基礎の習得において他の受験生に劣ることは考えられますか？

ありえません。

とするなら、あなたの実力が上がらない原因は、決して天性の才能とか生まれ持った能力とは一切関係がないということです。

日々の勉強において決して自分の能力を疑うことなく、そして、言い訳することなく、まずは基礎の習得段階では、ここでご説明した「基礎習得の３分類」理論を実践して合格へ突き進んでください。

5.「一般化脳」理論

「一般化脳」理論とは、すでに解説したとおり、受験基礎標準問題集の個々の問題からエッセンスを抽出し一般化されたエッセンスを蓄積する理論です。

この「一般化脳」は主として標準問題集の演習で取得するものなのですが多くの受験生がこの部分に的確に対処できていません。受験における実力の差はどこから生まれるのか、という観点から以下の説明を見てください。

⑴ 多くの受験生の問題集への取り組み方

問題集に取り組む際に、回数を重視したり、反復至上主義のような勉強をしている多くの受験生というのは、その問題を解けるだけの知識と思考しかその問題から得られていません。

したがって、問題の数だけ解法や思考があることになってしまうのです。

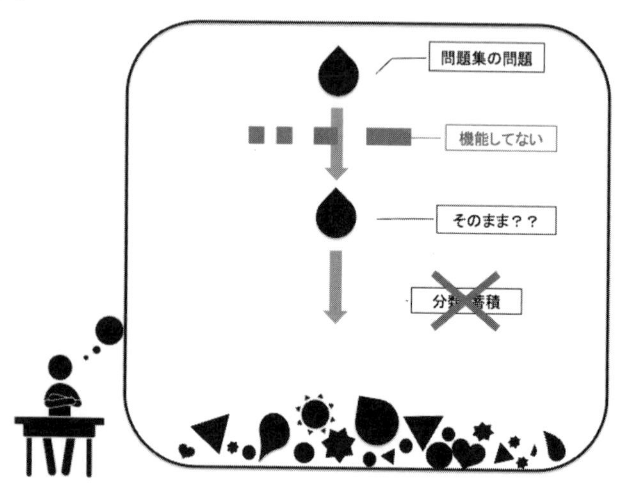

端的に表現すると、多くの受験生は試験問題や初見の問題を解くのに役立たない、「がらくた」を一生懸命日々の勉強で収集しているにすぎないのです。このような問題演習をいくら重ねても、同じ問題や同じような問題しか解けるようになりません。初見の問題である大学入試問題には対応できる力はつかないのです。

このような問題演習を重ねている多くの受験生の初見の問題に対する思考や入試本番での頭の中を図示すると以下のようになります。

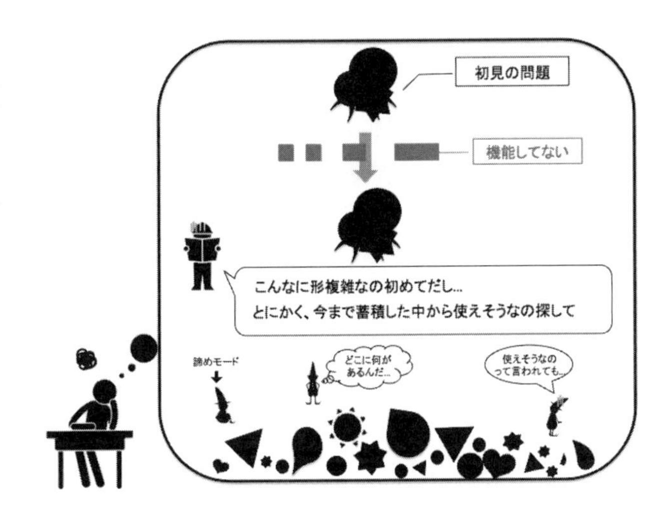

得るべき力に焦点を当てられずに、闇雲に問題演習をこなしたのでは試験本番の初見の問題に対して全く太刀打ちができないのです。「たまたま」同じような問題が出れば、「たまたま」得点できるだけです。

⑵「一般化脳」を形成するアプローチ

受験標準問題集とされるものに取り組む際に大事なことは、単に個々の問題を解けるようになることが目的ではないということを明確に意識することです。個々の問題に対して「どうしてこのようにして解けるのか」ということを考えて、それを『一般化』して「こういう場合はこのようにして解く」というポイントを学ぶことで、その問題だけではなく、それとエッセンスを共有した初見の問題に対処できるようになるのです。

これを表したものが以下の合格の天使オリジナル理論「一般化脳」理論の概念図です。

【合格の天使オリジナル理論「一般化脳」理論の概念図】

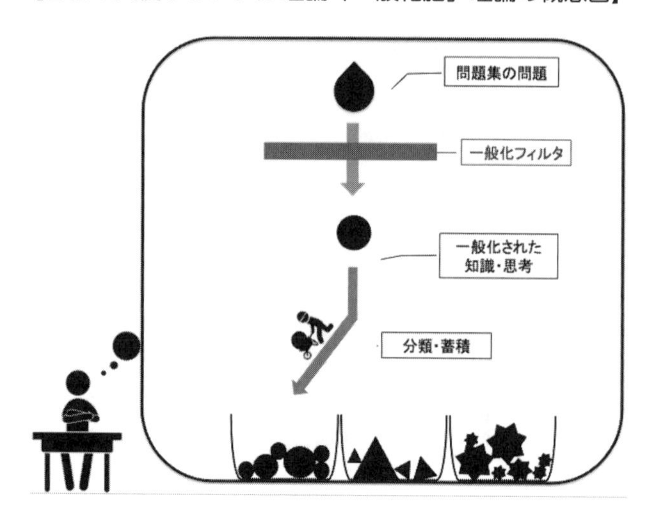

⑶ 標準問題集の問題から「一般化脳」を形成する具体例

例として、当塾の東大理三「次席」合格講師小団扇が数学の標準問題集で問題演習を行う際にどこに焦点を当て１問から何を得ていたのかを解説したものを以下に記します。

具体的に問題を見てみましょう。

例えば、数2B の平面ベクトル範囲で以下のような問題が問題集に載っていたとします。

問題

３点 O（0, 0），A（3, 4），B（1, 3）を頂点とする△OAB の面積を求めよ。

平面ベクトル範囲なので、おそらく模範解答は
「三角形の面積の公式より、面積は

$$\frac{1}{2}|3\times3-4\times1|=\frac{5}{2}$$

」

などとなっているでしょう。
この問題を見て、「なるほど三角形の面積はこの公式を使えばいいのだ」と短絡的に暗記するのは不適切です。
一般化とは
「三角形の面積の求め方の1つとして $S=\frac{1}{2}|ad-bc|$ の公式が使える」というエッセンスを抽出して、「三角形の面積の求め方」という名前の箱に収納するのです。
おそらくその箱の中には今まで習った「$S=\frac{1}{2}\times$底辺$\times$高さ」や「$S=\frac{1}{2}ab\sin C$」や「ヘロンの公式」が既に収納されているはずです。その上でどうしてこの問題で $S=\frac{1}{2}|ad-bc|$ という公式を使うべきなのかを考えます。それは頂点の1つが原点だからです。この公式は原点を始点としたベクトルのときにしか使えないのでした。使えるときは計算が式がシンプルなので積極的に使います。

一般化ができておらずただ暗記しているだけの人はどんな問題でもこの公式を使おうとするでしょう。その結果、解けなかったり間違えたりするのです。
このようにエッセンスを抽出し・分類し、解法の性質（メリット・デメリットや使えるとき・使えないとき）を見出すのが「一般化」なのです。

6．「得点脳」理論

「得点脳」理論とは、先にご説明した通り、一般化脳理論で一般化し抽出・蓄積したエッセンスを個々の問題に適用・運用させる問題分析力・論理的思考力・論理的表現力を形成する理論です。

この「得点脳」は主として過去問演習への取り組みで取得するものなのですが多くの受験生がこの部分に的確に対処できていません。受験における実力の差はどこから生まれるのか、という観点から以下の説明を見てください。

(1)「得点脳」を形成するアプローチ

上記、「一般化脳」理論に焦点を当てた問題演習を行いそこから抽出・蓄積されたエッセンスを初見の問題に運用・適用できるように焦点を当てた合格の天使オリジナル理論「得点脳」理論は以下の図に示す通りです。

【合格の天使オリジナル理論「得点脳」理論の概念図】

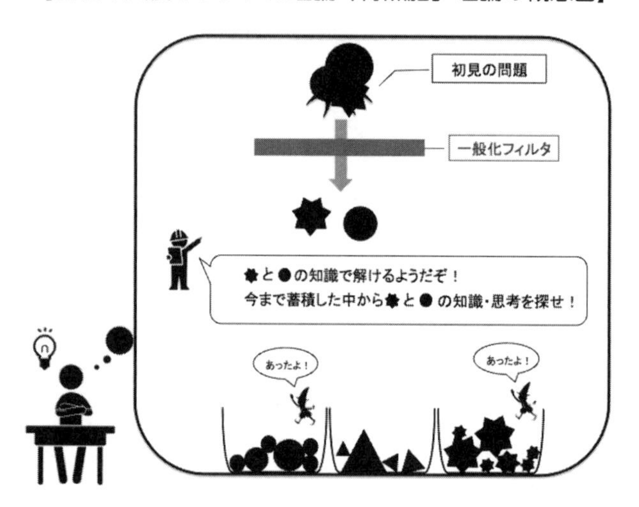

初見の各自の大学の過去問や入試レベルに応じた問題演習をする際に焦点を当てるべきものは前記の図に示してある通り、**一般化されたエッセンスを運用・適用する訓練**です。

(2) 過去問演習から「得点脳」を形成する具体例

例として、当塾の東大理三「次席」合格講師小団扇が数学の入試問題と物理の共通テスト問題を解く際の実際の頭の中をロジック化したものをここに示します。ここに掲載する問題自体は個々人の状況により解ける必要はありません。まず前記図の具体的なロジックを理解してください。勉強が進んで問題が解けるようになってからこの部分はもう一度見直してみてください。

問題1.

zを複素数とする。複素数平面上の3点A(1), B (z), C (z^2) が鋭角三角形をなすようなzの範囲を求め，図示せよ。

東大理系数学 2016 前期第4問

解答の考え方

複素数の問題なので、
① zのままうまく式変形して考える
② $x + yi$の形で考える
③ 極形式で考える
の3つのうちのどれかだろう。

この中で一番最初に考えるべきは①の「zのまま考える」(∵あっさり解けることが多い)

次は②と③のどちらで考えようか。

→鋭角三角形だし、角度や拡大縮小に強い③「極形式で考える」が得策かも

鋭角三角形という条件の言い換えは

① 角度…角度がすべて90°未満

② 長さ…$c^2 < a^2 + b^2$ を三辺が満たす　　くらい

①の角度でまず考えてみよう（だめなら②長さで考え直そう）

（∵複素数は角度に強い）

角度をそれぞれ求めてみよう。

複素数の角度の考え方は $\beta - \alpha \ / \ \gamma - \alpha$ の形を使うはず。

$\angle A = \arg(z^2 - 1)/(z - 1) = \arg(z + 1)$ が90°～－90°

かつ $\angle B = \arg(z^2 - z)/(1 - z) = \arg(-z)$ が90°～－90°

かつ $\angle C = \arg(1 - z^2)/(z - z^2) = \arg(1 + z)/z$ が90°～－90°

が成り立てばいい。

上2つはこのままでもグラフ的に考えやすいけど、一番下だけよくわからない

→一番下にだけ③「極形式で考える」を使おう

$z = r(\cos\theta + i\sin\theta)$ とおくと

$\angle C < 90° \Leftrightarrow \arg(1 + z)/z$ が90°～－90°

$\Leftrightarrow (1 + z)/z = (1 + \cos\theta/r) - i\sin\theta/r$ の実部が正

$\Leftrightarrow 1 + \cos\theta/r > 0$

→極形式を xy 平面に言い換える（基礎問題）

最後に結果をまとめて図示すると答えになる。

（※ところどころ数学的に不十分な部分もありますが、頭の中で大筋を考えると以上のようになる　ということです）

多くの受験生はこの部分について前記の図で示したような明確なイメージをもって取り組めていません。したがって問題演習で何を得るべ

きかをわからないままただ演習をしているに等しいのです。結果として、この部分の差が実力の差になって最終的には現れます。

もう１つ具体的な問題を見てみましょう。以下の問題は令和３年度共通テスト（令和３年１月実施）第２日程の物理の問題です。

問１　２個の同じ角材（角材１と角材２），及び質量が無視できて変形しない薄い板を，図１のように貼りあわせて水平な床に置いた。図２の（ア）～（エ）のように薄い板の長さが異なるとき，倒れることなく床の上に立つものをすべて選び出した組合せとして最も適当なものを，次のページの①～④のうちから一つ選べ。ただし，図２は図１を矢印の向きから見たものであり，G_1 と G_2 はそれぞれ角材１と角材２の重心，Ｃは G_1 と G_2 の中点である。 1

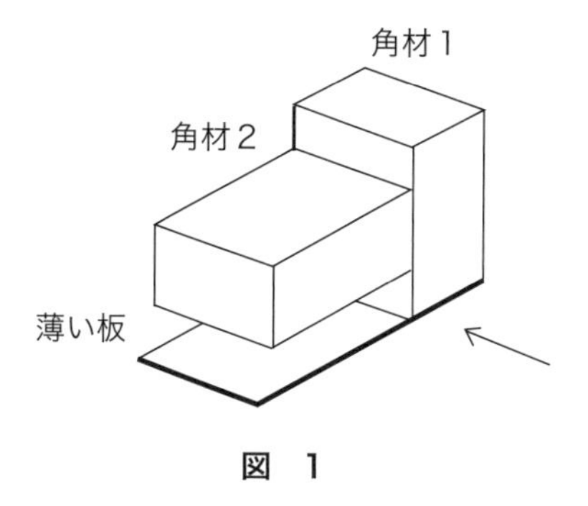

図　１

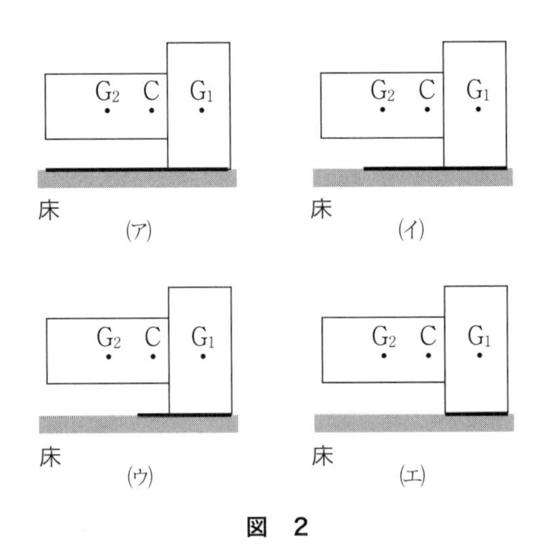

図　2

① (ア)

② (ア)，(イ)

③ (ア)，(イ)，(ウ)

④ (ア)，(イ)，(ウ)，(エ)

出典：独立行政法人大学入試センター　ホームページより

一見すると見覚えが全くないので、難しく感じると思います。
しかし、結局は今まで蓄積してきたエッセンスを使うだけなのです。

解答の考え方

「倒れる or 倒れない」は、「垂直抗力が接地面の外にあるか中にあるか」ということ
→垂直抗力がかかる位置を求めよう

→地面からの垂直抗力の大きさをNと置いてみて、かかる位置を文字で置こう

物体に大きさのある剛体の問題は運動方程式（力のつり合い）＋モーメントのつり合いで解く
力学的エネルギー保存則や運動量保存則はそもそも運動の前後を比較するから今回は使わないはず（今回は比較する対象がない）
→力のつり合いはMg + Mg=N （角材の質量がわからないからMとした）
モーメントのつり合いの式を立てたい→けど距離がわからない→自分で各点の端からの距離を文字で置いて立式しよう
→力のつり合いとモーメントの式を連立して、垂直抗力がかかる位置を求める
→その位置が接地面に入っている番号を選ぶ

となります。

結局使っている知識は

・「倒れる or 倒れない」を垂直抗力の位置に言い換える

・剛体の問題は運動方程式（力のつり合い）とモーメントで解く

という見慣れた2つの定石だけです。

このように一見すると見覚えのない問題であっても、一般化で得たエッセンスを使えば難なく解けるのです。

多くの受験生はこの部分について前記の図で示したような明確なイメージをもって取り組めていません。したがって問題演習で何を得るべきかをわからないままただ演習をしているに等しいのです。結果として、この部分の差が実力の差になって最終的には現れます。

以下ではこの点について掘り下げます。

7．成績が伸びない場合にチェックすべきポイント

前記で説明してきた通り、最終的に合否を分けているのは得点脳の差です。しかしこの部分だけを捉えてしまうと大きく対策を誤ってしまいます。

⑴「基礎習得の３分類」理論・「一般化脳」理論・「得点脳」理論の相関関係

「得点脳」はいきなり手に入れることはできません。

必要な段階を意識的に踏む必要があります。

この節の最初の部分に掲載した合格の天使オリジナル理論である【勉強ターゲットの３類型】理論は何をやり・何をやらず・何を得ていくべきかという点で重要なことはもちろん、成績が伸びない場合に何が原因なのかを検証するためにも非常に重要な類型なのです。

再び以下の図をご覧ください。

☞【勉強ターゲットの３類型】理論

図１：多くの受験生や世間一般の受験対策

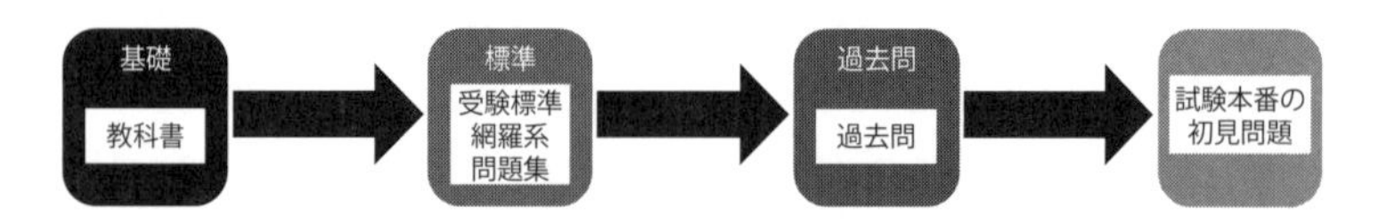

図２：本来得なければならないターゲット

「基礎習得の３分類」による基礎の習得・「一般化脳」・「得点脳」

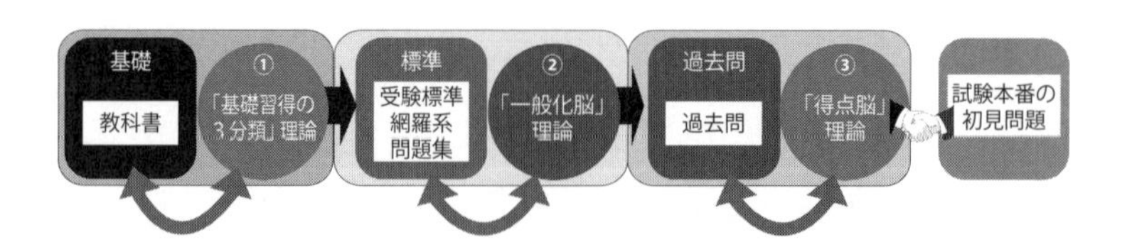

勉強法として世間一般に言われていることは、図1に示される四角の部分をとにかく繰り返せとか○○回やれ、それで合格する力がつくとかそういった類のものです。

しかし、やるべきこと・得るべきことを的確に捉えしっかり分類しロジック化すると図2のようになります。

要するに各段階の□で囲われた部分をやる＋そこから○で囲われた部分を得るという**明確な目的意識が重要**です。

まずはこの目的意識が明確かを検証してください。

⑵ 検証を加えるべき遡りポイント

ここで注意していただきたいことはもしあなたが勉強しても実力が伸びないとするなら、それは「得点脳」が十分でないことだけが原因ではない場合が多々あるということです。

優れた得点脳を習得するためには、

「基礎習得の３分類」理論に基づく基礎の習得⇔受験標準問題集の演習⇔「一般化脳」理論から導き出された一般化されたエッセンスの抽出・蓄積⇔過去問演習⇔「得点脳」の習得

という段階を経る必要があります。

そして、この各段階は別個独立に存在するのではなく、⇔で示している通り相互に関連しているのです。

したがって、ある段階ができない場合にはその前の段階だけが不十分なだけでなく、それ以前のすべての各段階における習得度を検証する必要があります。

教科によって、さらには教科内の分野によってそれぞれこの状況が違う場合もあります。

個人個人で異なるのは当然です。

勉強しているのに成績が伸びない、実力がついてこない場合には、これらの各段階の要素をしっかり習得しているかをきっちり検証してください。今後成績が伸びないという現象が起きた場合には、受験が終わるまでいつでもここに立ち返って読み返してください。

8．得るべき「得点脳」には志望校により『次元』がある

最終的な実力の差は「得点脳」の差です。

しかし、この「得点脳」については得なければならないもののレベルに差があります。

その理由は、「試験問題の３類型・難問の２分類」理論と「得点戦略」理論の部分で説明した事情からです。

◎得るべき「得点脳」は志望校の「第２類型の問題」の難易度と相関関係にある

得点しなければならない問題、そして最も差がつく問題である「第２類型」の問題には難易度の幅が各大学によって大きく存在します。

例えば、旧帝大の医学部は最難関とされています。

ではなぜ合格点を獲得するのが難しいのでしょうか？

この点を分析できていますか？

最難関大学の医学部の問題というのはほぼすべての問題が「第２類型の難問題」で構成されます。そして合格最低点もその問題構成からしたら高いのです。すなわち優れた得点脳を鍛えてきた受験生のみが太刀打ちできる問題構成であり、さらにその中での合格枠の争いになります。したがって非常に難関となるのです。

これに対して、「第２類型の易問題」の出題が主の大学であれば高得点での争いになる反面「一般化脳」理論から得るべきエッセンスの抽出・蓄積をしっかり行ってそれなりに得点脳を鍛えておけば合格は可能とな

ります。

前記各例にプラスして、「第３類型の問題」が混じれば、「試験問題の３類型・難問の２分類」理論のところで述べたとおり満点の下方修正が行われるに等しく絶対的な合格点が下がるだけです。

このカラクリを理解すればあなたの志望校がどこであるかによって鍛えるべき「得点脳」が異なってくる＝対策もおのずと異なってくるということを理解していただけると思います。

この点は「得点戦略」論の「全国の医学部の12パターンへの属性」の部分を再び読み返してみてください。

このことは、優れた「得点脳」を手に入れられればどこの大学の医学部でも合格できることを意味します。「得点脳」を鍛えた方が、あなたの志望校がどこの大学であっても合格しやすいことは間違いありません。「第２類型難問題メイン型」の出題をする医学部に合格できる実力をつけた受験生がそれ以外の医学部にも合格できるのはこのためです。

しかし、個人個人の状況によっては優れた「得点脳」を得ている時間がない方もいます。その場合には「試験問題の３類型・難問の２分類」理論の節、「得点戦略」の節で述べてきたことと、この節で述べていることを総合考慮して、戦略的に志望校を決定すれば十分医学部合格を手にできるということなのです。

志望校に応じて的確な対策をとっていきましょう。これによって勉強ターゲットを絞りさらにターゲットにピンポイントで焦点を当てたアプローチが可能となることで優れた勉強効率を手に入れることができ、ワンランク、ツーランク上の医学部も射程圏内に入ってきます。

9.「得点脳」には『種類』がある

得点脳には２つの種類があります。

これも合格の天使オリジナル理論ですので以下に説明を加えます。

【得点脳の２分類】
☑ 志望校特化型得点脳
☑ 万能型得点脳
得点脳は以上の２つに分類できます。

最短距離で志望校の合格最低点を獲得するためにまず得るべきは、「志望校特化型得点脳」です。
以下、説明を加えます。

⑴「志望校特化型得点脳」と「万能型得点脳」

「志望校特化型得点脳」とは、各自の志望校の試験問題で合格点を取るために必要となる得点脳
「万能型得点脳」とは、どこの大学の入試問題でも合格点を取るために必要となる得点脳

得点脳を鍛えることが大事であるということはご説明してきました。
ただ、目的意識を持たずに問題演習や問題解説講義を受けている多くの受験生はここでも大きな勘違いをしています。

志望校に確実かつ効率的に合格するためにまず得るべき「得点脳」は「志望校特化型得点脳」なのです。

⑵ 最大効率で志望校の合格点を得るために「志望校特化型得点脳」の形成を最優先しろ

多くの難度の高い問題集や、参考書をこなしきれれば「万能型得点脳」まで手に入れられます。
しかし、これができるのはそれまでに基礎をしっかり固めてきており、かつ「一般化脳」の理論で説明した、一般化されたエッセンスをそれまでに十分に蓄積してきた人だけです。

受験年に多くの時間的余裕がある人のみが可能なことなのです。
まずこの部分を勘違いしないことが重要です。
こんな受験生は全国に数えるほどしかいません。
合格のためには一切相手にする必要がない人たちです。

ここからが最も重要な核心なのですが、この「万能型得点脳」を合格のために手に入れる必要があるかと言えば答えは「ノー」です。実はこの「万能型得点脳」は大学入試において合格に役立つかという観点から見た場合、「不要」なものです。

よく合格体験記にものすごい難度の高い問題集まで何冊もこなしたような自慢が載っているのを見て、自分もその大学に合格するにはそのレベルの問題集を何冊もこなす必要があると思い込んでしまう受験生がいます。しかし、どんな受験生であっても本来は志望校の問題で十分合格点が取れる範囲である「志望校特化型得点脳」さえ形成できればそれ以上は不要です。
（そもそもそういった合格体験記自体、見栄や虚栄心から事実と異なることが書かれたものも多いということは知っておいてください）

仮に、「万能型得点脳」を形成できた受験生がいるとしても、その受験生は「万能型得点脳」が役立って合格しているのではなくて「万能型得点脳」の一部である「志望校特化型得点脳」を使って合格しているのです。端的に言ってしまうと「万能型得点脳」はほとんどの部分が合格という観点から見た場合、「無駄」ということです。

にもかかわらず、闇雲に多くの問題集や参考書をこなしたり、問題解説講義を受ける受験生というのは、合格に必要不可欠な「志望校特化型得点脳」を十分に鍛えることに意識を向けず、受験期という限られた時間で９割９分の受験生にとって形成が不可能な「万能型得点脳」を手に入れようとしているのです。この結果、合格に本来必要十分な「志望校特化型得点脳」を手に入れることすらできないのです。

この「得点脳」理論を意識できない多くの受験生は、目的意識もなく無駄な問題演習や問題解説講義に多くの時間を使ってしまっているのです。受験期という限られた時間の中で、闇雲に、完成することが不可能な「万能型得点脳」を追い求めている受験生が、志望校の問題で合格点を取るという目的意識のもとに「志望校特化型得点脳」の形成に焦点を当てて的確に対策してきた受験生に勝てるはずなどないのです。

あなたの今までの認識は間違っていませんか？

10.「過去問至上主義」を貫け

(1)「志望校特化型得点脳」と「過去問至上主義」の相関関係

当社、合格の天使の受験戦略論や勉強法における過去問の位置づけに関する理論は、一般に言われている過去問の重要性を超えた「**過去問集こそが最高の問題集であり参考書である**」という理論です。「**過去問集を日々使用する問題集として捉えよ**」という理論です。

合格の天使における問題集や参考書の位置づけは、あくまで過去問分析、過去問演習ができる実力をつけるための手段にすぎないというものなのです。すなわち、わかりやすく言うと、志望校の過去問分析、過去問演習を行える実力がついたなら志望校の過去問分析、過去問演習にできるだけ早い段階で取り掛かれという考えです。

今まで述べてきたことをすでに理解している方はこの理念の本質がなんであるのか理解できると思います。

医学部入試で得点すべき問題というのは、第1類型、第2類型の問題です。差がつくのは第2類型の問題です。そしてその問題で得点するために必要になるのが「志望校特化型得点脳」の形成です。

「志望校特化型得点脳」を確実かつ効率的に形成していくためには、今まで述べてきた通り基礎標準知識を完全に習得する⇔エッセンスを抽出・蓄積する⇔一般化して抽出・蓄積したエッセンスを運用・適用する訓練をするために過去問分析・過去問演習をしっかりやることです。そして、大学側の要求している知識、問題分析力、論理的思考力、論理的表現力を身につけることが最も大事なことなのです。

大学の要求している「志望校特化型得点脳」を身につけるには、大学側が多くの時間と労力をかけて作成した試験問題、すなわち過去問から学ぶのが最も優れた方法なのです。何冊も知識的、学問的に難しい問題集や参考書をこなしたところで、知識自体や頭の使い方、問題分析・思考・表現の方向性が大学側の要求しているものと異なれば、それは志望校合格にとって全く意味がないのです。

各大学の入試問題というのは、受験生にどういう思考をしてほしいのか、どういう思考を鍛えてきてほしいのか、すなわちどういう「得点脳」を鍛えてきてほしいのか、という大学側からの要望·意思表示·メッセージと捉えてよいのです。

とするならば、それを研究し、対処するのが合格のために最も必要なことです。
これによって努力と合格が初めて比例関係になるのです。

予備校の模試等の出題予想が当たることがありますが、それらとて過去問の出題傾向を根拠に予想をしているのです。特定の大学に特化した単語集や参考書、問題集もすべて過去問をベースにしています。もしそうでないものがあれば、それは全くその大学合格にとって意味がないものであるし、デタラメなものです。

このことをきちんと認識した上で対策をとれば、時間もお金も大きく節約できます。予備校等の講義を受けるにしても参考書を買うにしても、自分にとって、合格のために本当に必要なものがわかるし、主体的な学習が可能になるのです。

ここまで本書を真剣に読んでいただいたみなさんは、難度の高い参考書や単語帳等をやみくもに何冊もこなしたり、みんなが通うからという理由で塾や予備校に行ったりする必要がないことを理解でき、この本でお話ししていることを明確に意識できていない多くの受験生に比べ、医学部合格に向け大きなアドバンテージをすでに得ています。

ぜひここまで述べてきた理論をしっかりと理解してください。

⑵ 過去問の位置づけを誤るな！

世の中には、過去問は所詮過去問、同じ問題は出ないのだから重視しても意味がないということを言う人もいます。その発想は先に見た第2類型の問題にも既知のパターンや知識で対処しようとする発想がある人＝得点脳の理論の何たるかを知らない人の主張であると推測できます。試験問題の出題意図や問題の性質を理解していないがために、過去問から何を学ぶべきかを全くわかっていないことから出てくる発想です。

過去問から学ぶべきことはすでに述べた通りです。
そしてそれは過去問からしか学べないものなのです。

マーク式の問題であっても、大学側はどのような思考でどのような根拠を基に正解を要求しているのかを、あくまで本番の問題を作成し正解を決める「全権」を持っている出題者である大学の要求の分析から学ぶべきです。その思考や根拠さらには出題の癖、感覚に至るまであくまで大学側の要求に合致しなければ本番では確実に正解は導けません。得点にはなりません。

極論すると模試の正解肢の選び方と大学側の正解肢の選び方の思考、根拠、癖、感覚が異なるなら大学側の要求に従うのが合格するための絶対条件です。

共通テストについても同じです。

あくまで大学入試センターという出題側の癖に従う、要求に従うのが絶対条件です。

二次試験、私大入試になればさらにこの重要度は増します。

なぜなら先ほどから述べているように大学側の要求、意思がダイレクトに反映されたものが二次試験問題、私大の入試問題だからです。

試験問題で高得点を獲得する極意は、出題側の要求に的確に答えること、出題側と試験問題を通して対話することにあるのです。

⑶ まとめ　合格の天使メソッドポイント

【『得るべき「得点脳」のレベルの把握』『「志望校特化型得点脳」のターゲットを絞った形成』は志望校の過去問がすべてを決める】

「志望校の各科目の問題について、誰よりも得意にすれば絶対に合格は確実」

これは異論の余地がない事実。

そうであるならば、

「過去問こそがあなたの第一志望校合格にとって最高の問題集・参考書である」

過去問は決して問題演習や力試しのためにとっておくものではない！

第2節　【要注意！】医学部受験生がとらされている誤った受験対策

1.「基礎が大事」ということを間違ってとらえた受験対策

ここまでお伝えしてきたように受験において基礎は非常に重要です。しかしながら、基礎だけをやれば医学部合格の実力がつくという解釈は誤りです。

ここで言う基礎というのは、例えば数学で言えば『白チャート』や『基礎問題精講』などです。『白チャート』や『基礎問題精講』をいくら確実に完璧にしてもそれだけで国公立・私大医学部で出題される数学の問題のほとんどで高得点はおろか合格点を獲得することすら不可能です。これは実際に当塾の東大理三合格講師陣で議論した話なのですが、受験生時代にもしそれしか使わずに受験したら地方国公立や中堅私大医学部の問題を解けるかという問いに全員が例外なくノーと答えています。

なぜならそれらの問題集は受験標準とされる定石を網羅的に扱ったものではないからです。受験標準とされる定石を知らずに問題を解くということはすなわちひらめきや発想で問題を解くということになります。

これは受験生には絶対に不可能な話なのです。

東大理三合格者であっても当然不可能です。

皆さんは基礎が重要であるということと基礎だけ完璧にすればいいということを誤解させられないように、また誤った対策を取らされないように、本書の基礎習得理論、一般化脳理論と得点脳理論をしっかり理解して合格へ突き進んでください。

2．私大医学部の問題の独自性に対する誤った受験対策

私大医学部の問題には独自性が強いところも多いです。

しかしながらそれに対処するために受験対策の早い段階からそれに特化した対策をすれば合格可能性が上がる、などという対策はそもそも不可能です。

よく考えてみてください。

独自性とは比較対象があってこその話です。

そしてその比較対象は受験基礎標準とされる知識や定石です。

あくまで受験基礎標準とされる知識や定石が前提です。

そして独自性のある問題というものが受験基礎標準とされる知識や定石から論理的に導けないものであるのなら、それは悪問です。

独自性がある問題であってもそれは当然受験基礎標準とされる知識や定石を前提としているためそれなくしては対処不可能です。

受験対策の早い段階から志望校に特化した的確な対策を行うことなどそもそも不可能なのです。そんな計画やルートはでたらめです。そのような対策では合格に必要な学力は身につきません（ここではあくまで問題の性質の話を取り上げています。試験科目や出題範囲については余計なことを省くために当初から志望校による除外対策が可能ですが)。
この点も今まで述べてきた本書の基礎習得理論、一般化脳理論と得点脳理論をしっかり理解して合格へ突き進んでください。

第４章　３大戦略その３
「志望校・併願校と選択科目の戦略的決定」

第１節　志望校と併願校の戦略的決定方法

１．多くの受験生が犯す戦略的視点なき志望校・併願校の決定

医学部受験生や保護者の皆様に多く見られる志望校や併願校の決め方として、

●多くの医学部を受験しておけばどこかに引っかかるだろう（数うちゃ当たる戦法）

●偏差値だけを基準に第一志望は○○、滑り止めは○○と決める（偏差値至上戦法）

という２大戦法があります。

しかし、この戦法は試験問題の性質やそこから導かれる戦略を一切考慮していない戦法であることはここまで読んでくださって多少なりとも気づいていただけるはずです。

結論を端的に述べさせていただくと、上記２大戦法は医学部合格可能性をあげることにはほとんど役立っていないのです。にもかかわらずほとんどすべての受験生や保護者の皆様は上記戦法で志望校や併願校を決定してしまっているのです。

ここまでご説明してきた通り、医学部と一口に言っても試験問題の難度や問題構成さらには得点のしやすさなどの観点からそれに応じてとるべき得点戦略や日々の勉強でどの程度重点的にどこに焦点を当てるべき

かが異なります。

多くの受験生や保護者の皆様がとっている、またはとらされている２大戦法は合格可能性を最大限高めるという視点を一切考慮していない志望校や併願校の決定方法なのです。

2．戦略的志望校・併願校決定のために必要となる視点

志望校や併願校の決定の際に大事になる視点は「試験問題の３類型・難問の２分類」理論や「得点戦略」理論の箇所でお伝えした試験問題の形式を前提とした各志望校の問題特性です。

この問題特性をしっかり見極めることで同じ対策で合格率が上がる医学部が存在するのです。

・問題構成が類似している
・問題の傾向が類似している
・問題の難易度が類似している

これらの各観点から合致するものが多ければ「同じ対策」で複数の大学の合格可能性が高まるということです。

志望校や併願校を決定する際には単に偏差値のみを基準とするのではなく、今まで述べてきた様々な要素を勘案し、決定してください。

これだけでも合格可能性は大きく異なってきます。

第2節　理科科目の戦略的決定の方法

1．決定の基準

理科の選択科目の決定に悩む受験生も多いかと思います。

選択科目を決定する基準はまずは以下の３点を重視して構いません。

●志望校の試験科目に何があるか
●自分が興味を持てるか
●好きか嫌いか

2．戦略的視点＝科目特性の加味

理科の選択科目を決定する際に参考にしてほしいものに以下の科目特性があります。

●知識を覚える量の多い少ない
●マスターした後のメンテナンスのしやすさ
●本番での得点のしやすさ

以下この３点について具体的に説明します。

(1) 知識を覚える量の多い少ない

物理、化学、生物を比較すると以下のことが言えます。

生物＞化学＞物理

左から順番に覚えるべき知識量が多くなる科目です。

単純に理科だけを考えるなら覚えることが多くても負担にならないと考える方でも、社会科目の選択で覚えるべきことが多い科目を選択してしまうと受験勉強として暗記事項が非常に多くなるという点には注意してください。

(2) マスター後のメンテナンスにかかる労力

この点についても、結局覚えるべきことが多いか少ないかによって左右されます。

暗記事項は誰にとっても忘れてしまうものであり、それゆえ常にメンテナンスとしての反復が必要となるということです。

物理、化学、生物を比較すると以下のことが言えます。

生物＞化学＞物理

左から順にメンテナンスにかかる労力が大きい科目です。

⑶ 本番での得点のしやすさ

ここでも物理、化学、生物を比較すると以下のことが言えます。

物理＞化学＞生物

左から順に一般に得点しやすい科目になります。

ここで注意ですが、この得点のしやすさというのはあくまで一般的にという前提で見てください。多くの大学の問題を試験時間内に解ききれるか、明確な解答が出るかという観点から客観的に分析した結果にすぎません。

生物の問題に考察問題が含まれていなかったり、比較的簡単な知識問題や知識論述だけで問題が構成されている場合には上記検証結果は変わります。

3．多くの受験生が取る組み合わせ

理科２科目が課される医学部を受験する受験生が現実的に取る組み合わせは「物理・化学」選択か「化学・生物」選択です。

4．受験生物に隠されたある事情

前記2のところで記した本番での得点のしやすさという点に関連して受験生物という科目には多くの受験生が気づきにくい事実と一般的に受験界で明らかにされていないある事実があります。

以下この点について一部を公表します。

⑴ 生物は得点できないから半分捨ててもいい的な発想は医学部合格にとって致命傷

3．の部分でお伝えした、多くの受験生が選択する組み合わせを思い出してください。

「物理・化学」か「化学・生物」、これが多くの受験生が選択する理科2科目の組み合わせです。

ここで大事なことに気づいてください。

多くの大学で最も本番で得点しやすい、そして実際に医学部に合格する多くの受験生がきっちり得点を獲得してくるのが物理です（これは志望校の問題やその年度によってもちろん異なります）。

この事実が何を意味するかわかりますよね？

「物理・化学」、「化学・生物」がほとんどの受験生が理科2科目を選択する場合の組み合わせである、そして化学部分は共通している、ということは生物選択者は物理選択者と

生物 VS 物理という構図で得点を競わなければならないということです。

生物が得点しにくいからと言ってそれなりの対策で済ませるのは得策ではないのです。

⑵ 試験本番の生物で多くの受験生が高得点を獲得できない事情

これには明確な原因があります。

しかし、世の中の受験指導ではこの部分が明らかにされることがありません。

多くの受験生が試験本番の生物で高得点を獲得できない理由、それは受験生物という科目は受験基礎標準知識と試験問題の乖離が大きい科目の一つだからです。

これは「得点脳」理論の部分と関連するのですが、物理や化学という科目は一般に受験標準とされる問題集をしっかりとこなせば、試験本番の問題との乖離はそう大きくありません。しかし生物はこの部分の乖離が現状大きいのです。現状の乖離を大きくしている原因は、出題自体に問題があるのではなくて、この部分を埋めるための優れた指導やノウハウが非常に少ないことによるものです。

問題を作成する大学側としては、受験生が理科２科目を選択する場合の組み合わせとして「物理・化学」と「化学・生物」が多いことくらい当然承知しています。

したがって問題の難度に大きな差を設ける意図はないはずです。

また、医学部の場合当然ですが、入学後も生物は非常に重要になる科目であり大学側としても生物選択者が不利になる状況は避けるはずです。むしろ生物選択を推奨したいくらいでしょう。

この現実からしても多くの受験生が生物で高得点を獲得できないのは決して出題の難度が高いからではなくて、的確な対策が取れないからという理由であると分析できます（もちろん第３類型の出題をする大学は除きます）。

実際に当塾の東大理三合格講師の一部や東大理二「首席」合格講師は「化学・生物」選択で日本最難関学部、最難関学府を突破しています。

彼らもやはり生物については優れた指導やノウハウが巷にないことに苦労した挙句、自分自身で知識を一般化しエッセンスを抽出し、その後「志望校特化型得点脳」を鍛えてきたという経緯があります。

生物選択の皆さんにお伝えしたいことは、生物は一般的に得点しにくいと言われているだけであって、物理などと同じく理科の試験科目である以上、的確に対策すれば十分に得点を獲得できる教科であるということは忘れないでください。

「一般化脳」理論と「得点脳」理論のところでお伝えした、どこに焦点を当てるべきかという事柄について本書をご覧いただいている皆さんにはアドバンテージを得ていただいているので、しっかりと焦点を当てるべき部分に焦点を当て生物で高得点を獲得してください。

5．最終決定の方法

以上の要素と「得点戦略」理論、勉強計画編の勉強計画の立て方、勉強法編の各教科の勉強法も参考にして理科科目の選択の最終決定を行ってください。

第3節　共通テスト社会科目の戦略的決定の方法

1．決定の基準

共通テスト社会の選択科目を決定する基準は理科の選択と同じ基準を重視して構いません。

●志望校の試験科目に何があるか

●自分が興味を持てるか

●好きか嫌いか

2．戦略的視点＝科目特性の加味

共通テスト社会の選択科目を決定する際に参考にしてほしいものに以下の科目特性があります。

●マスターするための所要時間＝知識を覚える量の多い少ない
●高得点獲得のしやすさ＝本番での得点のしやすさ

以下この２点について具体的に説明します。

(1) マスターするための所要時間＝知識を覚える量の多い少ない

世界史、日本史、倫理政経、地理を比較すると以下のことが言えます。
※あくまで当塾独自の分析です。

世界史＞日本史≧倫理政経≧地理

左から順番にマスターするための所要時間＝覚えるべき知識量が多くなる科目です。

先に説明した理科の選択科目を考えると共通テスト社会で世界史をとり、理科で生物を選択すると非常に暗記すべき事項が多くなります。

(2) 本番での得点のしやすさ

ここでも世界史、日本史、倫理政経、地理を比較すると以下のことが言えます。
※あくまで当塾独自の分析であり、かつ旧センター試験におけるデータも基にしています。

世界史＝日本史＞倫理政経＞地理

左から順に一般に得点しやすい科目になります。

ここでの得点のしやすさというのは覚えた知識に比例して得点できる、本番での考慮要素が少なく得点にブレが出にくいということを意味します。共通テストと二次試験の得点比率で共通テスト重視の医学部を受ける場合で、さらに社会科目も総合得点に関係してくる場合には得点の取りやすさという点も加味すべき要素です。

３．多くの医学部志望受験生が選択する共通テスト社会科目

あくまで当塾の独自に集積したデータに基づきますが、倫理政経もしくは地理を選択する受験生が多いと言えます。

参考までに当塾の30名超の東大理三合格講師のセンター社会・共通テスト社会の選択科目の割合を示すと以下のようになります。

当塾の30名超の東大理三合格講師の選択科目の割合図

※30名超の東大理三合格講師につきましては公式サイトに実名公表をしております。

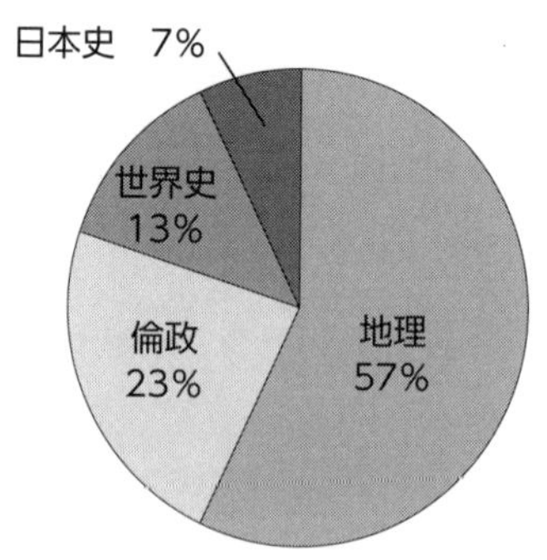

※「得点戦略」論の理解の確認！

このグラフを見て地理選択が多いから自分も地理選択にしようと安易に考えてしまったとするなら「得点戦略」論をもう一度読み直ししっかり理解する必要があります。

当塾講師陣の例はあくまで東大の入試に対しての戦略的決定と言えるのです。

東大は共通テスト900点満点を二次試験では110点に換算します。

すなわち、共通テスト得点の圧縮率が大きく、二次試験重視の典型です。

したがって、共通テスト社会で9割を超えるような得点を取るよりも、共通テスト社会対策の労力を最小限に抑え、他の教科や二次対策に多くの時間を費やせるような戦略をとっているのです。

もしあなたが目指す医学部が共通テスト得点の比重が高く、共通テスト社会科目も合格点に考慮されるなら、共通テスト社会でも確実に高得点を獲得できる科目を選択するという別視点からの戦略も必要となってくるということです。これは個人個人の状況や勉強に割ける時間を総合的に考慮して判断すべきものです。

この「得点戦略」論はもとより、他の当塾のオリジナル理論もこのようにしっかり理解していってください。

4．最終決定の方法

以上の要素と各自の「得点戦略」、勉強計画編の勉強計画の立て方、勉強法編の各教科の勉強法も参考にして共通テスト社会科目の最終決定を行ってください。

第3部　各自の合格戦略を構築せよ

第１部、第２部で述べてきたことをしっかりと頭と意識に留めた上であなたの受験戦略を構築していきましょう。

この第３部では各自が受験戦略を構築していく上でいつ、どこまで、何をすればいいのかについての手順について解説を加えていきます。各自の受験戦略構築の手順としては以下のものをまず順番に考えて、分析していってください。

1　受験戦略論の重要性とその内容を学ぶ
2　志望校を決める
3　志望校の問題の特性を知る
4　得点のシミュレーションをする・得点戦略を立てる

以上の内容については、本書の第１部と第２部で皆さんは全国の受験生に対して大きなアドバンテージをすでに得ています。以下では各自が受験戦略を立てる際に注意すべきポイントを述べていきます。

あくまでも、第１部と第２部の理論や説明をしっかりと理解した上で各自の戦略の構築に入ってください。第１部、第２部の理論があってのこの第３部です。

曖昧な方は第１部をもう一度読み返してからこの第３部へ入ってください。

また、わからなくなったら適宜第１部、第２部へ戻ってください。

第１章　志望校を決める

受験戦略を構築するにはまず志望校を確定させるということが重要になります。

しかし、実際には受験年の夏くらいにならないと確定できない受験生もいます。

このこと自体は問題ありません。なぜなら、**どこの大学を志望校にしようが、本格的な過去問分析、過去問演習に入る前の基礎標準知識を身につける過程自体は何も変わらないからです。**

基礎標準知識の習得レベルによって、科目によって、本格的な過去問分析・過去問演習を始めたい受験年の夏頃までには志望校を決定しましょう。志望校が決まっていない受験生は焦って志望校を決める必要はありませんが、いくつかの候補を挙げてそれについて第２章以下の分析を加えるということはしてみてください。

第２章　志望校の問題の特性を知る

志望校の問題の特性の分析は第２部で述べてきたように、受験戦略を構築するためにも、日々の勉強のターゲットを確定させる上でも、そして第一志望校合格のためにも最も重要なものです。ただし、この過去問分析についてはいろいろなことが混同されて語られていることがあるので注意してください。

出題者の要求している問題分析力、論理的思考力、論理的表現力という合格にとって最も大事なものを過去問から学ぶには、基礎標準知識をひととおり勉強してからでないと分析できません。志望校の問題の特性の分析には実力に応じた段階があるということを明確に理解してください。

以下では、「いつ」「どこまで」「何を」分析すればいいのかについて「受験対策に入る前・基礎標準知識が身につく前にやっておくべきこと」と「基礎標準知識が身についてから本格的にやるべきこと（本格的な過去問分析、過去問演習の段階でやるべきこと）」に分けて解説します。

1. 受験対策に入る前、基礎標準知識が身につく前にやっておくべきこと

赤本等の過去問集に掲載されている志望校の問題の傾向と対策の部分にはとりあえず目を通しておきましょう。

その際、試験科目の

・試験時間
・配点、試験科目
・出題形式（ex. 記述式、マークシートの割合）
・出題内容・出題範囲（ex. 英語なら文法語彙、長文読解、会話文、英作文、リスニング等）
・出題傾向、頻出分野

まではとりあえずチェックしておきましょう。

ここまでは基礎標準知識が身につく前でもチェックできます。

この分析を行うことで、どのような方向で勉強していくべきか、重点的に勉強していくべき分野・科目は何か、不要なものは何か、勉強しなくていい分野はどこか等がわかり、基礎標準知識を身につけていく上での大まかな方向が定まります。

単に上記事項を眺めるのではなくその情報を分析して考えてみてください。

たとえば、

〈試験時間の分析〉

試験時間に対し設問量が多く、時間内にすべて解ききるのが難しい

⇒問題をざっとでも見てこれを感じることで、ある程度の処理スピードが必要であること、基礎標準知識に曖昧な部分があればそこで考え込んだり時間をロスしてしまうことを実感できます。

〈配点、試験科目の分析〉

配点が高い科目⇔配点が低い科目

⇒この区別によって配点が大きい科目に関しては当然ですが合格するためには重点対策科目になります。また試験科目に何があるかによって志望校や併願校を決定する目安にもなります（ex. 理科の選択科目に物理 or 生物必須が課されているか否か等）。

〈出題形式の分析〉

解答のほとんどが論述式であり、設問に対応した理解力・表現力が問われている or マーク式が主である

⇒論述式の解答がとられている場合、単に解答までの筋道がわかっている、理解できているとしてもそれを論理的に表現できなければ得点になりません。数学や理科に関してこの点の意識が薄い受験生がほとんどですが、解答が論述式の場合には論理的な表現力ということまでしっかりと意識を置いて対策していかなければなりません。逆にマーク式が主の場合、問題を難しくするには基礎標準知識がある受験生なら２択まで選択肢を絞り込めるがその後の対処が難しいという出題をしてきます。この場合に得点するためには一定の根拠をもった消去法というものを使えるように対策していかなければなりません。

〈出題内容、出題範囲の分析〉

全試験範囲から満遍なく、幅広い種類の出題がされている or 特定の出題内容に試験範囲を限っている、特定の分野から例年重点的に出題されている

⇒この区別によって最終的には満遍なく幅広い知識を身につけていくべきなのか、特定分野を重点的に対策すべきなのかが明確になります。

以上は、あくまで一例ですが、受験対策に取り掛かる前や基礎標準知識が身につく前でもここまでの分析をしておけば日々の勉強の大まかな方向性を定めることができるのです。

分析の視点をもってまず赤本等を眺めてみてください。

2. 基礎標準知識が身についてから本格的にやるべきこと（本格的な過去問分析、過去問演習の段階でやるべきこと）

- 設問の形式、癖、要求されている思考、思考の方向性等を過去問から徹底的に学ぶ
- 第2類型重視型か第3類型と第1類型・第2類型混合型の出題なのか等を見極めて的確に対策を考える
- 科目の目標得点(出題内容別に傾向を分析した上で目標点)を定めトータルの目標点を具体的に算出する（この点については第2部の得点戦略を参照してください)。
- 上記項目を考慮し自己の現状の実力分析に応じた対策と学習計画を再構築する
- 時間配分、問題を解く順番を決定する

以上を過去問演習を繰り返しながら徐々に分析・確定していってください。

これを行うことでどの程度まで「**得点脳**」を鍛えなければならないかがわかります。

第3章　得点シミュレーションをする・得点戦略を立てる

得点戦略に関しても過去問分析と同じように、徐々に実力をつけていくにしたがっての段階がありその主たる目的も異なるということを明確にしてください。

一般的に過去問の重要性とか得点戦略については拙書『受験の叡智【受験戦略・勉強法の体系書】』出版以来多くが語られているようですが、目的や段階が様々混同されているので注意が必要です。

「受験対策に入る前、基礎標準知識が身につく前にやっておくべきこと」が「得点シミュレーション」です。

「基礎標準知識が身についてから本格的にやるべきこと（本格的な過去問分析、過去問演習の段階でやるべきこと）」が「得点戦略」を構築することです。

以下この2つを分けて解説します。

1．受験対策に入る前、基礎標準知識が身につく前にやっておくべきこと

◎この段階では細かい得点戦略にこだわらない

この段階で細かな得点戦略を立てることは不可能ですし、細かいものを立てても意味がありません。それは過去問分析が本格的にできない段階だからです。

この段階での得点戦略の目的は

・各科目の得点と総合得点のシミュレーションをしてみることによって合格点の大まかな目安を実感すること
・第一志望校や他の医学部に合格するには、すべての科目で高得点を取る必要などないこと、トータルでも高得点を獲得する必要がないことを実感すること
・最終的に達するべき到達点の実力がどの程度のものか漠然とでも知ること

にあります。

受験対策に入る前、基礎標準知識が身につく前でもここまではできます。

そしてこの実感を得ることで第1部、第2部で解説してきたことの真実もより具体的に理解できます。

まず、この段階では**得点シミュレーション**を行っておけば十分です。この段階で最も大事なことは、本書の第1部、第2部の説明・理論が的を射たものであることを実感することです。そのために得点シミュレーションは早い段階で行ってください。徐々に実力がつくにしたがって本格的な得点戦略を構築していってください。

年度ごとに合格最低点の幅がありますが、それは各大学の年度ごとの問題の難易度の若干の差によるものです。ここで大事なことは、この本に書いてある合格の天使の受験戦略・勉強法を実践すればたとえ合格点が上がろうが下がろうがそれに影響されずに余裕をもって合格点をクリアーできるだけの実力をつけることができるということです。それがなぜかはこの本を最後までご覧いただければ明確にわかります。

2. 基礎標準知識が身についてから本格的にやるべきこと（本格的な過去問分析、過去問演習の段階でやるべきこと）

この段階で確実に合格するための**得点戦略**を構築していってくださ

い。

目標得点を定める場合多くの受験生は高得点を取ることを目標にしがちです。そして高得点を取るために勉強計画を立てます。

しかし、志望校の入試問題の性質や、試験までにかけることのできる物理的な時間をしっかり考慮できていません。したがって計画は勉強するための勉強の計画になってしまうし、合格にとって本当に正しい方向への戦略になるはずなどないのです。

確実に合格する戦略としては、まず試験科目トータルで、合格最低点を確実に、可能なかぎり早い時期にクリアーする戦略を立てることが、第一志望校合格にとって最も重要です。

⑴ 得点戦略を立てる上での注意点①

１科目のみでトータル点を上げる方法は戦略的にとるべきではありません。

・その年の志望校の問題によって当該科目が得点しやすければ、多くの受験生が皆得点してくるので効果が半減してしまうリスクが高いから
・１科目で８割以上の得点を狙うより、各科目６割〜７割くらいの得点まで伸ばす努力のほうが合格点が同じでもはるかに少ない努力で効率的に点数を伸ばすことができるから

です。

３割しか得点できない科目を６〜７割にまで引き上げる努力のほうが、８割得点できる科目を９割以上確実に得点するように努力するよりはるかに効率がいいことはおわかりだと思います。

基礎標準知識をしっかりと身につけさえすれば、３割〜６、７割の得

点の差は比較的簡単に埋めることができます。

しかし、得点戦略の部分で合格点のデータをご覧いただいたように、8割以上の得点は多くの合格者でも難しいのです。8割以上の得点というのは獲得できるかどうかはどんなに時間をかけても不確実と言えるということです。

先に見たように、合格するためにはトータルではもちろんのこと、各科目ですら8割を大きく超える必要はないのです。8割を大きく超えるような対策をするより、基礎標準知識やその使いこなしが要求されている問題を確実に正解する、ミスをしない、確実に得点を積み上げていくということのほうがはるかに重要なのです。

そして結果的にこの戦略で勉強していけば、8割を超えて得点できる科目も出てくるのです。第2類型重視型の問題を出題している難関大学では基礎標準知識の習得とそこからの一定の問題分析力、論理的思考力、論理的表現力が得点のすべてなのですから、この部分に磨きをかけることで結果的に高得点を獲得することが可能になるのです。

ただし、戦略論と結果論は異なります。

確実に合格するための受験戦略を構築するということは**試験結果を偶然にゆだねない、すなわち自分自身で試験結果をコントロールするために必要**なのです。

特定のずば抜けた得意科目を作るより、限りある時間を極端な弱点科目を作らない対策に使うことのほうがトータル得点を上げることが容易であり、合格を確実にするために、はるかに重要です。

(2) 得点戦略を立てる上での注意点②

苦手科目があってもトータルで合格最低点を超えればよいという視点

を持つことが大切です。

極端な苦手科目は作るべきではないということと、どうしてもある程度までしか伸びない科目ができてしまうということは次元が異なる話です。

得意不得意は個人によってどうしても生じます。

受験勉強にかけられる時間というのも個人個人の状況により異なります。

苦手科目があるからと言って医学部合格をあきらめる必要はありません。

まず、得意科目、平均科目、不得意科目を自分の中で明確にしてください。

さらにその各科目の入試問題の特徴を分析し、残された時間から費用対効果を考慮して対策を考えてください。

⑶ 得点戦略構築の具体的手順

志望校の各科目の問題の性質と配点、あなたの現状をしっかり考慮してください。

「問題自体の客観的な性質」と「個人個人の事情」を明確に区別してください。

①効果を上げるのに時間が必要な科目

・客観的な問題の性質として難しく誰にとっても高得点の望めない科目
・苦手意識がある、どうやっても点数が上がらない科目

こうした科目については50%取れればいいやくらいの感覚でも仕方ないと割り切る（※ただし、本書で的確な受験戦略と勉強法を学び、しっかりと実践すれば主観的・個人的事情による苦手科目は存在しなくなります！）。

断っておきますが、これはあくまでも日々の勉強や直前期にいたずらに焦って時間を浪費しないための戦略です。

受験生の状況によっては勉強時間を十分に取れない人もいます。

個人個人に応じた受験戦略があり、全科目満遍なく完璧にしようと思わなくても合格できるという認識を持つことが何より大切なのです。

☞【ポイント】:「それなり」の対策の認識を誤るな

「それなり」の対策というと基礎標準知識の習得もそこそこやって、難度の高い問題集もそれなりにやればいいと考えてしまうのが受験生の感覚です。ここが大きな誤りです。

「それなりの対策」をするということは、基礎知識や標準知識を「そこそこ」「それなりに」やればいいということではありません。

「それなりに」「そこそこの」対策をするという場合に絶対に誤解してはならないことは、

基礎知識は完璧に習得する方向で対処するということです。その部分だけはまず完璧に仕上げる方向で対処するということです。

難度の高い応用問題には最悪対処できなくても仕方ない、そこまでじっくり問題演習をして思考力を鍛えている時間がないという場合の次善の策であるということは明確にしてください。

②平均点が取れる科目

そこそこ点は取れるが、

・試験時間に対して設問量が多い

・高得点が取りにくい性質の科目

この種の科目ではとりあえず60%程度を目標にする。

70%で満足、50%でも仕方ないという割り切りが必要です。

③得意科目

70～80%を目標にする。

ただし常に費用対効果を考えて目標得点を定めてください。

目標得点とは「このくらい取りたい」という願望ではなく、「このくらいはまず取ろう」という予定です。安易な高望みは避けましょう。

☞【ポイント 1】：安易に高得点を設定するな

各科目で80％以上の得点は、特別に得意という人以外は目標にしたり見込んだりしないことが大切です。費用対効果、到達点設定、達成割り切りが重要なのです。

多くの合格者が認める現象として志望校の問題特性や科目特性にもよりますが、８割を超えた一定の得点から全く伸びなくなるという現象が起きます。**志望校の問題特性と各科目特性を勘案した得点戦略**が必要です。

☞【ポイント 2】：得意科目の捉え方を誤るな

一般的な模試や学校や塾のテストでの得意科目と志望大学のその科目の性質が全く異なる場合があることに注意が必要です。

各大学によって○○英語とか○○数学、○○物理、○○現代文というように英語、数学、物理、現代文という科目として一般的にとらえられるものではなく、**『別個の独立した科目』として扱うべき類の試験問題が存在する場合がある**ことに注意してください。たとえば東大現代文。これに関しては得意という人はまず存在しません。

これは過去問分析によって明らかになりますが、そのような難解な科目については高得点を目標としない、見込まないことが大切です。もちろん対策もそれに見合ったものにすることが大切です。

☞【ポイント 3】：リスクは分散せよ

目標点まで達したら、細かい知識を詰め込んだり、新しい参考書等をやるのではなく、他科目の補強に時間をあてつつ、その科目の力を落とさないように適時復習していくのが戦略上重要です。

確実に合格するには、とびぬけた得意科目を持つよりも弱点科目を作らないことのほうがはるかに重要なのです。得意科目といったところで、その年の問題の難易度により本番で確実に高得点が取れるかどうかなどわかりません。リスクは減らしたほうがよいのです。

しっかり戦略の重要性を認識できれば、苦手科目の勉強も嫌いではなくなります。

なぜならその科目こそあなたを合格へ導く科目となりうるからです。

☞【ポイント4】：あまり細かい点数まで最初からこだわるな

得点戦略論の目的は日々の勉強の方向性を定め、どの科目にどれだけの労力を費やしていくのが効率的かということを考慮して計画を立てることにあります。

日々の勉強を充実させていく段階で再考、変更を臨機応変にしていってください。

いくつかの得点戦略パターンをあらかじめ構築しておくことで様々な視点を持つことができます。

3．得点戦略の重要性を示す当塾元受講生の合格例

得点戦略の重要性について本書を1回読んだだけではなかなか気づけないと思いますので当塾元受講生の例を出します。

当塾元受講生に2021年度の東大理三合格者がいます（彼は現在当塾講師です）。

彼は2020年の春に理転を決意して未履修の数学Ⅲ、物理、化学に取り組み出しました。私立文系に合格していたのですが、その私立文系学部の試験科目は英語、社会、小論文であり現役時は英語、社会、小論文しか勉強しておらず、数学はⅠＡならなんとかできる、ⅡＢは対数あたりから怪しい、数Ⅲと物理、化学は無知という状態からのスタートで

した。

当然ですが、秋になっても数学や物理、化学に多くの時間を費やす必要がありました。スタート地点を考えていただければ、合格レベルまで達することはできていない状況であったことは容易に想像していただけると思います。

ここからどうしたかですが、彼は時間を捻出するため、元文系であるにもかかわらず文系学部で受験した社会科目を選択せず新たに地理を選択し、さらに地理対策に充てる時間までをも削りました。その結果共通テスト本番の地理の得点は30点台という極めて低い得点をたたき出しました。

しかし、東大の共通テスト得点の合格点に占める割合は極めて小さいものであり、さらに共通テスト社会の占める割合はごくわずかです。共通テスト社会に時間を割くくらいなら数学や物理・化学に時間を少しでも充てた方が彼の状況からは合格可能性は高まったのです。

英語はもともと得意であったために、東大二次試験で数学や物理・化学でどの程度の得点が必要かの得点戦略をきっちり立て可能な限り未履修だったそれらの教科に時間を振りました。その結果1年足らずで東大理三合格を勝ち取っています。

これは1年で東大理三に合格したという極めて極端な例ですが、得点戦略の重要性を示す極めて重要な実例です。彼がなぜ効率的に勉強ができたのか、着実に実力をつけることができたのかについては当塾の公式サイトに合格体験記を公開しておりますので是非ご覧ください。

彼の合格体験記を読んでいただくとお分かりいただけますが、彼は入塾前から当塾の著書である『受験の叡智』をしっかり読み込んでいてその実践のために入塾してきました。彼の頭の中にはそもそもしっかりと本書の内容と同じ考えが構築されていたのです。それが彼の通常ではありえない合格の秘密でもあるのです。皆さんも是非本書を活かして志望校合格を勝ち取ってください。

4．各自の得点戦略表

今まで述べてきたことを参考にして、以下の表に各自の得点戦略を書き込んでみてください。

「共通テスト得点」という欄は、共通テストの目標得点そのものと、各自の志望校の共通テスト得点が二次試験に換算される得点を書き込むとよいです。（次頁参照）

【国公立】得点戦略表１

目標得点 ＿＿＿＿ 点

共通テスト得点	英語	数学	国語	理科	理科	小論 面接	合計

【国公立】得点戦略表２

目標得点 ＿＿＿＿ 点

共通テスト得点	英語	数学	国語	理科	理科	小論 面接	合計

【国公立】得点戦略表３

目標得点 ＿＿＿＿ 点

共通テスト得点	英語	数学	国語	理科	理科	小論 面接	合計

【国公立】得点戦略表４

目標得点 ＿＿＿＿ 点

共通テスト得点	英語	数学	国語	理科	理科	小論 面接	合計

【国公立】得点戦略表５

目標得点 ＿＿＿＿ 点

共通テスト得点	英語	数学	国語	理科	理科	小論 面接	合計

【私立】得点戦略表1

目標得点 ＿＿＿＿ 点

英語	数学	理科	理科	小論 面接	合計

【私立】得点戦略表2

目標得点 ＿＿＿＿ 点

英語	数学	理科	理科	小論 面接	合計

【私立】得点戦略表3

目標得点 ＿＿＿＿ 点

英語	数学	理科	理科	小論 面接	合計

【私立】得点戦略表4

目標得点 ＿＿＿＿ 点

英語	数学	理科	理科	小論 面接	合計

【私立】得点戦略表5

目標得点 ＿＿＿＿ 点

英語	数学	理科	理科	小論 面接	合計

勉強計画編

◇総則　勉強計画を立てる際の絶対的なポイント

◇第１部　勉強計画の立て方

第１章　年間計画の立て方

第２章　中期計画の立て方

第３章　短期計画の立て方

◇第２部　年間計画のサンプルプラン

第１章　国公立医学部受験生の年間計画のサンプルプラン

第２章　私大医学部受験生のサンプルプラン

◇第３部　計画の実践と軌道修正のポイント

第１章　計画の実践と軌道修正のコツ

第２章　ノルマを達成できない時は原因を分析せよ

第1部　勉強計画の立て方

多くの受験生は優れた勉強計画を有していない。そもそも本書の「受験戦略編」で説明してきた優れた受験戦略を知らないからである。

皆さんはもうお気づきだと思うが、本書に記載している合格の天使メソッドでは、「受験戦略編」で医学部受験対策として一般の受験生や受験指導が行っていることをすでに大きくそぎ落としている。

優れた受験戦略を前提とすることで、全国の受験生よりも皆さんはターゲットを大きく絞れ、かつその絞ったターゲットにピンポイントで焦点を当てていくことができる。ものすごく大きなアドバンテージを得ていただいている。

更なるアドバンテージを獲得するため、次の段階は受験戦略に基づく勉強計画の立て方と実践法を学ぶことである。

受験における計画の重要性は言うまでもない。その理由は入試当日までに合格できるだけの実力をつけて臨まなければならない、つまり、受験勉強は有限の時間で行わなければいけないということだ。したがって、有限の時間で最大限の実力をつけることが重要であり、当然そのためには効率の良い勉強が必要になる。

その一環として、適切な勉強計画を立てることが重要になってくる。後ほど計画の立て方のポイントの箇所で詳しく述べるが、計画を立てることの意義は、各科目バランスよく実力をつけること（入試は全科目の合計点で決まる）や自分のできない所を効率よく潰すことにある。有限の時間でなるべく多くの点数に結びつけるためには、既にできることをさらに続けるのは得策ではない。できないことを少しでも減らすことが点数に結びつく。なので、これを実行するための手段は、自分の現状を客観的に分析し、それに適した計画を立てることなのである。

総則　勉強計画を立てる際の絶対的なポイント

優れた勉強計画を立てるために考慮すべき絶対的なポイントは以下の２つである。

☑ 受験戦略編で述べてきた「受験戦略」に基づいた計画を立てること

☑ 受験における勉強計画は「何をやるか」ではなく「何をやらないか」という視点で線引きをすること

この２つである。

そして、実際に勉強計画を立てる際のポイントは以下の３つの順番に従うことである。

☑ 年間計画

☑ 中期計画（年間計画から落とし込む）

☑ 短期計画（中期計画から落とし込む）

上から順番に確定していくこと、これが勉強計画を立てる際のポイントである。

以下、解説していく。

第１章　年間計画の立て方

第１節　各科目に共通の視点

１年間のどの時期に、どの段階まで終わらせるかという年間計画を、各科目について立てておこう。とは言っても、科目ごとに大きな差がある訳ではない。以下の事項は各科目共通しているので、それを基に年間計画を考えてみよう。

１．９月の終わりを目途にする

９月の終わりを目途に、教科書、教科書傍用問題集あるいはそれに準拠した同レベルの参考書、問題集と標準的な問題集を使って基本知識や標準問題の解き方を定着させる。最終的に受験勉強のメインとなるのは過去問である。過去問演習に入れる段階に進むため、そして過去問演習を実りのあるものにするために、この段階は必要である。

合格の天使メソッドポイント

９月の終わりを目途に基本知識や標準問題の解き方を定着させる⇒その時点で基本知識や標準問題の解き方がすべて完璧になっていなければならないということではない。

この真意は、

「基礎標準知識の習得と過去問演習のサイクル学習」＝「一般化脳」理論に基づくエッセンスの抽出・蓄積のチェックと「得点脳」の形成
「基礎標準知識を過去問基準で捉えなおす」＝「得点脳」の形成（受験戦略編参照）

ということであり、過去問分析と演習を繰り返すことで常に理解不十分、弱点部分に戻り完璧になるよう仕上げていくということである。

2．過去問に取り組む時期

その後、第一志望校の二次試験・個別試験の過去問に取り組む。

大事なのは夏休み前までになるべく基礎を固めることである。ここでの「基礎を固める」の意味は科目ごとに異なるが、概ね「入試における標準的な難易度の問題、頻出の問題を自信を持って解けるようになること」である。過去問を開始する時期は、この基礎固めが終わり次第で良い。早ければ夏休み明け、遅い人では冬休みなどでも構わない。しっかり基礎ができてから過去問に入ることで、最大の効果が得られる。

3．共通テスト対策の位置づけ

共通テスト試験対策（＝過去問を解く）は、11 月～ 12 月に入ってから全体の半分くらい、1 月に入ったら 90％くらいの時間を割いて行う。ただし、共通テスト（センター試験）の過去問を解くことで基礎知識の確認ができる科目もあるので、その場合はより早い時期から過去問演習を始める（この点の詳細は各科目のスケジューリングと各教科の勉強法の部分で詳述する）。

☞【重要ポイント】

過去問演習を始めた後も、基礎事項の見直しは必要に応じて入試直前まで継続する。

「基礎標準知識の習得と過去問演習のサイクル学習」「基礎標準知識を過去問基準で捉えなおす」＝「一般化脳」理論に基づくエッセンスの抽出・蓄積のチェックと「志望校特化型得点脳」の形成

第2章　中期計画の立て方

１年間のスケジュールだけでは毎日何をすれば良いか途方にくれてしまうので、もう少し範囲を狭めてみよう。具体的には、１年間のスケジュールを確認したら、次に中期目標を設定してみるのが有効だ。ある期間を決めて、その期間で「問題集を１周する」とか、「○○の分野まで終わらせる」という目標だ。中期目標を立てる期間については、たとえば年間を通して散りばめられている模試などが有効活用できる。「この模試までにここまでは終わらせる、ここまではできるようになる」といった感じである。

実際に勉強を進める上では、もっと短期間ごと（１週間や１日ごと）の目標を設定する必要があると思われる。こうした日々のスケジューリングの仕方について次に述べたい。

第3章　短期計画の立て方

第1節　短期計画のポイント

毎日の学習の指針となる計画は具体的にどのように立てれば良いのだろうか。スケジュールを立てる上で一番大切なのは、自分が実行できる予定を立てることである。人によって向き不向きがあるので、自分に合った予定の立て方をしてほしい。

第2節　短期計画を立てる際のポイントと手順

1．短期計画を立てる前提として必要なこと

まず前提として、自分が1日にどのくらいの時間を勉強するのか、そしてどのくらいのペースで勉強を進められるのかを早い時期に掴んでおくことが大切である。これがわからない限り、計画を立てることはほぼ不可能である。

2．計画は時間基準ではなく内容基準で立てること

次に意識するのは、幅を持たせた計画を立てることだ。たとえば1日を細かく「8:30 ～ 9:30 を数学、9:30 ～ 11:00 を英語…」と時間基準でスケジュールを立てる人がいるが、これはおそらく多くの人にとって得策ではない。なぜなら、この場合計画を実行することに気を取られてしまい、実際の勉強の内容が頭に入りにくいし、どう過ごしていても時間は経ってしまうため、中身のある学習ができないからだ。「何時間するか」という勉強時間ではなく「何をするか」という勉強内容で計画を立てるべきである。

３．実際に何を意識して計画を立てるのか

実際にどのように計画を立てるかというと、「計画」というよりは「やらなければいけないことのリスト」を作るのである。たとえば１週間でどの科目の何を終わらせるのか、というリストを作るわけである。このリストをこなしていくことで勉強を進めていく。そして、期限までに終わらなかった分は次の週にまわす。この１週間でのやるべきことリストは、１日ごとに割り振っても構わない。

この方式の最大の利点は、勉強の内容を中心に計画が構成されていることである。ある科目の勉強に集中しているときは、その科目を１時間など短い時間で終わらせるよりも、３時間などまとまった時間で勉強した方が頭に入る。時間に細かく制約されずに、なおかつ１週間というスパンの中ではバランスの良い学習配分を守ることができるので、精神的な負担を減らすことができる。

合格の天使メソッドポイント

「時間基準」でなく「内容基準」で計画を立てるメリット

・日々の勉強に取り組む意識が勉強時間ではなく勉強内容に向けられるため得るべきものを得られるという効果が大きい＝合格のためには「何を得るか」が最も重要

・得るべきものをどの時期までにどれだけ得ればよいのかという年間・長期計画から導かれた日々の計画であるから、それを地道にこなしていきさえすれば合格に確実にたどり着けるという絶対的な道標を得ることができる＝不安ややる気の問題が軽減される⇒年間計画から落とし込まれたその日の計画が終われば一日の残り時間は自由時間でよい。受験生だからといって一日中勉強していなくてはいけないという強迫観念にとらわれる必要はない！

・計画が遅れてしまった場合に「時間基準」で計画を立てていると時間は絶対的に取り戻すことができないので強度の自己嫌悪や罪悪感、やる気の喪失を招く。しかし「内容基準」で計画を立てていればやるべきことが明確に視覚化されているので遅れを挽回することは可能であり自己嫌悪や罪悪感、やる気の問題を軽減できる＝継続的でコンスタントな勉強を可能にする

4．短期計画立案のスパン

短期計画を立てる際、中期計画から落とし込んだ1週間という期間について、

・さらに細分化して日ごとに立てるか
・週ごとにとどめるか

これは個人個人自分に合った方を選んでほしい。以下、双方のメリットとデメリットを記す。

(1) 日ごとに計画を立てる場合のメリット

・その日のノルマが終わればあとは自由時間と割り切り毎日好きなことに時間を使える
・目の前に目標がないとだらけてしまう人は日ごとの計画であれば自己を律することが可能となる
・計画を管理しやすい
・全教科に毎日触れることが可能な計画になりやすい

(2) 日ごとに計画を立てる場合のデメリット

・計画に縛られているという意識が働く
・日々ノルマに追われるという圧迫感を感じる人は感じる
・ある程度一気にノルマを片付けたいという性格の人には合わない

⑶ 週ごとに計画を立てる場合のメリット

・部活や仕事がある高校生や社会人受験生など、一日に勉強に使える時間が変動することが頻繁にある人にとっては計画の調整ができる
・日々計画に追われているという圧迫感がない
・１週間で帳尻を合わせればよいので計画が崩れにくい
・よいリズムに乗ればノルマを一気にこなせる

⑷ 週ごとに計画を立てる場合のデメリット

・さぼり癖のある人はノルマがたまってしまう
・自分を律する意志の弱い人にはむかない
・ノルマをためてしまった場合１日ごと計画を立てる場合に比べて挽回の負担が大きくなる

いずれも一長一短であるから、自分に合った方を選んで継続すべきである。

この点について当塾東大理三合格講師陣がどちらの計画の立案方法をとっていたのかを第３部の計画の実践と軌道修正のポイントの項に掲載しているので是非参考にしていただきたい。

第2部　年間計画のサンプルプラン

第１部で計画を立てる際のポイントの大枠は掴んでいただいたと思う。ただ実際に合格点を取りうる次元まで到達した人でないと各教科をマスターするのにどの程度の時間が必要で、どの時期までに何をやればいいのかの判断は不可能である。

その点を考慮してここでは年間計画のサンプルプランを示す。

☑ 国公立医学部受験生のサンプルプラン（二次試験国語なし）
☑ 国公立医学部受験生のサンプルプラン（二次試験国語あり）
☑ 私大医学部受験生のサンプルプラン

の３つを示す。

当然のことであるが、受験生各自により受験する大学、受験科目、志望校の合格点における共通テスト得点の比率や現状も大きく異なる。

ここでの目的は、この「サンプルプラン」と「受験戦略編で述べた得点戦略」や「各科目勉強法で述べる各科目のスケジューリングや勉強法」を総合的に勘案して各自が各々の計画を考えることである。

この総合的な視点を持つことで自分はいつまでに何をやらなくてはならないか、何をやらなくてよいか、ということを自分の現在の実力、現状に応じて導き出すことができるのである。

あくまでこれは目安であり、個人個人の状況によって時期的なものが多少異なってよいし、異なってくるのは言うまでもない。

年間計画を構築する際には、各科目のスケジューリング（詳細は各教科の勉強法を参照）をまとめ、年間の各時期でどの科目にどれくらいウェイトを置くのかを考える。その際、**何に時間を使うか？ではなく、何に時間を使わないか？という発想でスケジュールをひく**ことが重要である。

第1章　国公立医学部受験生の年間計画のサンプルプラン

第1節　サンプルプラン1　二次試験に国語なしのパターン

数学、英語、理科、国語（共通テストのみ）、社会（共通テストのみ）を受験する場合のサンプルプラン

1．夏休み前まで

まず、夏休み前のメインとなるのは数学、英語である。この2科目の基礎作り＋標準問題集をメインとし、他の科目はサブとして学習する配分で良い。サブの科目の中では、理科を優先したい。教科書の内容を理解して、基礎レベルの問題を解いていこう。物理であれば力学・熱力学、化学であれば理論、生物であれば細胞・遺伝子くらいまでは終わらせておくとかなり順調といえる。国語に関しては、あまり時間はかけないでいいが、隙間時間に早い段階から少しずつこつこつと学習しよう。国語の中でも、古文、漢文の基礎（文法、古文単語、句形、重要漢字）については、この段階から少しずつでも継続的に学習して身につけたい。これらは国語ありのパターンと何ら変わらない。

ただし、国語ありのパターンと比べて、国語にかける時間は削れる。現代文に関しては、時間のある夏休みに始めればよい。ただし、古文、漢文は暗記が多い科目なので、一気に詰め込むのではなく、この時期からコツコツと進めたい。

2．夏休み頃（7、8月）

理科の比重を大きくしたい。まとめて勉強したほうが理科は向上しや

すいし、物理などは数学の基礎ができていると理解しやすいからだ。

理科をメインとしつつ、数学、英語の問題集は継続して欲しい。現代文に関しては夏休みの間に読解の参考書を一通り終わらせて、夏休みが終わったら過去問演習に移れる状態にしたい。また、共通テスト社会の対策はこの時期からでも十分間に合う。

3．9月～

９月頃になると、各科目の基礎が完成してくる頃だと思う（この段階で間に合っていなくても大丈夫）。英語・数学・理科のうち、基礎が完成した科目から、過去問演習に入ろう。記述答案を意識し始めたい。

この時期以降の科目ごとの配分は、おおよそ本番での配点と同じような配分にすると良い。

国語に関しては、現代文は基礎の有無というよりは経験が結果に響いてくるので、共通テスト（センター）過去問を解き始めたい。古文・漢文に関しては、文法の基礎が固まっている場合は解き始めてもよいが、そうでなければまだ文法などの基礎固めをしていてよい。

また、化学・生物を受験する人は、この辺りから共通テスト過去問（センター過去問）を解くようにすると、知識の補完ができる。

4．11月～

共通テスト社会で高得点を狙う人は、11 月頃から過去問を解いてインプットとアウトプットを繰り返すと、知識が盤石になる。

共通テスト国語の古文・漢文もこの時期には過去問に手を付け始めたい。

5．12月～

共通テスト前の 12 月頃は、前述の通り、およそ半分を共通テスト対策に充て、残りを二次試験対策に充てると良い。そして、１月に入ってから共通テストまでの数週間は、共通テスト対策に専念したい。ただし、完全に共通テスト対策に絞ると、共通テスト後に二次試験対策に移行するのが大変なので、割合としては多くても90%程度にして、少しずつでも二次試験対策は継続しておこう。

6．共通テスト後

共通テスト後は、当然ながら二次試験対策に専念する。これまでに過去問中心で学習していると、問題がすべて解けてしまう科目が出てくるかもしれない。そうならないよう直前に解く分を残しておくか、模試や問題集から同じレベルの慣れていない問題を選んで新しい問題に取り組むことは継続しよう。また、この段階でも教科書などの基礎に立ち返ることは面倒臭がらず行って欲しい。「今更教科書なんて」などとは考えない。すべての基礎になるのは教科書だから、この根幹に不安要素を残さないようにしよう。

また、小論文や面接対策·志願理由書づくりも始めなければならない。参考書を読むなどして方法論を学び、先生などに頼んで実践（面接）·添削（小論文・志願理由書）してもらおう。

第2節　サンプルプラン２　二次試験に国語ありのパターン

数学、英語、理科、国語（二次含め)、社会（共通テストのみ）を受験する場合のサンプルプラン

1．夏休み前まで

まず、夏休み前のメインとなるのは数学、英語である。この２科目の基礎作り＋標準問題集をメインとし、他の科目はサブとして学習する配分で良い。サブの科目の中では、理科を優先したい。教科書の内容を理解して、基礎レベルの問題を解いていこう。物理であれば力学·熱力学、化学であれば理論、生物であれば細胞・遺伝子くらいまでは終わらせて

おくとかなり順調といえる。国語に関しては、あまり時間はかけないでいいが、隙間時間に早い段階から少しずつこつこつと学習しよう。国語の中でも、古文、漢文の基礎（文法、古文単語、句形、重要漢字）については、この段階から少しずつでも継続的に学習して身につけたい。読解の基礎が不十分である場合は、現代文の読解の参考書（『入試現代文へのアクセス』など）に手をつけたい。

2．夏休み頃（7、8月）

理科の比重を大きくしたい。まとめて勉強したほうが理科は向上しやすいし、物理などは数学の基礎ができていると理解しやすいからだ。

理科をメインとしつつ、数学、英語、国語の問題集は継続して欲しい。後述の各科目スケジューリングと勉強法によれば、国語は過去問に入る人もいると思うが、あまり比重を大きくする必要はない。また、共通テスト社会の対策はこの時期からでも十分間に合う。

3．9月～

９月頃になると、各科目の基礎が完成してくる頃だと思う（この段階で間に合っていなくても大丈夫)。基礎が完成した科目から、過去問演習に入ろう。記述答案を意識し始めたい。

この時期以降の科目ごとの配分は、おおよそ本番での配点と同じような配分にすると良い。大抵の場合は、数学、英語、理科がメインになるはずだ。

また、化学・生物を受験する人は、この頃から共通テスト過去問（センター過去問）を解くようにすると、知識の補完ができる。

4．11月～

共通テスト社会で高得点を狙う人は、11月頃から過去問を解いてインプットとアウトプットを繰り返すと、知識が盤石になる。

5．12月〜

共通テスト前の12月頃は、前述の通り、およそ半分を共通テスト対策に充て、残りを二次試験対策に充てると良い。そして、1月に入ってから共通テストまでの数週間は、共通テスト対策に専念したい。ただし、完全に共通テスト対策に絞ると、共通テスト後に二次試験対策に移行するのが大変なので、割合としては多くても90％程度にして、少しずつでも二次試験対策は継続しておこう。

6．共通テスト後

共通テスト後は、当然ながら二次試験対策に専念する。これまでに過去問中心で学習していると、問題をすべて解ききってしまう科目が出てくるかもしれない。そうならないよう直前に解く分を残しておくか、模試や問題集から同じレベルの慣れていない問題を選んで新しい問題に取り組むことは継続しよう。また、この段階でも教科書などの基礎に立ち返ることは面倒臭がらず行って欲しい。「今更教科書なんて」などとは考えない。すべての基礎になるのは教科書だから、この根幹に不安要素を残さないようにしよう。

また、小論文や面接対策・志願理由書づくりも始めなければならない。参考書を読むなどして方法論を学び、先生などに頼んで実践（面接）・添削（小論文・志願理由書）してもらおう。

第２章　私大医学部受験生のサンプルプラン

英語、数学、理科を受験する私大医学部受験生のサンプルプラン

私立大学では、概して国立よりも科目数が少ないため、科目ごとに掛けられる時間が多くなる。とはいえ理科２科目が課される場合はそれ相応の対策時間が必要になる。英語＋数学＋理科２科目が主流なので、その場合を例に説明する。

また、志望校によっては記述が必要ない場合もある。まだ志望校が確定していない場合は、記述問題があるものだと思って対策を進めよう。

１．夏休み前まで

まず、夏休み前のメインとなるのは数学、英語である。この２科目の基礎作り＋標準問題集をメインとし、理科はサブとして学習する配分で良い。やはり、教科書の内容を理解して、基礎レベルの問題を解いていこう。物理であれば力学・熱力学、化学であれば理論、生物であれば細胞・遺伝子くらいまでは終わらせておくとかなり順調といえる。

２．夏休み頃（7、8月）

理科の比重を大きくしたい。まとめて勉強したほうが理科は向上しやすいし、物理などは数学の基礎ができていると理解しやすいからだ。

理科をメインとしつつ、数学、英語の問題集は継続して欲しい。

時間に余裕のあるこの時期に現代文の読解の参考書を一冊読んでおきたい。これは国語対策ではなく、小論文対策として、である。読解の力をつけるためではなく、説得力のある文章の構成はどういうものか知るために、書き手の目線で読んでおこう。

直前期に小論文の対策はするが、その時期に内容の考え方＋文章の書き方を2つとも一から習得するのはリスキーである。

また、この時期にどの大学を受けるかという候補を絞っておきたい。

3．9月～

9月頃になると、各科目の基礎が完成してくる頃だと思う（この段階で間に合っていなくても大丈夫）。基礎が完成した科目から、過去問演習に入ろう。記述問題の出題がある場合は、この時期から意識し始めたい。

この時期以降の科目ごとの配分は、おおよそ本番での配点と同じような配分にすると良い。

4．11月～

早いに越したことはないが、遅くとも11月には志望校を確定させたい。

志望校が決まり次第、どの科目も過去問演習に移っておきたい。

ただし、過去問2年分くらいは直前に解くために残しておきたい。早い時期から、過去問中心で学習していると、問題を解ききってしまう科目が出てくるかもしれない。模試や問題集から同じレベルの慣れていない問題を選んで新しい問題に取り組むことは継続しよう。ただし、私立の問題は癖があるものも多く、そっくり同じような問題を見つけてくるのは非常に難しい。その場合は、癖がないが同じレベルの問題を解こう。癖がある問題も結局は基礎力があれば解けるし、なければ解けない。この基礎力は癖がない問題でも十分養える。癖がある問題でネックになるのは、問題の難しさそのものというより、出題形式であることが多い。その出題形式に慣れるように、直前で解く分として2年分くらいは過去問を残しておきたい。また、この段階でも教科書などの基礎に立ち返ることは面倒臭がらず行って欲しい。「今更教科書なんて」などとは考えない。すべての基礎になるのは教科書だから、この根幹に不安要素を残さないようにしよう。

5. 1月〜

　過去問演習と並行して、小論文や面接対策・志願理由書づくりも始めなければならない。参考書を読むなどして方法論を学び、先生などに頼んで実践（面接）・添削（小論文・志願理由書）してもらおう。

第3部　計画の実践と軌道修正のポイント

● 最初から自分が立てた計画をすべてこなせる人などいない。
● 最初からすべてを完遂できる計画を立てられる人などいない。

これが受験勉強計画の現実である。

したがって、大事になってくるのは計画の実践とその過程における軌道修正である。

合格の天使メソッドポイント

人間、常に集中力・やる気を最大に持って頑張るのは難しい。

しかし、合格に必要なものを得るために日々の勉強の中で高度なやる気や集中力を保つ必要はない。また、計画をこなせない理由を精神論に持ち込むべきではない。

適切な勉強法で進めるのであれば、やる気があろうがなかろうが、得られる効果は概ね維持される。したがって、「やるか / やらないか」が問題なのであって、「やる気がある / ない」はあまりこだわる必要はない。

とは言っても、勉強が手に付かないほど気分が乗らなかったり、用事があって予定がこなせなかったりする日は必ずある。そこで無理をし過ぎると、その反動でさらに悪い事態になってしまう恐れがある。受験勉強期間で継続的に勉強をするためには、無理は禁物である。最終的な目標は「予定をこなすこと」ではなく「志望校に合格すること」なのだから、自分がこなせる範囲の中で、余裕を持った計画を立てることが継続的な計画の実践に結びつく。

第１章　計画の実践と軌道修正のコツ

勉強計画編　第１部　で記したように日々実践する計画立案には２つのパターンがある。

パターン１：中期計画を１週間単位で落とし込む方法
パターン２：中期計画を１日単位に落とし込む方法
の２つである。

参考までに当塾30名超の東大理三合格講師陣がどちらのパターンをとっていたのかについては以下の通りである。（※30名超の東大理三合格講師陣については当社公式サイトに実名公表を行っております。）

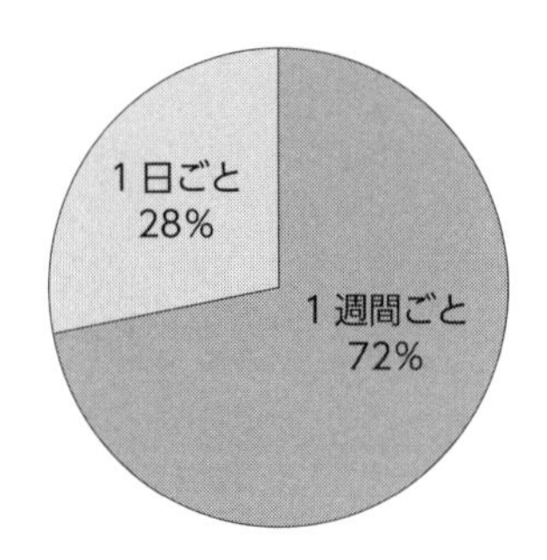

以下ではこの２つのパターンそれぞれについての計画の実践と軌道修正のポイントについて、当塾の東大理三合格講師陣の体験談を掲載する。
実際の体験談であるため是非参考にしていただきたい。

第1節　中期計画を1週間のスパンで落とし込む計画の場合の実践と軌道修正の体験談

1．東大理三合格講師　菊地（都内私立高校出身）からのアドバイス

私の場合、毎日厳密な予定を立ててしまうとうまくいかない日が1日あった場合に予定からずれてしまい、やる気がなくなってしまいそうで嫌だったので、予定を立てる際の基準を1週間ぐらいの単位にして、その期間でやるべきことが達成できればいいや、と考えていました。

1日の勉強を始める際には、その週にやりたいことをチェックして、この教科は他の教科に比べて達成率が悪いから今日はこの教科から始めよう、と考えてやることを決めていました。その際に気をつけて欲しいのは、一つのタスクだけ集中的に取り組んで、それが終わったら他の目標に手をつけるのではなく、できるだけ満遍なく少しずつ取り組むことです。そうすることで、自分の好きな科目や取り組みやすい科目ばかり取り組むのを防ぎ、計画がうまくいかなかった際に特定の教科や単元に負担がかかるのを避けることができます。

また、計画がうまくいかなかった際に備えて善後策を用意しておくことも重要です。1週間単位の計画であれば、次の週の目標を適切に調整することで遅れを取り戻すための計画を立てるのは比較的容易ではないかと思います。

2．東大理三合格講師　光畑（都内公立高校出身）からのアドバイス

私は大雑把な計画（中期計画）から、問題集により1週間単位など幅をもたせた中でこなそうと計画し、帳尻を合わせていたタイプでした。私は、1日ごとの細かい計画を立ててそれが崩れてしまうと大きくモチベーションが落ちてしまう性格でした。毎日同じ時間に同じ科目を同程

度のやる気、精度でこなすことができるという場合、中期計画を１日ごとに割ってこなしていくのが間違いのないやり方だと思いますが、日によって取れる時間がバラバラだったり、同じことを続けてもルーティン化するというよりはマンネリ化してしまう性格だったり、日ごとの集中が大きく異なったりするような人には、あえて幅をもたせた計画で勉強することを提案します。

ただし、これは適当に赴くままに勉強することをお勧めするものではありません。そうしてしまうと毎日計画をしっかり進めた場合よりも勉強が遅くなってしまうでしょう。私はこの問題点を克服するために、モチベーションの高い科目は集中的に進めること、やる気がなくなるまでその勉強を進め続けること、すべての科目に関しての現在の進捗状況を頭に置いておきながら、やるべきと思った科目に関しては最低限触れることを意識していました。中期計画と、そこから作った１週間程度の計画を最重視する、というよりは、自分の各科目の進捗状況を常にモニタリングして、勉強の必要性とモチベーションの兼ね合いで最適化してなるべく辛くならないように多く勉強していこう、と考えていました。この方針で勉強して、幅をもたせた計画と比べて進んでいるかを確認し、各科目の進捗状況を更新することで結果的に計画性のある勉強になるようにしていました。

基本的に独学ですべての科目を勉強する必要がある受験生には、自分自身で勉強を管理する意識づけになり、結果的に一日ごとの勉強量も増えると思いますので、お勧めいたします。

３．東大理三合格講師　岡田（地方国立高校出身）からのアドバイス

まず自分の場合、平日にこなすタスクと休日にこなすタスクの種類をざっくりと分けていました。学校のある平日には「⑴ すでに一度解いた問題集、読んだ参考書の復習」「⑵ 感覚を鈍らせないために毎日こな

すべきもの（英語の長文、数学の演習など）」「(3)（塾に通っていた期間は）塾の宿題とその復習など」といったように1日あたりの分量を厳格に決める必要のないタスクを主に進めていました。逆に、まとまった時間が取れる休日や長期休暇には「(1) 講義系の参考書の通読」「(2) 問題集の1周目」といったように理解を要するタスクを主に進めていました。

このように平日と休日とでタスクの種類を分けていた理由について書きます。理解を要するタスクは、こまめにちょこちょこ進める方針だと、以前勉強した内容の復習に時間がかかってしまい進みが悪くなってしまいます。そのため休日などまとまった時間が取れる時に消化していました。一方復習などのタスクは、長期間にわたってこまめに消化するのが効率が良いと考えていたため、平日に少しずつこなしていました。

ここから本題です。このようにタスクを分けていたため、平日には「1週間でこなす復習の範囲」と「(+ α で) 苦手の補強など早期に取り掛かりたいこと」だけを1週間単位で決めて、それ以外はルーチンとしてこなしていました。復習の場合、1日あたりにこなす量を決めるよりも、復習する範囲を決めて1週間のうちに何度も目を通す・紙に書くなどして覚えこむことを目標にした方が良いと考えていたので、そうしていました。

休日、特に長期休暇にはかなりの量をこなす必要がありました。その際には、3日単位か1週間単位でやりたいことをリストアップして、終わったら×をして消していく方式で進めていました。このような方式をとっていた理由は、「少しキツイくらいの短期的な目標を立てる」⇄「頑張って消化に努める」を繰り返すのが、モチベーションを維持しつつ短期集中的にタスクを消化する手段としてベストだと考えていたからです。

4．東大理三合格講師　伊藤（都内国立高校出身）からのアドバイス

私の場合は、およそ１～２週間程度の期間でやるべきことを書き出したリストを作り、その上で毎朝、その日のノルマをリストから抽出して作成していました。学校の課題や試験なども含めて中期的に見据えられる事が理由です。さらに、１日のリストを当日に作成するため、その日に使える時間を踏まえた調整や､進捗が遅れた科目のカバーがしやすく、柔軟性が高い方法だと思います。また、事前に日単位で決めないため、計画から外れた時の修正の手間も減らせます。

リストに加える分量としては、１～２週間分はやや余裕を持って量を抑え、逆に１日分は少し多めに盛り込んで、優先度を併記していました。これにより、週の前半から多めに進める様に意識が働き、後半に焦ることが減らせました。また、期間内の分量を早めに終えられれば達成感にもつながります。もちろん、終わらなかった分は次の期間に持ち越しますが、その際は色を変えるなどで強調するのがお勧めです。

この時、リストには、反復して取り組む単語集の範囲や試験対策・学校の課題などもすべて書き出して、漏れを作らない様に注意すると良いでしょう。終わった項目には上から線を引いて消す事で、一目で現状が把握できる上、視覚的に進捗が捉えられます。こうした工夫も、長期戦になる受験勉強においてはモチベーションの維持に役立ちます。

5．東大医学部医学科推薦合格講師　桜田からのアドバイス

模試などで実力を測る機会は１ヶ月に１度程度は確保できると思うので、そこでどれだけ実力を伸ばしておきたいかから逆算して１週間にすべきことを考えると良いでしょう。私の場合、１日単位ではどうしてもモチベーションの変動などがあったことに加え、１日に同じ科目を集中して学習したいタイプだったため、まずこの１週間のノルマを気が向くものからできるだけ消化していくようにしていました。このように計画

を立てることで、学習時間の偏りを減らしつつも気分が向く教科を進められるというメリットもありました。

また、1週間の計画に盛り込む内容は6日間全力で集中すれば届くと思えるくらいの分量に調整すると良いでしょう。初めはなかなかこの量がどのくらいかわからないかもしれませんが、勉強を進めていくにつれて自分が集中するとどの程度進むのかわかるようになると思います。6日間全力で集中する分量をノルマにすることで、計画にゆとりが生まれますし、すべてクリアできたら少し休んでも良いと思うと精神的にも余裕ができます。

仮にノルマを達成できなかった場合、原因が分量の多さなのかサボってしまったからなのか考えましょう。前者の場合であれば来週以降は量を減らすべきですし、後者であれば一度気が向く内容中心に週間計画を練り直して、「達成できた」という感覚を取り戻してサボり癖を治すようにすると良いでしょう。

6．本書旧版に掲載していた元東大医学部医学科講師からのアドバイス

予定をこなしていって、終わったものについては順次印をつけるなり×をつけるなりしていくと良いです。こうすることで、たとえば1週間半ばくらいに、予定をすべてこなすことができそうなのか、ペースを上げる必要があるのかなどがわかったりします。また、科目間のバランスにも気がつくことができ、どの科目に最近触れていなかったのか、などといったこともわかります。そして、終わったものに印をつけていく作業が、私にとっては地味にモチベーションの維持に役に立ったりしました。

そして、やることリストの量が多すぎると感じたら翌週から少し減らすとか、少なすぎたら増やすとか、とにかく自分が良いペースを維持で

きる分量に保つことが長期にわたって息切れしないためのポイントです。その週で終わらなかった分は遠慮なく翌週に持ち越しましょう。

第２節　中期計画を１日単位に落とし込む計画の場合の実践と軌道修正の体験談

１．東大理三合格講師　河野（地方私立高校出身）からのアドバイス

私は、中期計画をさらに１週間計画に落とし込み、さらに細分化して１日単位にこなすことをリスト化しているタイプでした。

毎週日曜日に次の週のノルマを曜日ごとにページ数まで細かく分配して、毎日そのリストを持ち歩いて確認していました。新しく取り組む問題だけでなく、間違えた問題の復習なども予定に組み込むなど、やりっぱなしにならないように意識していました。感覚としては（新規の問題）：（復習）＝１：１程度にしていました。そして、万一決めた時間内に終わらなかった場合のために、必ず１日に１時間程度はバッファーを取っていました。これにより、予定通り進まなかったものがあってもその日のうちにそのしわ寄せを解消することができました。また。バッファーに持ち越さないことで１日の勉強を早く切り上げたいという気持ちから、各科目を極力時間内に終わらせるモチベーションにもつながっていた気がします。また、毎日の勉強でモチベーションを切らさないために、リストにチェックボックスを設け、終わったらチェックを入れることで達成感を得ていました。もちろん日によっては体調がよくなかったり、やる気がどうしても出ない日もありました。そういったときは、そのノルマを諦めるのではなく、他の日にノルマを振り替えていました。こういった柔軟性により、精神的負荷を抑えつつ、やるべきことをしっかりとこなせると思います。

2．東大理三合格講師　渡辺（都内私立高校出身）からのアドバイス

中期的な目標を大雑把に見積もった上で、毎日どの科目をどのくらい勉強するかを、曜日ごとに決めていました。その上で、その日何を勉強したかを毎日記録して、それをもとに自分が1日にどのくらい進められるのかを把握して、計画をその都度修正していました。

私は、あまりに厳密な予定を立てると、途中で甘えが出てしまい結果的に予定より遅れてしまうタイプだったので、先に自分がどのくらい勉強できるのかを把握することに努めました。その上で、自分が可能だけどキツすぎない程度の予定を立てて実行していました。予定を立てるのがうまく行かない場合は、一旦目標は置いておいて、自分がどのくらい進めることができるのか理解するといいと思います。

3．東大理三合格講師　後藤（地方国立高校出身）からのアドバイス

各科目毎日やることを決めておき、日々それをこなしていました。それは例えば、この問題集を何問、この単語帳で何個覚える、といった具合です。このようにタスクは常に具体的に設定するようにしていました。また毎日のタスクはできるかできないか微妙なラインではなく、1日時間があれば夕方には終わる量にしていました。その上で、そのタスクが一通り終わった段階での余力に応じて、その時にやる気があることをやっていました。

このやり方にすることのメリットとしては、まず「1週間でやらなかった科目がある」という状態が発生しないことが挙げられます。常にその時やる気があることをやる気の続く限りやるというスタイルだと、気づかないうちに学習内容に偏りが出てしまいがちな一方、毎日最低限やることを決めておけばそうした偏りが起きることを避けられます。また、この学習方法にすることのメリットとして「習慣化」が挙げられます。人間は毎日同じことを同じ量やるようになると、そのことに対して苦痛を感じにくくなり、またそれをこなすスピードもあげることができるので、その習慣の力を借りるためにもこうしたやり方をとっていました。

4．東大理三合格講師　深川（地方私立高校出身）からのアドバイス

私は毎日大体どれくらいやるかを決めるタイプでした。

問題集をやるときなどは、まずこの問題集をいつまでに終わらせるかを考えて、そして大体毎日何ページ・何問ずつやれば終わるかを計算して、それだけをやるようにしていました。ただ、自分の場合は計画を緩めに立てておいて、立てた計画よりもなるべく多くやるようにしていました。計画よりも進んでいくとモチベーションを保つことができます。やはり勉強というのは自分との戦いである面もあると思うので、自分が立てた計画というものに打ち勝っていくのが楽しかったのではないかと思います。ですから、日ごとに計画を立てる場合でも、最低限ここまではやるという目標と、ここまでできたらいいなという目標の両方をイメージしておくといいかもしれません。

ただ、人間やる気のわかない日もありますし、用事などでできない日もあります。その際には早いうちに挽回するようにしていました。どんどん遅れていくのは精神的にあまり良くないので、取り戻そうと必死にやっていました。もちろん計画を遅らせたこともありますので、その辺りは臨機応変に対応することも大切です。私は、帰り道などで今日やったことを反芻して、明日は何をやればいいか、今週１週間は何をやるべきかを考えて、柔軟に計画を変えていました。

いずれにせよ、計画を立ててそれを実行していく能力というのは今後も必ず必要となってくるものです。受験という場を使って鍛えていきましょう。

5．東大理三合格講師　安藤（地方公立高校出身）からのアドバイス

１ヶ月単位くらいの計画から計算した１日あたりの問題数のだいたいの目安は認識していましたが、自分はノルマを月単位より細かくすると

こなせなかったので目安はあくまで目安にとどめておいて１日１日は好きなことを好きな分量やっていました。

ただ毎日やる必要があると考えたものは１日のノルマとして設定していました。例えば数学は感覚の醸成のため一定数以上の問題を毎日解くようにしていました。これは中期計画を落とし込んだものではありません。計算練習や英語長文なども同様です。

また、得意科目など意欲的に勉強に臨めるものはノルマをあまり細かく設定すると勉強そのものでなくノルマをこなすことが目的になってしまい意欲が阻害されるように思います。このような科目では進捗のチェック点をある程度大まかにとったほうが自発的に学習している間隔があり学習を進めていきやすくなるのではないでしょうか。

一方でやりたくないことはなるべく実行手順を具体的に決めてしまうべきです。この問題集を何問、このタイミングで進めるというのを具体的に決めておいて、実行段階で迷うことがないようにすべきです。そうすれば機械的にノルマをこなすことが容易になります。これは自然と１日ごとのノルマを決めることになります。

このように、科目やタスクの内容、目的によってノルマ管理の時間枠を使い分けることも重要ではないかと思います。

6．本書旧版に掲載していた元東大医学部医学科講師からのアドバイス

毎日行うことを決めてはいましたが、やる気がなかったり用事があったりして、終わらせられなかった日も多くありました。私の場合は、あらかじめそういう日があることを見越して、１日ごとの割り当てを決めるときに余裕を持って終われるよう計算していました。

例えば、90問ある問題集を１ヶ月で終わらせるという中期目標を立てたとします。このとき、「１日３問解く」という計画にしてしまうと、できない日が少しでもあったら予定を完遂できません。予定を完遂できないというのは非常に焦りを感じるものですし、モチベーション維持としても良くありません。したがって、この場合なら「１日４問」と余裕を持った計画にしておけばよいのです。これなら、できない日が数日あっても問題ありません。

また、１日の計画の中で「最低限やること」と「できればやること」の２段階で決めておくのも良い手だと思います。あまり勉強の進まない日は「最低限やること」だけを済ませてあとは気分をリフレッシュすれば、あまり罪悪感や未練を残さずいられると思います。

第2章　ノルマを達成できない時は原因を分析せよ

どんなに優れた勉強計画でも実践できなければ優れた計画の立て方を知らない人と同じ成果しか生まない。

優れた受験戦略に基づいた計画の立て方について皆さんは本書で手に入れている。あとはそこから導かれた計画を継続的に実践すれば結果は自ずとついてくる。

計画を実践できない場合というのは以下の２つに大別できる。
●そもそも勉強に取り組めない場合
●時間をかけているのにノルマが達成できない場合
の２つである。

以下、それぞれの原因と対処方法を説明する。

第1節　勉強に取り組めない場合の原因と対処

計画を立てて一生懸命頑張ろうと思ったのに勉強に取り組めなくなってしまったという場合、やる気や精神論の問題に逃げ込むべきではない。

精神面の問題を理由にすると「頑張ろう」で思考が停止してしまいやすく、有効な対策を打ちづらい。

そうしてしまった時点で建設的な改善策は得られなくなる。

この場合は、
●計画が重すぎる

●ゴール設定が曖昧である
という原因とその対策へ目を向けるのが得策である。

１．計画は最初緩すぎるくらいでいい

計画を立てて一生懸命頑張ろうと思ったのに勉強に取り組めなくなってしまったという場合、その原因は「計画が重すぎる」ことにある場合が多い。

自分で計画を立てるとどうしても高望みしてしまい、自分の限界を超えた計画にしてしまいがちになる。自分以外にチェックしてくれる人がいれば問題ないが、一人で進める際は厳しい。

一人で進める際、計画は、はじめは緩すぎると感じるレベルで組んでいくとよい。最低限の基準でいいのでノルマを設定して、きちんと達成していくようにしよう。

そして週ごとや日ごとなどで振り返ってノルマの負担を評価し、余裕があるなら少しずつ増やしていこう。こうすると達成感が原動力となり次第にペースアップしていける。

逆に高すぎる目標を立てて頓挫するというのを繰り返していると負け癖がついてしまい、計画をこなせないことに対する忌避感が失われてしまう。これは絶対に避けたい。計画は（多少厳しくてもいいが、少なくとも）必要最低限の量に裏打ちされていなければならない。必要のない、正確に言えば必要を感じていないのに重たい計画はまず達成されない。

２．東大理三合格講師　江尻からのアドバイス

私は高２の夏休みの初めに勢い込んで各教科かなり分量の多い計画を立ててしまい、その時に自分が１日に勉強に集中できる時間に見合って

いなかったためか夏休み半ばで挫折してしまいました。そこからは自分の可能な勉強時間のなかで収まるように量を調節して計画を立てることにしました。集中できていない勉強はしていないのと同じなので、現時点で自分がどのくらい集中力を保てるのかは意識的に知っておいたほうが良い計画が立てられると思います。

3．ゴール設定を明確に

勉強にうまく取り組めず計画を達成できないもう一つの原因として、ゴール設定が曖昧ということが挙げられる。

「目標達成のためには今やるべきことをやることが必要で、それをやることで一歩ずつ近づいている」というような実感が必要だ。

そしてそのためには目標地点の具体化が必要である。教科ごとの目標得点を決めたり、過去問を解いてみたり（最終的に解いていく問題内容を具体的に知る）するとよい。

重すぎる目標を立ててしまうケースも、このゴール設定が曖昧であることが多い。常に自分の全力を出せればこのくらいできるだろうという計画は、明確に設定されたゴールから逆算するという発想のない場合に生じる。

第2節 勉強時間を確保しているのにノルマが達成できない場合

十分な勉強時間を確保しているのにノルマが達成できない場合、
●勉強への取り組み方の効率が悪い
●そもそもの計画に無理がある

のどちらかである。まずは、自分の勉強方法を見直してみよう。

1．様々な試行錯誤をしてみる

勉強への取り組み方の効率が悪い場合、勉強する環境を変えてみたり、勉強をする教科の順番、休憩の取り方など少し変えてみたりするだけで、作業効率が上がるときもある。

まずはこの点について試行錯誤してみよう。

勉強計画自体は根拠を持って立案しているものの実行の方法にはあまり意識が向けられていないということは多く、改善の余地がある可能性が高い。だから、安易に計画自体をコロコロと変える前に、まずは自分の取り組み方自体に検証を加えてみることが大事である。

2．計画と自分の実力に齟齬がないかを検証する

様々な試行錯誤をして、それでもどうしてもノルマを達成できないのならば、無駄な勉強をしていないか、現状の実力に対応していない難しい問題集や参考書をやっていないか等、勉強の段階を飛ばしていないかを振り返ってみよう。

ここに問題がある場合は長期計画そのものを見直す必要があるということを意味する。

基礎から段階を追って勉強をすることは一見、合格という目的地に対して遠回りに思えるが、実は相当な近道であるということは認識しておいてほしい。

第１節、第２節いずれの場合であっても、計画修正で重要なことは「（問題の所在を明らかにする⇄原因を探る）→対策を考える」というプロセスを踏むことである。

計画が進まないという問題が生じたときには時間をかけているかとい

う点をまず判断すべきである。これは「計画が進まない」という問題を具体化、明確化する第一歩である。すなわち時間をかけているのに進まないことが問題なのか、時間をかけられないことが問題なのか、「計画が進まない」という問題の原因を探り、分析しているのである。

まず問題の分析をすることでより着手が容易になる。「計画の進みが悪い」という問題は漠然としているためわかっていてもなかなか対処法を考えることが難しいが、例えば「帰宅してから夕食までの時間の勉強の進みが良くない」くらいまで具体的になればこの時間にやることを決めておくとか科目を負担の少ないものに変えるとか帰宅する前に間食をとるとか対策を考えやすい。

同時に、問題分析により対策がより効果的になる。例えば「帰宅してから夕食までの時間の勉強の進みが良くない」というのが問題であるのに他の時間の学習環境を変えてみても直接的な意味はない。問題の分析がいい加減だとこのような的外れな対策を講じてしまいやすい。

また、「帰宅してから夕食までの時間の勉強の進みが良くない」という問題の原因を考え、「帰宅時は疲れているのに計画では苦手な科目の演習を振っていた」ことが問題だったというようにさらに明確に分析できれば、その時間は軽いタスクをこなす時間にするとか帰宅で疲れないよう通学手段を自転車からバスにするなど上にあげた対策よりもさらに精度の高い対策を実行できる。

このように、問題の分析と具体化により具体的な対策を思いつきやすくなり、かつそれらの精度が向上する。だから試行錯誤をする前に必ずこの過程を経るべきである。なおこの手法は数学などの入試問題の解法習得でも有用である。

問題の解決策には優先順位をつけるべきである。実行の容易さと効果から判断すればいい。対策の効果の評価は、前述のような問題分析のプロセスを踏んでいれば可能であろう。優先順位の高いものから取り組むようにすれば改善までの道のりを最小化できる。

勉強法編

◇第１部　勉強法総論

1．基礎から過去問へとステップを積もう

2．教科書レベルの基礎の身につけ方

3．問題集・参考書の効率的な活用法

4．網羅系問題集（受験標準問題集）の本当の有用性

5．答案の大切さ

6．時間を計って問題を解くべきか

◇第２部　各教科の勉強法

第１章　英語の勉強法

第２章　数学の勉強法

第３章　理科の勉強法

◎化学　物理　生物

第４章　国語の勉強法

◎現代文　古文・漢文

第５章　小論文の勉強法

第６章　共通テスト社会の勉強法

◎地理　倫理政経　世界史　日本史

第1部　勉強法総論

1．基礎から過去問へとステップを積もう

最終的には志望校の過去問演習を繰り返すのが、受験戦略編で説明した「志望校特化型得点脳」形成のために最も効率的な勉強法である。しかし、いきなり過去問を解けと言われて解けるものではない。過去問を解いて、解説を理解できるようになるため、教科書を一番下の土台として、基礎を積み重ねなければならない。

2．教科書レベルの基礎の身につけ方

現役生は当然ながら、学校の授業に真面目に取り組むのが、基礎を身につける最良の手段である。教科書レベルの事項を理解していなければ、いくら受験向けの問題集を解いても得るものは少ない。スタートの時点で、大きな差ができるのである。

独学で基本を身につける場合でも、主軸となるのは「教科書」である。進め方としては、インプットとアウトプットを並行して行うことを意識してほしい。これは以降の参考書活用、過去問演習でも重要である。教科書学習の重要性については拙書『受験の叡智【受験戦略・勉強法の体系書】』を併せてご覧いただきたい。

教科書レベルの事項が身についたら、勉強計画編で述べた通り、標準レベルの問題を網羅した問題集を使って、受験標準問題のパターンと、それに対する解き方を習得しよう。習得の手順については以下に説明する。

3．問題集・参考書の効率的な活用法

勉強する際に重要なことは「どの問題集･参考書を使うか」以上に「いかにして問題集・参考書をフル活用するか」である。問題集・参考書をフル活用する方法は科目ごとに大きな差異がある訳ではないので、はじめに総論として述べておきたい。この話は科目ごとに何度も繰り返し出てくるが、それだけ重要なことだと理解していただければ幸いである。

なお、「どの問題集・参考書を使うか」についても一応各章で触れており、おすすめの問題集・参考書もいくつか挙げているが、あまり詳しくは説明していない。定評のあるものを使えば良いというのが合格の天使の考えであるからである。多くの人が薦める参考書は、それだけ内容に偏りや癖のない、「しっかりした」参考書ということである。よって本書で挙げる参考書も、一般的に評価の高いものを紹介しているに過ぎない。大事なのは参考書の活用法であって、参考書マニアになっても意味はないのである。

また、合格の天使の提唱する勉強法は、何度もお伝えしている通り、問題集・参考書について闇雲に回数を多くこなすことや冊数を多くこなすことに主眼を置いた多くの勉強法とは大きく異なり「過去問こそが最高の問題集であり参考書である」という理念を貫いている。したがって使用する問題集・参考書自体、最小限のものから最大限の効果を得ればいいという考えであるので極めてシンプルにおすすめ問題集・参考書を掲載している。

一定の評価があり、レベル・内容が同じような参考書・問題集であれば、あとは自分の好みで決めてしまって構わない。解説の書き方、レイアウト、雰囲気が気に入ったものを選ぼう。以下に述べるように、参考書・問題集は何周もして長く付き合うものだから、フィーリングも大事

な要素である。

⑴　一つの役割の参考書は一種類を徹底的にやりこむ！

例えば「数学の標準問題を網羅した参考書」を選ぶときには、まずは、『１対１対応の演習』と『チャート式』を両方ともやるのではなく、どちらか一方を何周もしたほうが良いという意味である。同様に、英単語帳や古文単語帳を何種類も買ったりするのは得策ではない。同じような内容のダブった参考書を何冊もこなすのは非効率的であり、これと決めた１冊をまずしっかりマスターするべきである。

では、１冊をやりこむためには具体的にどうすれば良いだろうか。

⑵　参考書はなるべく何周かして、わからない箇所がなくなるようにする！

すなわち、ある参考書を丸ごと頭の中に入れてしまうということである。参考書や問題集というのは、その科目・分野の内容が体系的にまとまった本であるから、それを丸ごと頭に入れてしまうことで、その体系を吸収でき、知識の整理がしやすくなる。

頭の中に入れるといっても、問題や解答をすべて暗記するということではない。その参考書で解説されている知識、考え方、問題へのアプローチをすべて理解し、自分の物として使えるようにするということだ。すなわち、「一般化脳」を通して一般化したエッセンスを抽出し蓄積するということである。どの問題についてもあやふやな箇所がなく、他人に根本的な解説ができること、それを以って「その参考書をマスターした」ものと考えて良いだろう。

参考書のレベルにもよるが、中々１周だけでマスターできるものではない。２、３周繰り返してはじめて、すべての内容を吸収することができるのである。それではどのように周回を重ねていけば良いだろうか。

(3) 間違えた問題は必ず印をつける！

参考書を何周もするのは非常に時間のかかる作業である。そこで大事になってくるのが、いかにして時間を有効活用するかである。解ける問題を何周もやっても仕方がない。２周目以降は、解けなかった問題を中心に取り組んでいくことで、解けない問題を減らしていくのが、効率の良い取り組み方である。

そのためには、「解けなかった問題、不安の残る問題をマークすること」が必要になる。２周目に問題を見た際、どの問題に取り組むべきかを一目でわかるようにしておこう。

「全くわからなかった」「なんとなくできたけど不安」「完全に理解した」などと段階をつけても構わない。□、△、○などの記号を問題の横に書いていくと良いだろう。小問に分かれる場合は小問ごとにもつけたほうが良い（小問同士の関連があるので、解き直しはすべての小問をもう一度解くようにしよう）。

言うまでもなく、これは問題集のみならず単語帳の類でも重要なテクニックである。

(4) 答え合わせはその場で！

では、間違えた問題は印をつけて終わりで良いかというと、そんな訳はない。

間違えた問題について、解説を読んで不足している知識・考え方を分析し補うのが一番効率の良い学習方法である。勉強においてこのときが一番成長する段階である。したがって解説は念入りに読み、必要に応じてノートに書き写したりメモをとったりしよう。

昔、夏休みの課題で問題集を解いて提出させられた人もいると思う。提出直前になって慌てて全部の問題を丸付けした人もいると思うが、それは受験勉強では得策ではない。大問一つ解き終わるごとに答え合わせをしよう。まとめて答え合わせをすると、そのときには問題を忘れていて、答え合わせの効果が薄れるのだ。

⑸「どうしてできなかったのか」を分析しよう！

前項で説明したとおり、できなかった問題の解説から、自分の不足している知識・考え方を分析し吸収しなければいけない。したがって、単に解答を写すだけ、間違いを赤で直すだけでは不十分である。その問題を「どうして解けなかったのか」「何を知っていれば解けたのか」ということを分析することで、自分にとって足りていないことを参考書から学べるのである。

参考書や問題集には、「ポイント」「注目！」などとして、その問題で大事なことが説明されている。そういったポイントは、確かにそこで躓く受験生が多いので大切なことではある。しかし、今問題を解いた「自分にとって」それが大事かどうかは、自分自身にしかわからないのだ。解答のうちの別の部分が発想できず解けなかったのかもしれないし、数学ならばちょっとした式変形の中に、自分に足りていなかった発想を見出すかもしれない。

合格の天使メソッドポイント

あくまで「自分にとってのポイント」を考えなければいけない。自分がその問題でどこまで考えることができて、どこが発想できなかったのか、何が足りなかったのかを、自分の答案と解答を見比べながら分析することが必要である。

したがって先に述べたノートやメモ書きは、その分析により得た知識・考え方を「自分の言葉」で記していくことになる。よってそこに記されたものは単なる「間違えた問題と正しい解答」の寄せ集めではなく、そのノートやメモだけを読んでわかるような、一般的な知識事項や考え方の集積になるはずである。

4. 網羅系問題集（受験標準問題集）の本当の有用性

網羅系問題集（受験標準問題集）をこなすには一般に時間がかかるので、その存在意義や有用性を誤解・曲解されがちである。しかし、網羅系問題集は、実際に出題された過去問から頻度の高いものを体系的に抽出・整理しているため入試で問われる基礎標準知識を効率的に習得することができる。反面、この過程を飛ばすと本来得点すべき第１～２類型の問題（受験戦略編参照）で得点できず致命的な差になるのでぜひこなしておきたい。またこの過程は受験標準とされる知識や定石を集積し、「一般化脳」理論を通して一般化したエッセンスを抽出・蓄積する過程であるため、この過程が十分でないと最終目標である優れた「得点脳」を形成する道具を十分に得ることができない。

もちろんすべての科目で網羅系問題集が必要というわけではない。詳細は後述の各科目勉強法の部分をしっかりと読んでいただきたい。

受験生の中にはこの部分をしっかりとこなしていないのに予備校の各種問題や志望校以外の過去問をいろいろ集めたりして代用しようとする人もいる。

しかし以下の３点をよく考えてほしい。

【第１点】

網羅系問題集（受験標準問題集）自体、そもそも実際に出題された過去問から出題頻度の高いものを体系的に抽出・整理したものである。そして定評がある網羅系問題集（受験標準問題集）が扱っている問題の分析と抽出・体系化にはその教科の実力ある先生方が、多くの経験と労力と時間とデータをつぎ込んでいる。したがって個人や数人がどんなに頑張ってもその的確な網羅性には到底及ばない。またこの観点から制作側の独りよがり、自己満足なものではないという客観性も担保される。これらの観点から網羅系問題集（受験標準問題集）は受験標準知識＋一般化されたエッセンスを的確かつ効率的に習得できるという点で優れている（もちろん自身の志望校の問題のレベル以上のものを使う必要がないことは当然の前提）。

【第2点】

網羅系問題集（受験標準問題集）は「受験標準」と称されるように実際に様々な大学で出題された過去問の「ひねり」や「癖」を除いた形で問題が修正されていることもある。

この部分を捉えて網羅系問題集（受験標準問題集）をなぜか批判する人もいる。

しかし、網羅系問題集（受験標準問題集）から特殊な「ひねり」や「癖」に対応する力をつける必要はないし、そもそも網羅系問題集（受験標準問題集）はそれを意図していない。

これは本書の中でも再三述べてきている合格の天使が提唱する「過去問至上主義」の核心にも関連する重要事項であるので以下をしっかりと読んでいただきたい。

再三お伝えしてきているが、最終的に受験勉強のメインとすべきは『志望校』の過去問（＋共通テスト受験生であるなら共通テスト過去問）である。そして志望校の過去問というのは「志望校対策に特化した最高の問題集」である。

数学を例にとると「ひねり」や「癖」に対処できるようにするということは、数学一般の問題の特殊な「ひねり」や「癖」に対処できるようにすることが重要なのではない。あなたの志望校の問題（＋共通テスト受験生であるなら共通テスト過去問）の「ひねり」や「癖」に的確に対処できるようにすることが最も重要なことなのだ。これが合格の天使が提唱する「過去問至上主義」の真意である。

志望大学以外の傾向が全く異なる他大学の過去問をいろいろやり、志望大学以外の問題の特殊な「ひねり」や「癖」に対処するための英語力や数学力、国語力、物理力、化学力等に時間をかけてあえて習得することは合格のために不要である。この部分は「万能型得点脳」と「志望校特化型得点脳」の理論の部分を読み返していただきたい。

網羅系問題集（受験標準問題集）というものを本書の体系の中で正確に位置付けると、志望校の過去問分析・過去問演習を的確に行うために必要不可欠な前提としての、受験基礎標準知識と「一般化脳」理論で説明した、標準問題集から一般化されたエッセンスを抽出・蓄積するためのツールということである。

これなくして志望校の過去問分析・過去問演習を的確に行うことはできない。志望校の問題特性に応じた「志望校特化型得点脳」の形成の前提は一般化されたエッセンスの運用・適用だからである。この得点脳を形成するためには網羅系問題集（受験標準問題集）をまず１冊しっかりとこなし、あとはできるだけ早く志望校の過去問分析と過去問演習に十分な時間をかけるべきなのである。

【第３点】

志望校の過去問演習とその後の十分な過去問分析を行ったうえで、受験戦略編でお伝えした、

●「試験問題の３類型・難問の２分類」理論

●「得点戦略」理論

をすべて考慮して、「志望校特化型得点脳」をもっと鍛える必要があると判断される場合に初めて、別の標準問題集を追加するという手順をとっていただきたい。

この段階になって初めて複数の標準問題集や似た傾向の他大学の過去

問を利用するという選択肢をとるべきなのだ。この選択肢をとる場合には、出来れば実力が高い人から、まずそもそもあなたが志望校の問題で十分な得点が得られないのはその問題集だけでは「志望校特化型得点脳」を形成するための演習が足りないためなのかの分析をしてもらうことが必須である。

次に、志望校の問題の性質を分析してもらい、それに応じた問題集や他大学の過去問を選別してもらうのがベストである。なぜならこの部分が抜けてしまうと結局、幻の「万能型得点脳」を得ようとする勉強と変わらなくなってしまい、多くの努力と時間を浪費することになるからだ。また合格も遠のいてしまうということは十分知っておいていただきたい。

5．答案の大切さ

よく数学の勉強でありがちなこととして、「普段の勉強では途中計算だけをノートに書いて、答えが合っていたらそれでOK」という進め方である。数学に限らず、このような考え方は良くない。

どの科目でも言えるが、普段の学習の中でも本番と同様、採点されるつもりで答案を書くべきである。数学・理科であれば、言葉による説明や細かい記述を「わかってるから」と省略せず、しっかり答案にすることを意味する。英語なら、記述問題でキーワードだけ書いて終わらせるのでなく、和訳問題ならしっかり一つの文として答えを作ることなどである。

極論を言えば、**入試で見られるのは「問題が解けるかどうか」ではない。「問題を解けることを、採点者にわかってもらえるか」なのだ**。採点者は受験生の頭の中ではなく、答案を見て得点を決めるのだから当たり前の話である。受験生は、答案を通じて採点者とコミュニケーションをしているのだと思ってほしい。

それならば、問題を解く能力だけでなく、それを答案に表現する能力も必要なのは言うまでもない。普段の学習で答案作成をないがしろにしている人は、その表現力の鍛錬を怠っていると考えよう。いつもはメモだけ書いていて、本番でいきなり的確な答案が書ける、ということはあり得ない。

また、特に理系科目ではそうだが、自分の考えを整理して、ポイントとなる考え方を定着させるという意味でも、答案をしっかり記述することは効果的である。答案をしっかり書き終えてはじめて「問題を解いた」と言えるので、そのつもりで学習に臨もう。

合格の天使メソッドポイント

答案は採点者とコミュニケーションをするもの＝採点者に出す『手紙』と同じ！

答案は「問題が解けるか」を示すものではなく、「問題を解けることを採点者にわかってもらう」という意識が大切。

6．時間を計って問題を解くべきか

特に二次・共通テスト過去問演習の際に、時間は計ったほうが良いのか、という疑問を持つ人が多い。答えとしては、「直前期は計って解くが、それ以前の演習では不要」である。過去問の大切さは本書で繰り返し説いているが、意識としては「過去問集」でなく「志望校対策に特化した問題集」＝「志望校特化型得点脳」を形成するためのツールだと考えてほしいのである。だとすれば、限られた時間の中で焦って問題を解くよりも、じっくりと考えて問題に取り組み、解説を読んでしっかり理解するという進め方をしてほしい。少なくとも１周目に解く際は、時間は気にせず取り組むようにしよう。

共通テストでもそれは同じで、時間を計って解くのは直前期の12月後半、あるいは１月に入ってからの２週間程度でも良い。そのくらい時間制限の経験を重ねれば、時間配分の練習は十分にできる。それよりもじっくり共通テスト過去問（共通テスト過去問が一定程度蓄積するまでは試行調査問題、センター過去問、共通テスト対策問題集等）に取り組み間違えた問題、時間がかかってしまった問題等について「どうして解けなかったのか」「何が足りていなかったのか」「何を知っていれば解けたのか」等をしっかり分析するということに重点を置いてほしい。

それでは、これらの基本をもとに、各科目の勉強法を詳しく見ていこう。

なお、以下で挙げる各教科の計画は、１年間を受験勉強期間とする際のあくまで目安である。既に基礎ができている科目は過去問を始める時期を早めるなど、各人の状況によって調節してほしい。

第2部　各教科の勉強法

各教科の勉強法解読の注意点

ここから先の各教科の勉強法については、受験戦略編でご説明した合格の天使オリジナル理論、「勉強ターゲットの３類型」理論である「基礎習得の３分類」理論・「一般化脳」理論・「得点脳」理論を当然の前提としています。

各教科の各項目や各分野の勉強法の具体的説明部分について常に「勉強ターゲットの３類型」理論である「基礎習得の３分類」理論・「一般化脳」理論・「得点脳」理論と対比させながら読んでいってください。

これにより、各教科の勉強法についてもあなたは最も優れたものを手に入れることができます。一気に医学部合格へ加速してください。

試験制度がどう変わろうが学問や様々なものをしっかりと学ぶための核となる部分は不変です。表面的なテクニックや問題を早く解く方法や裏技などを重視した勉強法や単に問題集の反復・回数重視の根拠がない勉強法では試験制度が変われば即太刀打ちができません。しかしながら当塾が一貫してお伝えしてきている勉強法は本質と核心を突いたブレ無き勉強法です。本書を参考にじっくり腰を据えて取り組んでいってください。

第1章　英語の勉強法

英語を学ぶにあたって

英語は受験科目として非常に重要である。どの大学でも英語の試験は課されており、配点も高い。ただ、英語は受験科目としてだけでなく、大学入学後も重要である。

数学や物理などは医学部に入ってからは、あまり登場する機会は少ないが、英語は頻繁に触れる。論文は基本的に英語で書かれているし、病名や組織などの単語を英語で覚えることを課す大学も多い。さらに、医師になってからも臨床医であれば海外からの患者さんに英語で対応したり、英語で症例報告をすることなどがあるだろうし、研究医であれば外国の研究者とコミュニケーションを取ったり、自身の研究を英語で論文にして発表することを避けては通れない。その点で、英語は末永く付き合っていかないといけない科目である。入試に合格するために英語を学ぶというのが第一の目標であることは確かだが、その先も見据えた勉強をすることで快適な大学生活・医師としての人生が送れることだろう。

それだけ重要な英語であるが、やるべきことが多い。英作文対策、長文対策、英文法問題対策などするべきことはたくさんある。受験生が陥りがちなのは、その対策の順番を間違えてしまうことである。共通テストでは文法事項を問う問題がなくなったが、これは決して基礎を疎かにしていいという意味ではない。むしろ、このような基本的な事項をわざわざ問わずとも、長文問題は文法をはじめとした基礎的な事項を押さえていないと解けないため、長文問題だけで基礎事項の習得も問えるという理由から、大問としての文法問題などが消えたと考えられる。極端な例だが、これを履き違えて中学英文法もおぼつかないのに、いきなり入試レベルの超長文に取り組んでも太刀打ちできるはずがない。基礎ができていないため長文が読めていないのに、単語力が欠如しているためだと間違ってとらえて、根本的な解決がなされないというケースも多い。各問題の対策の順番をしっかり頭に入れておくことで、その誤りは起きないはずである。下に、対策すべき順番とその理由について書いたので、絶対に読んでほしい。

ただ、正しい勉強法を選べることができたなら、英語の点数は安定しやすい。数学などは問題が一問わからないと、大問一つ分の点数が失われる。また、小問を一つ間違えると芋づる式にそのあとの小問も間違えるという場合もある。そのため、年度によって一定の振れ幅がある。

それに対し、英語は英文の一部分がわからなかったとしても、その大問がまるまる失われることはほとんどない。また、小問一つ間違えてもほかの部分には影響しない（段落整序などは一つ間違えると雪崩式に間違ってしまうといわれるが、確かなものから並べていけば、間違えるのも一部分で済む）。さらに、他の科目に比べて問題数が多い傾向があるため、一問の重みが比較的軽い。

以上の理由から、英語の点数は安定しやすい。一度安定して高得点をとることができるようになったら、あとは単語をみかえす、長文を読むなどのメンテナンスをしていけば本番までその状態は維持できる。英語を早い時期に完成させて、後半で理系科目に集中して取り組むというのも一つの手である。

＜１＞年間スケジュール

時期	内容
～8月	・単語 (年間通して継続的に)・文法・英文解釈 ・長文読解・英作文・英文法・語法問題
9月～10月	・長文読解・英作文・英文法・語法問題 ・二次対策・個別対策 ・共通テストリスニング（継続的に）
11月～12月	・共通テスト対策と二次対策・個別対策
1月～共通テスト	・共通テスト対策
共通テスト後	・二次対策・個別対策

・年間スケジュールを立てる際の注意点

上に示したものはあくまで、一例に過ぎない。個人の勉強の進み具合によって多分に変わる。

例えば、もう文法についてはだいたいわかるという人は、文法の見直しをせずともすぐに英文解釈に入ってしまって構わない。

また、志望大学の出題傾向によっても大きく変わる。英語はほかの科目と比べて、リスニング・長文・英文法・英作文というように、出題形式が何種類もある。各出題形式の配点に応じて、調整していただきたい。特にリスニングなど長期的な練習が必要なものを課す大学であれば、早めに計画的に勉強したい。

共通テストを受ける人はどの範囲も満遍なく学びたいが、特に私大専願の人などは、リスニングがなかったり、英作文がなかったりと、出題形式は大学によって大きく異なる。

効率のためにも、志望大学を決めたら、その大学の出題に合わせた勉強をするべきである（他の出題形式を捨てろというわけではない。大学に入ってからも英語の読む・書く・聴く・話すという能力は必要である。そのためにも余裕があったらほかにも手を伸ばしたい)。英語の勉強を始める前に、解けなくても全く構わないので、志望大学の過去問を1年分目を通すことを強く勧める。どんな出題がされているかを見極めよう。ここでは、貴重な教材である過去問を1年分消費していることを心に留めて、出題形式や出題者が問うている能力が何であるかなど、なるべく多くのことを吸収して欲しい。

＜2＞勉強の手順

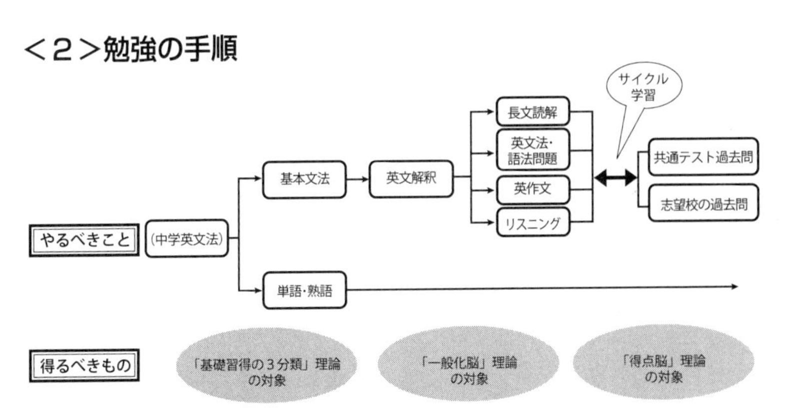

「勉強ターゲットの３類型」理論

＜3＞勉強法

1．基本方針

英語は読めるようになりさえすれば､かなり安定する科目ではあるが、ネイティブの感覚によって正解不正解が判断されるので、満点をとることはほぼ不可能である。どんなに完璧にしたつもりでも、長文を読めば知らない単語、イディオムは次々に出てくる。

完璧を求めて例外をつぶしまくるのではなく、基本をしっかりと頭にいれるべきである。そしてある程度基本ができてくれば、知らないものに出会った時に、うまく推測して対処する感覚も養われてくる。

2．具体的な勉強法

以下に前のスケジュールに沿って勉強法の概略を説明する。これを読んで全体の流れをつかんでほしい。各勉強法についての注意点などは後述してある。

(1) 文法

まず第一に必要となるのが文法の完成である。文法なくしては英文を読むことも書くことも聴くこともできない。ここでいう文法とは、(5)英文法・語法問題とは少し異なる。(5)は実際に入試に出るような少し発展的なものであるが、(1)文法の獲得は、それ以前の基礎の話である。例えば、比較級といえば、比較級 than 比較対象や、最上級 of ～ /in ～や、less 原型 than 比較対象がある、といった本当に初歩的なものである。ここがあやふやだといかに長文対策をしたといっても、点数は上がらない。

具体的な対策方法としては、『総合英語 Evergreen』や教科書などの文法の参考書を読んでインプットし、基本的な英文法の問題集でアウトプットすることで身につく。

英語の基礎となる大事な部分なので、文法に自信がない人は絶対にこのステップを抜かしてはならない。確実に習得できるまで何度もインプットとアウトプットを繰り返そう。基本的な文法は押さえられているという人は、このステップを抜かしてもよい。1～2ヵ月程度でインプット・アウトプットを終えられるとよい。

英文法の参考書については、一冊詳しいもの（『総合英語 Evergreen』など）を用意しておき、長文を読んでいたりして少しでも不安に感じたら、必ず調べるようにする。

(2) 単語

文法だけでは英語を読むことはできない。語彙力とあわせてようやく英文をしっかり読める。具体的な英単語の覚え方は、勉強法の注意点に書いてあるので、そこを参照してほしい。

単語学習で大事なのは、浮気をしないことである。単語帳を一冊選んだら、他の単語帳に手を伸ばすことなく、その一冊に集中しよう。

英単語帳に英熟語が掲載されているものを使っているなら英熟語帳をわざわざ購入しないでも英単語帳で十分事足りる。単語帳にコロケーションが載っているものがほとんどである（単語帳で英熟語を扱っていない場合は熟語帳を用意してもよい）。それを使えるようになればたいていの大学で事足りる。逆に、コロケーションを軽視して覚えていないと、いずれまた覚えなければいけなくなり二度手間なので、動詞であれば活用・発音（リスニングで役に立つ）、さらに派生した形容詞・名詞などをセットにして覚えてしまうのが良い。単語･前置詞･副詞のイメージさえつかめれば､熟語の意味を予測して十分長文は読むことができる。例えば､rule out という熟語は､rule…「線引きする」out…「外に」といったイメージをもっていれば、「外に追い出す＝除外する」という意味だと推測できる。もちろん、知らないとわからない熟語もあるが、重要なものであれば単語帳に載っている。あとは長文問題などで出会うたびに吸収していけばよい。

対策時期は特に限りはない。英語を学習し始めてから、本番直前までずっと学んでいく。計画的に何度も触れられるよう工夫すると良い。例えば高校１年生では1§／週で１年間かけて１周し､高校２年生では2§／週で一年間で2周し､高校３年生では5§／週で出来るだけたくさん回す、など計画を立てておくことが重要である。

⑶ 英文解釈

英文解釈とは、短い英文を正確に自然な日本語に訳す作業のことをいう。

この段階を行わない人がとても多い。文法→長文と進んでしまうのである。これでは長文を読むことはできない。長文は一文の連続なので、その一文が正確に訳せないと、長文を読めるはずもない。

自然な日本語に訳すことも重要だが、それ以上に重要なのは構造を把握することである。構造とはどこが主語で、どこが副詞で、どこが目的語なのか、といった英文の構成のことを指す。これをおさえないと正確に訳すことはできない。また和訳問題で訳す際には、構文を取り間違えていたらほとんど点数がなくなると考えて良い。構文がいかに重要かを知っておいて欲しい。慣れたら頭の中で処理することができるが、慣れるまでは英文にSVOCを書き込んだり、副詞節を（　）で囲うなどして、目で見える形で構造を分析しよう。さらに、文の構造を把握できたら、解答で「構造を理解して書いている」ということがわかるような答案にしよう。よっぽど日本語が不自然にならない限り、解答でも元の文構造を保存して書く、などである。時間がかかるかもしれないが、今後の英語の学習の基礎となる部分なので、時間をかけても構わない。

具体的には、『英文解釈の技術』シリーズなどの、英文解釈用の参考書を一冊やりこもう。その中に載っている文章がしっかり訳せるようになったら、英文解釈を卒業して次の学習に進もう。

対策時期としては、文法が完成してから1～2ヵ月をかける。

以上、(1)～(3)はどの大学を志望するにせよ必ず通らなくてはいけない段階である。

英文解釈が終わったら志望する大学に合わせた具体的な問題演習に進んでいく。

(4) 長文読解

おそらくすべての大学で長文読解問題は出題されるし、配点も大きい。長文対策に一番時間をかけるのがコストパフォーマンスの面で賢明である。

一概に長文問題とは言っても、段落整序、英文補充、英文和訳、内容把握など、様々な出題パターンがある。長文読解の勉強として主に学ぶのが、問題の解き方というよりは、長文の読み方である。問題の実践的な解き方については過去問演習を通じて身につけるのが効率的である。

英文解釈で練習した一文一文を正確に読むという作業を、今回は長文全体に行う。はじめのうちはしっかりと一文一文を正確に自然な日本語に書いて全訳してみるとよい。時間はかかるが、長文の段落構成がよくわかる。

慣れたら、日本語に全訳するのをやめて、頭の中で内容を追っていこう。ゆくゆくは英文を英語のまま理解できるようになりたいが、まずは日本語で理解できなくては話にならない。少しずつ英語のまま読めるようになる。例えば、They think that ～をいちいち「彼らは～だと思う。」と日本語に訳さないでも、「They think の内容が～で、」というように英語のまま読める。これができるようになると大幅に時間が短縮できる。これには慣れが非常に重要なので、問題を解かなくてもよいが、なるべく毎日なんらかの形で英文に触れたい。

さらには段落同士の繋がりも意識できると良い。英語は日本語よりも論理構成に重きをおく言語なので、一つの段落には一つのアイデアしかない。筆者のメインメッセージは何なのか、そしてそれに説得力を持たせるためにどのような論理展開をしているのか、といった点を意識しながら読んでみよう。段落ごとに、その段落が文章全体の中でどのような役割を担っているかを抽象化して捉え直してみることもお勧めする。例えば、「A だから B で、故に C（メインメッセージ）」というような論理展開の文章だったら、各段落に「A の理由」、「B の具体例」「C のメインメッセージ」などと名称をつけてやるなどである。文章を理解する上で役立つだけでなく、問題を解く上で非常に役に立つ。

具体的な勉強方法は、長文問題集を一冊用意して、それを解こう。これも何冊もやる必要はない。その時間があったら過去問演習に時間を回そう。

(5) 英文法・語法問題

英文法系の知識を問う問題には大きく分けて２種類ある。英文法問題と語法問題である。この２つの違いは、英文法問題が仮定法や過去完了の文法の知識を問うのに対し、語法問題は、「in addition（　　）」の（　　）に入る前置詞を答えよ、というように具体的な単語の使い方を問う問題である。問題集では前半に英文法問題、後半に語法問題が載っているものが多い。

まずは英文法問題を優先して学びたい。英文法問題を解くことで、文法の穴や便利な言い回しを知ることができるからである。これは英作文や長文読解などにもとても役立つ。また、語法問題は限りがない。前置詞や単語のイメージをつかめばある程度は解けるが、慣習で正解が決まるものも多い。それらを完璧にしようと思ってもきりがないので、到底不可能である。まずは英文法問題を完璧にしてから、語法問題に移ろう。語法問題は熟語と似ており、相互的に補うことができる。

具体的な勉強方法は英文法・語法問題集を一冊用意してそれを解く。

対策時期は文法が完成してから受験直前まで、単語と並行して進める。

⑹ 英作文

英作文には和文英訳と自由英作文の２種類がある。和文英訳とは与えられた日本語を英語に訳す問題、自由英作文は与えられたテーマについて自分の考えを英語で書く問題である。

誤解されがちだが、英作文を解くときに、自分で英文を作り出すというのは実は得策ではない。一番良いのは、すでに知っていて自信のある英文をもとに少しアレンジするという方法である。このやり方ならば、文法をミスする可能性はかなり低くなる。もちろん難しい和文英訳では、自分で英文を作らないといけない場合もあるが、たいていの英作文はこのやり方で対処できる。なので、和文英訳・自由英作文のどちらを対策するにしても、英文のストックが大事になる。

『英作文基本300選』などの、例文集の例文を覚えてから、それを実際の問題でアレンジしていく練習を積むのがよいだろう。文法・語法のミスは自分では気付きにくいので、出来れば学校や塾で添削してもらおう。

a)　和文英訳

和文英訳の問題は、与えられた日本語が話し言葉だったりして、そのままでは英語に訳せないことが多い。日本語で文章を読んで、その状況を頭にイメージしてやる。そしてそれ以降は元の日本語には囚われず、頭の中のイメージを英語に落とし込んでやる。こうすることで、一番出題者が重視している言語としての「ニュアンス」を失わずに訳すことができる。実際の過去問を解いてその対策はできる。

b)　自由英作文

自由英作文の問題は、テーマについて書く内容を自分で決めないといけない。この内容が論理的でなかったり、テーマとずれていたりすると減点されてしまうので、この内容決めは慎重に行わないといけない。慎重にとはいうが、メインは英文を書くことなので、時間をかけすぎてはいけない。慎重に時間をかけずに内容を決める必要がある。

このときいかにアイデアをポンポンと出せるかがこの内容決めに大きくかかわる。できれば英語でアイデアを出した方が書きやすい。また、自分がどう思っているかに囚われすぎて、論理展開が書きづらいような立場を取ってしまうのもあまり良くない。出題者が見ているのはおそらく、受験生の思想がどうかというよりも、しっかりと論理展開を正しい英語でできるか、というところである。

自由英作文に関しても、定型となる例文を変更して使っていくのが良い。自分で一から構成するのは時間もかかるし、ミスも多くなる。まずは例文を覚えて、日本語から英語に訳せるようにするのが大切である。

これも過去問演習を通じて養おう。

⑺ リスニング

リスニングがない大学も多いので、志望大学の形式は要確認である。

リスニングは他の問題と多少異なる。他の問題は読み書きの実力を問われているのに対し、リスニングは聴く力を問われているからだ。そのため、対策はしっかり行わなければならない。

勉強方法としては、ひたすら英語を聴くことに尽きる。市販のリスニング問題集の音源やポッドキャストなどをMP3プレイヤーなどに入れて移動時間などの隙間時間に聴こう。その時は、自分がぎりぎり聴き取れるかどうかわからないレベルの音源を用意しよう。

スクリプトがあるものがよい。聴き取れなかったところは何回か聴きなおして、確認しよう。

効果的な練習方法としてシャドーイングがある。シャドーイングとは、音源を聴いてその直後に続けて真似をして発音するという勉強法である。こうすることで、英語の発音や音のつながりを意識することができ、リスニング力があがる。

よく聞く躓きポイントとして、忘れないようにメモを取っていたら次の文章を聞きそびれた、というものである。聞いている最中に大事だ、と思った内容は、特別複雑な数字や固有名詞などでない限り、そんなに忘れないので、メモは程々にして、音源が流れている間はその内容に集中しよう。

また、リスニングは実質的に読解問題と変わらないということを理解しておくと良いだろう。英文の内容を理解しなければいけないという点では両者とも同じで、英文を目で追うか耳で聴き取るかの違いである。ただリスニングの場合、話者のスピードに合わせて文章を理解しなければ置いていかれることとなる。なので、そのスピード相応の理解力がなければいくらリスニングの練習だけをしていても点は伸びない。そういう意味でも、読解の練習で理解力を養うことは大切である。

3．勉強法の注意点

(1) 文法の獲得

先ほども述べた通り、文法がしっかりと理解できていないとそのあとの勉強が役に立たない。

・文法を獲得するとは

文法がしっかりしているとは、その構文の基本的な英文が和訳でき、また基本的な和訳から英語に訳せる状態をいう。例えば、仮定法なら、「私が鳥だったら、あなたのもとへ飛んでいけるだろうに」から“If I were a bird, I could fly to you.”がすんなり出てくるレベルである。

そのレベルに達さないと、アレンジされた英文は読めない。

中学英文法に自信がない人は、まずは中学英文法を学習してから、高校英文法に移ろう。一番の基本は中学英文法である。高校の英文法はそれの応用に過ぎない。

⑵ 単語

・単語の覚え方

単語帳で英単語と日本語訳を交互に見てもなかなか頭に入ってこない。

英単語の成り立ちから考えよう。まずは単語を分解する。そのあとにそれぞれの部分が意味するところを考える。例えば、maintainという単語はmain（手）＋tain（掴んでおく）という意味を持つ部分に分解出来て、この二つが組み合わさって「維持する」という意味が生まれている。

そうすることで頭の中に単語が入ってきやすくなる。また、同じ語源の別単語が出てきたときに、その語源を知っていることで意味が推測しやすくなるという利点もある。

ただ、それがしにくい英単語もある。「via: 〜を通って」などは、分解のしようもないので、このまま覚えるしかない。そういう単語は単語帳を何度も周回して覚えよう。どうしても覚えられない単語があるならば付箋で目印をつけたり、ノートなどにまとめたりして、すぐに見返せるようにしよう。

また、覚えるときは単語ひとつで覚えるのではなく、前置詞やフレーズごと覚えよう。英作文でも長文でも、前置詞を覚えていないと答えられない問題が多い。そのためにもフレーズごと覚えてしまおう。フレーズを覚えることで熟語と語法問題が解けるようになる。

また、類義語や派生語などもまとめて覚えたい。連想ゲームのようにリンクさせて覚えることで、その単語が覚えやすくなる。

また、見落としがちだが、覚える際には品詞には注目しないといけない。英語においては品詞が非常に大切である。特に英作文をする際には品詞がわかっていないとできないので、注意が必要である。

・医学単語について

医学単語は基本的に必要ない。なくても読める英文を大学は出題する。東邦大学等は病気についての英文を出すので、確かに知っていたほうが読みやすい。だが、英文中から推測することはできる。わざわざ覚える必要はないが、余力があれば有名な病気（結核やペストなど）の英単語は過去問を解く前に一度目を通しておくとよいだろう。

・一冊に絞ろう

慶應大学などは単語レベルが高いので、何冊も単語帳をこなすべきだという意見もある。しかし我々はそれは必要ないと結論付けた。一冊十分なレベルの単語帳をこなせば十分である。他の単語帳を何冊もこなしたところで、そこで得られる新しい単語はあまりない。ほとんどがかぶっている。どんな単語帳をこなしたところで、英文中に知らない単語は出てくる。重要なのは、それを周りの文脈・語形から推測できることである。

この力は、普段から単語を分解し、成り立ちを考えることで身につく。また、文脈から推測する力は長文を読んでいくときに意識することでつく。

⑶ 英文解釈

先ほども述べた通り、英分解釈の問題を解くときは、SVOC などの文法的意味を書き込みながら解こう。読むときのポイント（挿入節は飛ばして読んでしまう）などを学ぼう。

・自然な日本語に

自然な日本語に訳す練習も行おう。いわゆる意訳である。意訳しすぎて意味が変わってしまったら、減点対象なので、意味が変わらない程度に自然な日本語に直そう。目安としては、単語レベルの意訳であればOK、文の構造を変えてしまうのはNGといったところだろうか。まずは自分で解答を作ってみて、模範解答と比べよう。自分で作った日本語と解答が違う場合はそれが許される違いなのか、許されない違いなのかを比べて、その理由が英文のどこの解釈の違いによるものなのかまで確認しよう。より自然な和訳にするために、語尾や単語の選び方といった細かい違いにも考えを巡らせてみるといい。

(4) 長文読解

どんな問題形式であれ、文章を正確に速く読むことが必要になる。長文といってもやることは英文解釈の連続である。SVOCを考えながら、正確に読んでいかないといけない。単語を見て適当にその意味をつないで読んだり、いらなさそうな段落を飛ばして読む人がいるが、その読み方は危険である。わからない単語が出てきたら読めなくなるし、意味を取り違えることも多い。英文解釈で学んだことを意識して読もう。また、筆者は理解を促すことを目的として、必要であるからその段落を入れているので、段落を飛ばして読んでしまうと理解が覚束なくなるのは当然のことである。

また、復習するときは英文を音読するようにしよう。音読は英文を速く読めるようになるための効果的な方法である。意味をとりながら、なるべくネイティブっぽい発音になるように、アクセントや音の崩れなどを意識して音読しよう。もちろんリスニングにも役立つ。

また、英作文で使いやすいフレーズが出てきたらノートにストックしておこう。英作文のときに役立つ。

(5) 英文法・語法問題

英文法問題は典型的なパターンがあり、その数も限られているので優先して解けるようにしたい。語法問題は覚えるしかないので、きりがない。頻出問題を先に解けるようになろう。理由を考えても「ネイティブがそういうから」としか言えないものも多い。そういうものは仕方ないので覚えてしまおう。

(6) 英作文

とにかく減点されない英文を書くことが重要なので、見たことのあるフレーズを言い換えるというのが鉄則である。

a)　和文英訳

日本語の文を英語で表現しやすい形にして言い換えるのが大変である。なるべくシンプルに言い換える練習を普段から心がけよう。

b)　自由英作文

英語の試験では独創的で素晴らしいことを書くのではなく、平凡でありふれた内容でも文法的、論理的に間違いがない文章を書くことが求められている。英文の内容を小難しく考えるより、単純明快な論理で正しい文章を書けるようにしよう。そのために役立つのが得意な言い方を作ってしまうことだ。例えば、「It is true that ～, but ～」というような使いやすいフレーズを自分で見つけよう。そのようなパターンをいくつか持っていると、文法ミスが少なく、自然な英文を書きやすくなる。また、見直しのときには漠然と読み返すのではなく、時制なら時制だけに注目して確認、三単元の s ならそれだけに注目して確認、ということを繰り返すことで見直しの精度が格段に上がる。見直しポイントを明確にして臨むことが大切である。

(7) リスニング問題

リスニングの設問では英文さえ聴き取れていれば、設問が難しく感じられると言うことはほとんどない。従って、リスニング対策は聴く力を鍛えることだけが問題になる。何よりも大切なことは、毎日英文を聴いて耳を慣らすことだ。その際、簡単すぎず難しすぎず、集中すれば何とか理解できるレベルの英文を聴くようにしよう。その音声が集中していなくても聴き取れるようになったら、もう少し難しい英文へと切り替えていき、徐々にリスニング力を上げて行こう。また、単純なことだが文字を読んで理解できなかったり、理解するスピードが遅かったりする場合は、リスニングでもそこが限界になる。英文解釈や長文読解とも並行して勉強しよう。

リスニングの有名な練習方法を紹介する。まずは、読まれた英文を文字に書き起こしてみる「ディクテーション」がある。英文が全て聴き取れない場合は、この方法を試してみると、どの部分が聴き取れていないかがわかる。また、自分が間違って聴いていた箇所も確かめることができる。他には、読まれた英文を後から追いかけるように声に出す「シャドーイング」も有効である。まずはそのまま文章を聴き、二回目から聴こえた英語を少し遅れて自分も発音していく。聴き取りにくかったり、自分の発音が間に合わない場合は、音楽プレーヤーの再生速度を変更してゆっくりにすると取り組みやすくなる。ここでは、単語が前後に連なるときに発音がどのように変化するか､文章単位でのアクセント（強弱）のつけ方がどうなっているかに注意して真似しよう。

また、おそらく共通テストでは問題ないと思うが、二次試験でリスニングを課していてスピーカーによる一斉放送で行う大学は注意が必要である。必ずしも明瞭な音声が聞こえてくるとは限らないため、普段から少し雑音のあるところで行ったり、スピーカーから離れて聴くなど負荷をかけておくことをお勧めする。

4．共通テスト対策

医学部なので、共通テストの点数は確かに重要だが、共通テストの問題は良問揃いであり､文法がしっかりしていて､二次対策をしっかり行って長文が読めるようになれば、高得点が取れる。ただし共通テストに移行してからは語数がセンター試験よりも圧倒的に増えているため、時間配分には気をつけたいところである。

点数は2021年本試験のものを記してある。

第1問　　A　SNS上での会話文　(2問×2点) 140語
　　　　　B　ウェブサイト　(3問×2点) 230語

第2問　　A　結果表＋コメント　(5問×2点) 200語
　　　　　B　議論　(5問×2点) 260語

第3問　　A　ウェブサイトQ&A (2問×3点) 250語
　　　　　B　ボランティア募集記事 (3問×3点) 300語

第4問　　メールのやりとり (2問×2点,3問×4点) 490語

第5問　　物語＋スライド (5問×3点) 690語

第6問　　A　記事 (4問×3点) 650語
　　　　　B　論説 (4問×3点) 550語

計3760語

ちなみにセンター試験の本文語数が

4A　(表・グラフ)：600語

B　(広告)：400語弱

5　(物語)：850語弱

6　(論説)：850語弱

である。計2700語程度になる。

これらは時間的には少し厳しいかもしれないが、内容的には二次対策をしていれば自然と取れるはずである。チラシ・イラスト読み取りはあまり慣れていないかもしれないが、長文がチラシに載っているだけなので、慣れれば気にせず解ける。

※共通テスト英語対策については『受験の叡智【受験戦略・勉強法の体系書】』に詳述してあるので併せてご覧いただきたい。

＜4＞英語の実力が伸び悩む原因！

英語の点数が伸びないと悩んでいる人によく見られるのが、自分の実力にあった演習をできていないケースである。大学によって出題形式が大きく違う科目であるが故に、早く過去問に取り掛かりたくなる気持ちもわかるが、やはりどの大学でも基礎ができていないと解けない。まずは腰を据えて基礎の演習を固めることが必要である。

その上で、以下に英語の点数が伸び悩む原因として考えられるものを列挙した。自分に当てはまるものがないか確かめて欲しい。

・本質的な分析ができていない

問題が解けない時に、語彙レベルが足りなかった、という理由を挙げる人が多いが、それは思考停止である。どれだけ単語を覚えていても、本番で全ての単語を知っているということはまずあり得ない。知らない単語が出てきた時に、どう周りから推測するか、という練習を兼ねての演習である。単語を知らなくても、文章全体の構造が理解できていれば解けることも多いのだ。出題者はそういった、文章の論理構造の把握能力も問うていることをお忘れなきよう。そもそも入試で、その知識を知っているか知っていないかという一元的な判断基準で振り分ける問題はそう多くはない。頭を使って乗り切れることも多数ある。「単語を知らなかった」と言い訳をして、自分が養うべき本質的な要素を見落としていないか確認してみよう。

・単語や文法などの基本的な知識が足りていない

上記のように、問題演習において語彙レベルが足りなかった、ということは言い訳にならないと言ったが、だからと言って単語をはじめとする基本事項を疎かにしていいわけではもちろんない。覚えられない、という生徒に多くみられるのは、インプットに終始しているケースだ。もちろん単語帳に目を通すのは必要だが、人の記憶が一番定着するのはアウトプットをしているときだ。すなわち単語テストで書いたり、日本語を見て英語を即座に引き出したりするときである。漫然と単語帳や文法書を眺めているだけでは定着効率はよくない。是非とも問題を解くなどアウトプットを意識してみよう。

・普段から負荷をかけた練習をしていない

模試や入試本番などは自分が思っているよりも緊張などのストレスがかかっている。こういうときにはリラックスしているときよりも処理スピードが遅くなったり認知機能が落ちる傾向があるため、それを予測して準備しておかなければならない。具体的には普段の演習では制限時間の８割の時間内で解いてみる、リスニングは小さめの音で雑音のある場所で聞いてみる、などである。

・英作文や和訳などの演習の活用が不十分・不適切である

自分で演習をしていて困るのが、画一的な解答が存在しない問題である。英作文や和訳、要約の問題などは、模範解答として掲載されているものと全く同じ解答を書くことは不可能であるし、他の書き方でも正解になりうる。こういったときに果たして自分の解答は合格答案なのか判断しあぐねることも多かろう。こういうときは、先生などに添削をお願いするのが一番手っ取り早い。だが、添削を頼める人がいない場合などは、模範解答を参考にしつつ、得点ポイントや採点ポイント、自分の答案の減点ポイントなどを常に分析し自分の答案を評価してみて欲しい。

この点については、自由英作文、英作文、和訳、要約それぞれに確固としたチェックポイントが複数あるのだがここでは大部になってしまうので割愛させていただく。常に自分でチェックポイントを集積する意識をもって取り組んでほしい。

＜５＞高１・高２生にむけて

１．高１生の勉強法

高１のうちに文法を完成させられるとよい。授業を活用しよう。この時期に文法を完成させられたら、問題演習に時間をかけることができ、英語が得点源になることが期待できる。単語の勉強も計画に含めはじめていきたい。

2．高2生の勉強法

高2になったら、英文解釈をはじめて、短い文章を正確に読めるようになりたい。高2の後半までには英文解釈を終わらせて、短めの長文問題に手をつけられるようになるとなおよい。

＜6＞よくある悩みとその対処法

Q　英文を読むのが遅い。

A　音読をするとスピードが上がることが多い。毎日5分でもいいので、英文を音読する習慣をつけよう。また、一度で理解できず何度も同じ文章を読んでしまっている場合もあるので、普段から意識して一度で理解しようと負荷をかけて練習するのも良いであろう。

英文解釈の実力が伴っていないことが原因のときもあるので、自分が読むときにSVOCを意識しながら読めているかも確認しよう。

Q　長文を読んでいたら、途中で頭が混乱してしまう。

A　1段落ごとに内容の要約や出来事を一言で書いておこう。そうすると、見返したときにどこに何が書いてあったかわかりやすくなる。

また、本文の流れを意識しながら読むと、展開が予測しやすく、読みやすくなる。例えば、論説文で、一般論が書かれたら、次は筆者の主張や新発見が書かれる、というように決まった流れは存在する。今、大まかに何が話されているかを意識しながら読み、次を予測しながら読もう。

Q　単語を覚えたつもりでもいざ長文に出てくると思い出せない。

A　単語を覚えるときに単語一つだけで覚えていないか確認しよう。前置詞やフレーズごと覚えることで、より実際の英文に近い状態で覚えられる。また、普段単語帳を眺めるインプットだけで終わっていないだろうか。単語テストなどを活用してアウトプットも意識的に取り入れていこう。

＜７＞おすすめの問題集・参考書

現役生も浪人生も学校で使用していた教材があるなら以下に掲載するもの以外でもよほど問題があるもの以外であれば、そちらを使用することで問題ない。以下はあくまで参考である。

１．文法

『総合英語 Evergreen』&『文法の基礎力を身につけるトレーニング』（いいずな書店）：問題数も多く解説も詳しい。『文法の基礎力を身につけるトレーニング』でアウトプットしつつ、わからない部分は『総合英語 Evergreen』で確認することで読解に必要な文法事項はしっかり身につく。

『高校これでわかる英文法』（文英堂）：be 動詞から解説している。文法がきれいさっぱり頭に残っていないという人であればこれから始めたい。ただ問題が少なめなので他の問題集で適宜アウトプットを補いたい。

『ブレイクスルー総合英語』（美誠社）：文法事項を網羅しているが、これ一冊で文法を完成させるのは厳しいので、傍用問題集と一緒に使うとよい。

『全レベル問題集英文法１』（旺文社）：基本的な英文法を確認するための問題集。問題数が少なめの文法書の問題演習として解くとよい。

『関正生の英文法ポラリス［1 標準レベル］』（KADOKAWA）：文法を忘れてしまっているという人であればこれをこなすと英文法の基礎が固まる。問題もある程度載っていてなおかつそこまで厚くない。

『中学英語をもう一度ひとつひとつわかりやすく』（学研教育出版）：社会人がもう一度英語を学びなおすための参考書。大学入試用ではないが十分使える。

『徹底例解ロイヤル英文法』（旺文社）：とても詳しい。これを使って文法の勉強をしようとしても細かすぎてやりにくい。辞書として考えておくとよい。

2．単語

『英単語ターゲット 1900』（旺文社）
『DUO3.0』（アイシーピー）
『鉄緑会東大英単語熟語鉄壁』（KADOKAWA）

3．英文解釈

『入門英文解釈の技術 70』（桐原書店）
『基礎英文解釈の技術 100』（桐原書店）
『英文解釈の技術 100』（桐原書店）

英文を読んでいく上でのテクニックが解説されている。SVOC も解説されているので、その確認もできる。

※『入門英文解釈の技術 70』から入るか、『英文解釈の技術 100』まで使うか否かは各自の現状と志望校による。

『基礎英文問題精講』（旺文社）：これをマスターできれば長文読解への橋渡しをスムーズに行える。

４．長文読解

『英語長文レベル別問題集』シリーズ（ナガセ）：自分のレベル別に長文問題が載っている。一冊が薄いのでとっつきやすい。

『やっておきたい英語長文』シリーズ（河合出版）：レベル別に最適な長文が載っているので、自分に合わせた演習を積むことができる。

５．英文法・語法問題

『頻出英文法・語法問題 1000』（桐原書店）：掲載数もちょうどよく、人気がある。発音・アクセントは載っていないので別途用意しないといけない。

『Next Stage』（桐原書店）：「文法」「語法」「イディオム」「会話表現」「単語・語い」「アクセント・発音」が整理され掲載されている。

『スクランブル英文法・語法』（旺文社）：掲載数が多く、厚い。これ一冊で英文法・語法問題に関しては、十分である。

６．英作文

『ドラゴン・イングリッシュ 基本英文 100』（講談社）：一文のシンプルな例文とその解説が 100 個掲載されている。かなりのフレーズがカバーされている。

『英作文基本 300 選』（駿台文庫）：『ドラゴン・イングリッシュ』と同様にシンプルな例文が載っているので、これを覚えて真似できるように練習するとよい。

7．リスニング

『DUO3.0/CD 復習用・基礎用』（アイシーピー）

『鉄緑会東大英語リスニング』（KADOKAWA）：いろいろな国の人が話すリスニング問題が載っている。東大レベルの問題なので、難しめ。

『灘高キムタツの東大英語リスニング』（アルク）：東大形式のリスニング問題がたくさん載っている。スクリプトも載っており、東大以外の人もリスニングをちゃんとやりたい人にはおすすめ。

第２章　数学の勉強法

数学を学ぶにあたって

ほとんどすべての大学で数学は必須教科であり、配点も大きい。数学が重要でないと思う人はいないだろう。

さらに、数学は理科を含めた理数科目の根底となる。理科の問題を解くのにも、数学的な処理は必ず必要となる。化学であれば熱化学方程式の問題を解くのは連立方程式を解くようなものであるし、物理であれば数式処理なしに問題は解けない。生物でも二次方程式程度の数学は出てくる。

このように、数学なしに理科は進めることはできない。数学の基礎が不十分だと、他の科目でも詰まってしまうのである。理数系全般の点数が伸びないという状況に陥っている人は、理科というよりもこの数学的な力が不十分であることが原因である場合も多い。

数学が得意になると受験ではかなり優位に立てる。１科目だけ得意にするのは、点数が安定せず得点戦略的には芳しくないが、どれか１科目を得意にするのであれば数学を得意にするのが賢明といえよう。

＜1＞年間スケジュール

～8、9月
・教科書及び教科書傍用問題集もしくはそれに準拠する同レベルの参考書及び問題集
・標準問題を網羅した問題集

9、10月
・二次対策・個別対策（共通テスト対策）

11月～12月
・共通テスト対策と二次対策・個別対策

1月～共通テスト
・共通テスト対策

共通テスト後
・二次対策・個別対策（＋新規の問題も少し）

＜2＞勉強の手順

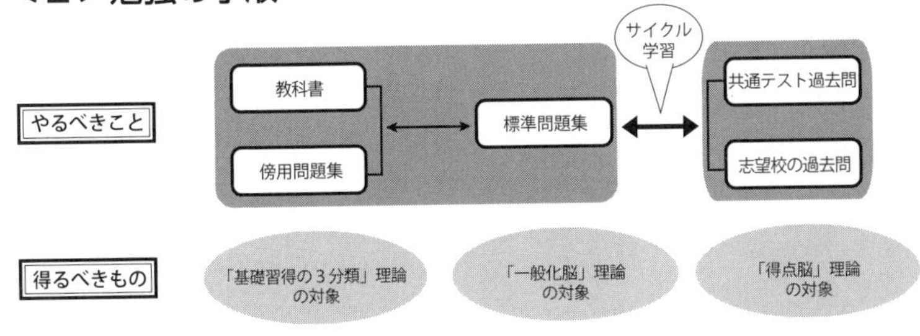

「勉強ターゲットの3類型」理論

＜3＞勉強法

1．基本方針

　数学はインプットし終えた段階とアウトプットできるようになる段階のギャップが大きい科目である。その差は問題演習によって埋めていくことになる。数学の点数はこの演習の量で決まると思う。現浪で差が大きくつきやすいのもそのためであろう。だから、アウトプットの練習量をなるべく多く確保することが第一に重要だと思われる。

ただ、やみくもに問題をこなしたからと言ってその分得点が伸びるわけではない点には注意してほしい。実力の向上は、演習時にその問題からポイント・エッセンスを抽出し理解できたかに大きく依存する。同じ量の問題を解いていても、解説を読んで納得しただけの人と、解説からその解法を選択する根拠をおさえたり基礎問題とのつながりを考えたりした人とでは、学習効率に天と地ほどの差が出ることは明白だろう。常にそこまでできる必要はないが、一つ一つの問題に対し、自分はここから何を学ぶのかという目的意識は持って問題にあたろう。

2．具体的な勉強法

(1) 基礎

まずは教科書レベルの内容をおさえよう。教科書が用意できない、しっくりこないのであれば、教科書レベルの参考書を読むのでもよい。0から自力で勉強するのであれば、授業との併用が前提である教科書よりは市販の参考書のほうがとっつきやすい。この際に注意したいのは、必ずアウトプットを行うということである。教科書の例題だけだと問題数が少なく、網羅性に欠けるので、教科書傍用問題集などの基礎問題集を用いて網羅的な問題演習を行う。教科書傍用問題集は解答が短くあっさりしていることも多いので、市販の問題集のほうがその点では親切であろう。

ⅠＡ→ⅡＢ→Ⅲと進んでいけばよいが、数学は範囲が広いので、数ⅡＢを学習していると、数ⅠＡの範囲を忘れてしまう。少しずつでもよいので、ⅠＡの問題も解いて、メンテナンスをするべきである。この際は後述の計算トレーニング用の問題集を用いてもよい。また、ⅠＡⅡＢが覚束ない状態で無理やりⅢに進むのはあまり効率的ではない。数Ⅲは微積分に代表されるようにⅠＡⅡＢの内容を軸にさらに発展させた内容が多いからである。ＩＡⅡＢが完璧になるまで待つと数Ⅲの時間がほとんどなくなるので、そこまで目指すべきではないが、ＩＡⅡＢの基礎的な問題は解けるようになってから数Ⅲに取り組む方が効率的である。

９月までに数Ⅲまでが一通り終わっていれば理想的である。

(2) 計算力アップ

解法の理解に加えて、実戦的には計算力が非常に重要である。数学において計算は一番の根幹をなしている。計算なしに数学はできない。計算練習は解法の習得に並ぶ数学の学習の柱と捉えるべきだ。しかし、単純に「普段の演習で意識して…」という対策の立て方では達成度管理の面で実力向上は難しいだろう。ここでは計算練習用の時間を設け専用の問題集を解いていくことが推奨される。練習の際には負荷をかけることが重要だろう。時間を計ったり、誤答数を記録したりするのである。記録を取り数値化することで改善しようとするモチベーションが生まれる。これが負荷につながる。一方、普段の演習の中で意識しようとしても数値での評価は難しいだろう（計算だけの時間を計ることは非常に困難だ)。だから専用の時間に専用の問題を解くべきなのである。後ろにおすすめの問題集をいくつか紹介したので適宜参考にしてほしい。

計算練習の問題はシンプルな設定の問題の方がいいだろう（数値は汚くていい)。問題数は多くなくていいので10分程度で最後まで集中して解ける量にすべきである。また、解いた問題は期間をあけて複数回解いてみるといい。そうすると前回との成績の向上がやる気につながる。数値を覚えない程度に繰り返すといいだろう。

計算練習はできる限り毎日行うべきである。計算力は技術力である。例えば理論であれば、理解してしまえばしばらく使わなくても再現できる。しかし技術は使わなければなまるのだ。効率的な能力向上のためには毎日コツコツ続けなければならない。一日 10 分程度でもよいのでやる時間を決める、カレンダーにやったかどうかを書き込むなどすると続けやすいと思う。本番が近づいてきたら朝から頭を働かせるための一環として朝起きて頭がぼんやりした状態でも正確に解く練習として行ってもよいだろう。

計算力は一朝一夕に身につくものではない。しかし解法習得の段階で既に、最低限解説を見た際に式変形を理解できるレベルの計算力は求められる。計算処理の理解に時間を割いていると解法の習得が進まないからだ。そのため、計算力に問題のある人は学習の序盤から計算練習の時間をきちんと確保するべきであろう。

計算練習はなるべく勉強の序盤に行いたい。計算力をアップし、スピードを上げることで、限られた時間で多くの問題をこなすことができるようになる。計算トレーニング用の問題集も多いので、それをこなすとよい。計算力に不自由しなくなったら、終わらせて良い。一周だけでなく、苦手な部分は何周もしたい。計算ミスが多いという人は答えを出してすぐに答え合わせをするのではなく、検算の練習もすべきである。

計算練習は計算スピードが上がる以外にも基礎の定着という面でも効果がある。計算スピードが速い人と遅い人の差は、例えば３桁＋３桁の単純な計算スピードに差があるわけではない。こうした単純な計算スピードはある程度習熟したらそれ以上は速くならないであろう。ある程度数学になれた人の計算スピードはむしろ問題を見たときにいかに素早く解法が思いつくかに左右される。つまり、基礎の定着具合なのである。そのため、計算スピードを上げることは基礎の定着にも役立つのである。

⑶ 標準問題へ

ほとんどの大学では、教科書レベルの問題を完璧にしても本番の問題を解くことはできない。これは実際の入試では、基礎問題がそのまま出ることは少なく、少しひねりが加えられていたり、他の問題と組み合わさっていたりするからである。これを解けるようにするためには、このような実戦的な問題を読みほぐす力が必要である。

基礎が固まったら、標準問題を解いて、定石やテクニックを学んで、この力を養う。この際の問題集は少しレベルアップした問題集をこなす。この時も自分がこの問題から何を学ぶべきなのかという目的意識を持つことが必要である。基本的な操作の習得というわかりやすい目的がある基礎固め以上に自分で意識することが重要になる。

3．勉強法の注意点

(1) 教科書範囲について

注意点は2点ある。

ひとつはよくわからない点に拘泥しすぎないことだ。教科書に載っていることは重要なことなので、粗末にしていいわけではないが、一人で考えてもなかなか理解しにくい事項もある。そのような事項は応用的な話であることが多いので、教科書レベルの理解を進めていく段階で詰まっているのは効率が悪い。そのため先生や講師などよくわかっている人にその都度質問してほしい。

ただし、わからないからと言って自分で勝手に飛ばしてしまうのは避けなければならない。それが重要事項である可能性もある。重要事項を飛ばしてしまうと、その後の理解に影響が出る。疑問は誰かに必ず相談しよう。公式の証明も非常に大切ではあるが、それにこだわるのは効率が悪い。教科書習得の段階では細かい点にはあまりこだわらず、基本となる事項をしっかりとおさえ、公式をしっかりと使えるようにすることが大切である。細かい点や公式の証明等は基本的事項をしっかりとおさえた上でもう一度確認し直せば良い。要するに、一人で悩んで時間を無駄にしてはいけないということである。

もう一つは問題演習を適宜挟むことである。数学に限らないが、手を動かすことで理解しやすくなる。ここの問題は簡単なもので十分だろう。お勧めなのは教科書に載っている問題を解くことであるが、答えが載っていない場合もある。その場合は教科書ガイドを併用したり、教科書傍用問題集を用いたりすると良い。ここでしっかりと基本を体に染み込ませ、計算練習をたくさんし計算速度を速くすることで、今後の学習の進み具合が変わってくる。わからない問題があったら、それは理解不足ということを示すので、放置しないで該当箇所を復習することが肝心である。

インプット↔アウトプットを繰り返そう。

⑵ 問題演習について

特にはじめの段階では、（ある程度評価の高い）問題集を一つ決めて繰り返し解くという戦法が有用である。この方法の長所は実行が容易な点である。確かにじっくり本質を考え、理解しながら進めれば何周もしなくても解法を使えるようになるのかもしれない。だが、これは達成度の評価が難しく勉強計画として誰もが進めていけるものとは言えないだろう（深く考えているつもりでも実際あまり頭が働いていなかったということが起こりやすいということである）。回数で進捗を測る方法だと解いた数で管理できるのでその点明快である。一概には言えないが、同じ問題集を数周するとかなり定着する。とりあえずの目標は、典型問題がある程度網羅的に掲載されている問題集を３周してみることだ。もちろん１周でどれだけ習得できるかは個人差がある。自分に合った回数を基準とすべきである。

典型問題の繰り返しの演習により（応用まではできなくとも）とりあ

えず典型的な操作はできるようになる。そうすればある程度いろいろな設定の問題を解いていくことができるようになるだろう（考えていく道具がある程度揃う）。その段階で、演習で出会った問題やその解説などを題材にして解法の本質などの理解を深めていくのが効率的かつ実行しやすい道のりだと思われる。

典型解法習得の際は、問題集に明記されている学習事項以外に自力でエッセンスを探し回らないほうが時間効率はいい。考える道具がなく演習経験も少ない段階でエッセンスを抜き出そうとするのはとても困難である。まともな問題集にはエッセンスが書いてあるし習得すべき解法の核心部分がそのまま例題になっていることも多い。まずは明示されたエッセンスの理解とそれをもとにした解法の習得を目指そう。このプロセスには少なくとも無駄はない。そのように進めて、明記されたエッセンスが理解できない、あるいはそれを踏まえた解法が再現できないとなったなら、その時に基礎とのつながりを考えたりエッセンスがどこにあるのか考えたりすればいいだろう。何もないところに何かを探し出そうとして時間を浪費するような態度は避けるべきである。

4．その他の注意点

⑴ 検算について

実戦的な演習の際には、問題を解いたら必ず検算をしよう。記述でも答えが合っているのと合っていないのでは得点が全く変わるし、共通テストや一部の私立大学では基本的に答えのみが要求されているので、all or nothing である。そのため検算は非常に重要になる。

そもそもミスをしないように気を付ければいいと考える人もいるだろう。確かに最初からミスしないにこしたことはない。しかし、人間だれしもが思いがけないミスをする。入試本番は緊張して普段のパフォーマンスが出せない人も多いため、なおさらである。ミスを100％防ぐことは不可能なのである。そのため、ミスを防ぐためには「そもそもミスをしない」というよりは「ミスをしたときに気づく＝検算をする」ことのほうが遥かに効果的である。

検算といってもただ漠然と計算を見直すだけではあまり効果的ではない。先入観があり、バイアスがかかっているので、間違っているものもなんとなく正しく思えて見逃してしまうからだ。そのため、検算するときはなるべく解いたときと違う計算で確かめよう。例えば、かけ算の順序を変えて計算する、などである。

また、数列や確率などは $n=1,2,\infty$ のときなどを考えて検算することもできる。面積を求める問題も、グラフからなんとなくの値を考えて、それと比べることで大きくはずれることは防げる。検算して間違っているとわかったときにどこが間違っているのかを探し出す練習も大事である。ミスしていることに気づくこととどこでミスしているかを見つけ出すことの両方が必要なのである。

⑵ 医学部数学の特徴

一般に医科大学の入試は微積分など数式、関数を主体とした問題が多い傾向にある。もちろん志望大学の傾向は個別に把握すべきだが、未定の方は関数、特に数III微積分の範囲を重点的に鍛えておくといいだろう。また、医学部入試の数学においては計算力が重要となることが多い。膨大な計算量を要求されても、めげずにミスなく緻密な計算を行う必要がある。

⑶ 答案について

数学の答案は記述である大学が多い。その場合当然途中の記述も採点対象である。注意しないといけない減点ポイント（分母≠０の確認など）

はたくさんあるので､問題集の端書きもきちんと目を通そう。できれば、答案を添削してもらおう。答え自体はあっているものの考え方に大きく欠陥があるものは、問題によってはほとんど0点にされてしまう。そういったミスは自分では気づけないので、数学ができる人に見てもらう必要がある。

もちろん過不足のない綺麗な答案がベストではあるが、記述が不足するくらいなら書きすぎた方が良い。細かく書きすぎたために減点されることはないのである。そのため、記述が必要かどうか迷ったら書いてしまう方が無難であろう。もちろん時間制限とのバランスを取りながらの話である。

5．共通テスト対策

(1) 共通テスト数学と二次・個別試験数学の問題の性質

まず、基本的に数学を含む理数系共通テスト科目は共通テスト・従来のセンター過去問演習によって点数を上げようとしてもすぐに頭打ちになる。共通テスト・従来のセンター試験の問題はその分野の根本的な理解や自力で解法を引き出す力を**鍛えるのに**向いていないからである。これらを演習する目的は①形式に慣れること、②傾向（共通テスト特有のくせ、出題）を知ること、の二つに限られるだろう。だから直前期から演習を始めれば十分である。概念・解法の根本的な理解を得るためには使えないし、使うべきでないだろう。

共通テストの問題はあらゆる範囲から広く、浅く出題されるので、理解を深めるのには使えないが全体の理解を確認する材料としては使える。忘れている部分や弱点探しにであれば時折普段の勉強に取り入れてもよいであろう。

⑵ 共通テスト独自の問題について

二次では出題されにくいが、共通テストでは出題される問題がある。必要・十分などの論理の問題と、データの分析である。この範囲は二次ではほとんど出題されない（まれにデータの分析を出題する大学もあるので、過去問を通して確認しよう）。また、これらの問題は理解してしまえばあまり重くない。そのため、共通テスト１～２ヵ月前に対策を始めれば十分間に合う。論理の問題は教科書などを読み理解さえしてしまえば後は共通テスト過去問（共通テスト過去問が一定程度蓄積するまでは試行調査問題、センター過去問、共通テスト対策問題集等）で演習すればよい。データの分析は用語などを教科書などでおさえ、共通テスト過去問（共通テスト過去問が一定程度蓄積するまでは試行調査問題、センター過去問、共通テスト対策問題集等）を解くとよい。日常から触れている必要はない。

※共通テスト数学対策については『受験の叡智【受験戦略・勉強法の体系書】』に詳述してあるので併せてご覧いただきたい。

＜４＞数学の実力が伸び悩む原因！

数学の点数が伸び悩む人が口をそろえて言うのが「問題集では解けるし解説を見ればわかるけど、本番の初見の問題が解けない」という言葉である（問題集の問題が解けないのであればそれは単なる問題集演習が十分ではないだけである）。おそらくほとんどの人がそうした経験があるだろう。確かに数学はほかの科目に比べると、初見の問題に出くわしやすい科目ではある。難関大になればその傾向はさらに強まる。ここで勘違いしてほしくないのが、数学が得意な人は初見の問題に対して「ヒラメキ」で対処しているわけではないということだ。定石や解法を十分に持っており、初見の問題に相対したときにそうしたストックを引き出すのに長けているだけである。決して「ヒラメキ」で０から作り出しているわけではないのだ。普段の勉強でストックを蓄積する＋本番でそのストックを引き出すという頭の使い方ができると数学の得点は飛躍的に上昇するであろう。

以下に数学の点数が伸び悩む原因としてありうるものを列挙した。各自、模試などを振り返ってみて自分の問題点を内省してほしい。

・そもそも解く必要のない問題に引っかかっている

これは特に入試演習をしている人に多いのだが、第3類型の問題をそうだと見抜けずにむやみに時間を浪費してしまっている状態である。入試で出てくるすべての問題に正解する必要はない。合格点を取れれば十分である。自分が解いている問題が解くべき問題なのかどうかを見抜く必要がある。そのためには典型問題をマスターしている必要がある。今まで解いてきた典型問題や自分の持っているストックのどれにも該当しなかったらその問題はおそらく第3類型である。そうだとわかったらその問題を飛ばして他の解くべき問題に時間を割くことができる。しかし、典型問題の習得が不十分な人は「自分が見てきた問題とは違うから第3類型だ」と見抜けないのである。そのため、典型問題の習得は本番戦略においても非常に重要なのである。

・定石が体系化されていない

ここに引っかかっている人は非常に多い。問題集を通して定石や指針を学んではいるが、それがバラバラなままなのである。こういう問題が来たら定石・指針として①～と②～と③～…がありうる、今回はこういう事情があるからこの指針を使うといったように問題の性質に合わせて定石・指針を列挙できるようになるというのが理想である。これが体系化するということである。それぞれの定石・指針の強みや弱点まで考えられるとなおよい。問題集を無目的に解くだけだとこうした体系化はなされない。自分なりにまとめてみたり、先生や数学のできる人に話を聞いたりして頭の使い方を練習しなくてはならない。

これには客観的な正解がないため自分なりの体系化になる。そのため、問題集には書いておらず自分で作り上げるしかない。出来上がったら、問題演習を通じて自由に引き出せるようになれば数学は得意になるであろう。

・「条件反射」が不十分である

これが原因で詰まっている人も時々いる。「条件反射」とは教科書計算問題レベルの問題を見た瞬間に解法・操作を思いつくということを指す。具体的に説明すると、例えば二次関数の平方完成をするときに、条件反射的に特に悩まずにできる人とできはするものの成り立ちや導出から悩みながら時間をかけてやっとできる人では問題の解きやすさには雲泥の差がある。頻繁に行う操作はやはり条件反射的に悩まずにできなければならないことは確かである。もちろん成り立ちや導出は重要である。説明しろといわれたらできる必要がある。ただ、それだけでなく、見た瞬間に思いつくレベルまでその操作に習熟すべきである。あらゆる操作をそこまで高めろと言っているわけではない。人によってその境界は変わる（例えば三角関数の和積公式や積和公式は人によって覚えている人と導出する人に分かれる）。目安としては教科書に載っている計算問題程度に反応できればいいだろう。

・俯瞰的に考えることができない

これは少し高度な話になるが、定石の体系化を意識しているのに本番になると使いこなせず、最初に思いついた解法に固執しているという人が陥りがちな問題である。俯瞰的に考えるとは、自分が今考えているのがどういった解法で、この問題は他にも解法があるはずだと客観的に一歩引いた視点から自分の考えを吟味するということである。前述の人はこの視点が不十分であるために、自分の今の考えでがむしゃらに解こうとしてしまうのである。よほど典型的な問題で自信があるのであればそれでも解けるであろうが、第２類型難問題のような問題はそこまで単純ではないことが多い。問題を見たときに、また、解法で詰まったときに深呼吸して一歩引いた視点に戻るべきである。例えば、自分が今考えている解法が幾何的か代数的か、もし代数的な考えしかしていないのであれば幾何的な気づきはないかといった具合に自分が見落としていた着眼点に気づきやすくなるであろう。

以上に述べた問題点ですべてではないが、当塾の指導の中で多く見受けられるものを記した。自分がどこが原因で解けないのかを観照しよう。

<5>高1・高2生にむけて

1．高1生の勉強法

まずは数学の問題を毎日解く習慣を身につけよう。優先すべきは、既習範囲の苦手ポイントを早い段階で潰しておくことである。苦手を多く抱えた状態で受験学年になるのは精神的にかなり負担になるからだ。また、既習範囲の公式、計算を徹底的に反復練習して、計算力（速さ、正確性）を鍛えておくと後の入試演習が効率よく進められる。

この時点から入試問題レベルで演習を積む必要はない。そうした応用的な問題に挑戦するよりは、基礎的な典型問題を100％確実に素早く解けるようにする方が遥かにいい。強いて言うなら自分が現時点で思い描いている志望校がどういう問題を出すのかを体感する意味で1回くらいは入試問題を解いてみてもいいというくらいだ。

2．高2生の勉強法

高1生の勉強法と基本的に変わらない。高1でⅠ A、高2でⅡ Bという学校が多い。ただ、Ⅱ Bの間にⅠ Aに全く手を付けないでいると、いかに高1でしっかりやったとしても、記憶の大半は失われてしまう。少しずつ、Ⅰ Aの問題を解くことで、忘れてしまうのを防ごう。

<6>おすすめの参考書・問題集

(1) 教科書代わりの参考書

※全くの独学の場合は教科書及び傍用問題集の代わりに以下のものから

入っても良い。

『語りかける高校数学』（ベレ出版）

授業のように先生が語り掛けてくる構成。０から始めるのであればお勧めできる。ただ問題数が少なめではある。ただ簡単な問題を細かい段階に分けて説明してくれているので論理の理解とともに計算力アップも図れる。

『初めから始める数学』シリーズ（マセマ出版社）

上と同じく授業のような構成。０から始める人向け。これも問題数は少なめ。

『沖田の数学をはじめからていねいに』シリーズ（ナガセ）

講義口調なので、実際に授業を受けているような感覚がある。初修の人、すっかり忘れてしまっている人にオススメ。

⑵ 計算力養成問題集

『数学の計算革命』（駿台文庫）

上手い人の計算の仕方を真似させようという発想のもと、入試でよく使う計算に絞って処理の仕方を教えている。特徴的な方針として、紙に書くメモ（途中計算）の量をなるべく減らす練習をさせている。

『合格る計算』（文英堂）

計算力を付けるための問題集。定積分や三角関数の合成といった、基本的な手法の問題が１トピックにつき何題も掲載されている。計算のテクニックも実践的なものが紹介されているので、実際の問題を解くうえで非常に役立つ。練習問題の最後のほうの問題は難易度が高めなので、そこは飛ばしても構わない。

『**鉄緑会 基礎力完成 数学I・A+II・B**』(KADOKAWA)

どの範囲からも満遍なくというよりは、単元ごとに重要な問題がピックアップして掲載されている。難易度は平均的であり、難関校を受験するのであればすらすらと解ける必要がある。冒頭に要点がまとまっているので、そこで確認してから後ろの問題を解くのでもよいだろう。ただし、網羅的な問題集というわけではないのであくまで計算練習として使うべきである。この問題集を主軸に勉強を進めるのはお勧めしない。

(3) 基礎〜標準問題集

※基本的には志望校の数学の問題の難易度に合わせ、以下のうちから一冊をまず完璧にし、その後、志望校の過去問を解いてみて、必要と感じる場合でかつ余力があれば (4) の中の問題集を使ってもよい。ただし、あくまでまずはこの中の一冊を完璧にすることを目指してほしい。

数学の入試問題として「第2類型難問題」が主である大学以外は、このレベルの問題集一冊を完璧にして志望校の過去問演習を行えば十分な得点を獲得できる。

『**黄チャート**』(数研出版)

網羅性はかなり高い。この問題があらかた解けるようになったら、数学の難度が高くない大学であれば、高得点が期待できる。ただ、解法に対する問題数が少ないので、志望校の過去問演習を行い、重要な部分は必要と感じれば他の問題集の問題も活用するとよい。

※志望校の数学の問題の難度や得点戦略によってはこのレベルの問題集で足りることもあるので各自の志望校の問題の難度はチェックできる人にチェックしてもらうことを勧める。

『**Focus Gold**』(啓林館)

基礎〜標準レベルを中心に幅広く出題パターンを網羅していて、掲載問題数が多く難易度の幅も広い問題集である（解答、解説は『１対１』と比べると劣る印象がある）。巻末に入試問題を題材とした発展的研究事項が記述されており、面白くためになるのだが、初修では基礎を網羅するために、解説を隠して例題だけ解けば十分。標準〜の問題は『１対１』など他の参考書を使ってもよい。

『**青チャート**』（数研出版）

標準問題集。問題数がかなり多いが網羅性が高い。計算量もそれなりに多く、難しい問題も含まれている。志望校の数学の問題の難度によっては『黄チャート』や『Focus Gold』で十分な場合があることに注意。

『**１対１対応の演習**』（東京出版）

大学入試における典型問題を集めた網羅型問題集。『Focus Gold』や『青チャート』と異なり教科書レベルの問題はほとんどない。特長としては、扱っている解法自体がかなり洗練されており、またその解法を選択する理由を平易な問題を題材にうまく一般化して解説している。このため掲載している問題数は多くないのだがカバーできる問題範囲は広い。

⑷　＋α問題集

※数学の試験問題が「第２類型難問題」のみで構成される大学を受験する場合以外はほとんど必要がないことに注意していただきたい。

『**標準問題精講**』（旺文社）

過去問と標準問題集の中間くらいの難易度。問題数もちょうどよく、解説が丁寧でわかりやすい（余力があったら、標準問題集が終わってから過去問を始めるまでの期間でやってもよい）。

『**マスター・オブ・整数**』（東京出版）

受験生にとって対策の難しいことで知られる整数問題に絞った問題

集。基本レベルの問題から大学受験レベルを超えた問題まで網羅されているので、この本を一冊やりこむだけで整数問題対策は充分であると言える。本書は全部の問題をこなすには難しすぎるが、どのように進めるべきかが読者のレベルごとに書かれているのでそれを参考にして取捨選択をしながら学習すれば問題ない。東大などの、難しい整数問題が頻繁に出題される大学を目指すのであれば役に立つだろう。

『マスター・オブ・場合の数』（東京出版）

上の問題集と同シリーズの、場合の数バージョン。場合の数や確率は頻出だが、この問題集が解けるようになれば、ほとんどの問題は解けるようになったといってよい。

※『マスター・オブ』シリーズは自身の学習状況と志望校の出題状況をふまえ、必要かつ（時間内に）実行可能と思ったらやるといいだろう。

『新数学演習』（東京出版）

大数B～C（標準～やや難）の難易度をメインに、よく出題される問題を分野ごとにまとめた問題集。難易度が過大評価されがちだが第2類型難問題の最も上位の難問題と言える問題（大数D評価）は5%程度。巧みな解法が多く載っていることが特長の一つである。解説はあっさりしているため『1対1』にあるような解法はきちんと理解している必要があるだろう。

『月刊 大学への数学』（東京出版）

受験数学誌。問題集としては、月ごとに決められたテーマ（確率、Ⅲ積分など）の問題を教科書～やや難まで、レベル別に分けて掲載している。また、より狭い事項（(ex) $|\sin x|$ の積分など）を掘り下げた解説（類題研究など）も（別立てで）掲載されている。分野に絞った対策に有用と言えるだろう。

第３章　理科の勉強法

理科を学ぶにあたって

理科は数学や英語に比べて、基礎問題と実際の入試問題の難易度的な差が比較的小さい科目である。他の科目となんら変わりはないが、基礎の習得が絶対である。他の科目以上に重要だといっても差し支えないであろう。

また、理科は数学に比べると、実生活との関連が見やすいので、興味がわきやすい。実生活での経験と見比べてイメージすると、理解も進み興味も湧くだろう。

科目選択については受験戦略編第２部第４章を参照してほしい。

【化学の勉強法】

<1>年間スケジュール

~9月
- 教科書及び教科書傍用問題集もしくはそれに準拠する同レベルの参考書及び問題集
- 標準問題集

9、10月
- 二次対策・個別対策+知識確認のためのセンター過去問

11月~12月
- 共通テスト対策と二次対策・個別対策

1月~共通テスト
- 共通テスト対策

共通テスト後
- 二次対策・個別対策

<2>勉強の手順

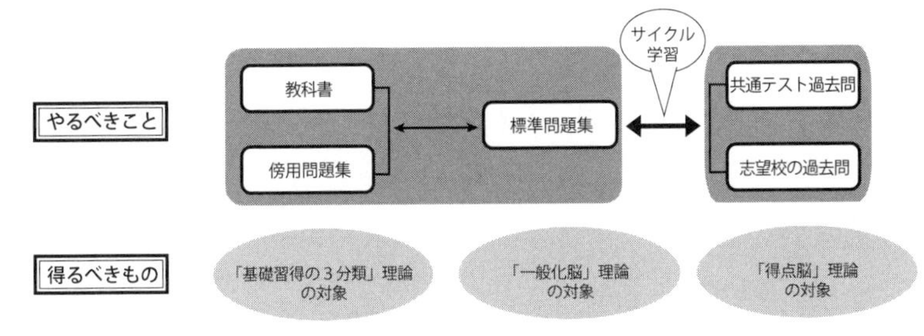

「勉強ターゲットの3類型」理論

＜３＞勉強法

１．基本方針

化学は、高校理科の中でも計算と暗記のバランスが良い教科である。何が「原理から理解すべきこと」で何が「覚えてしまえばいいこと」なのかを見極めながら学習することが大事。他の科目と異なるのは、覚えるべき知識や理解すべきことの多くが教科書や基礎レベルの解説書に掲載されている内容であるという点である。そのため、他の科目に比べて基礎的な内容がどれほどの完成度で頭に入っているかが特に差を分けるポイントになりうる科目である。

２．具体的な勉強法

⑴ 勉強の順番

化学は他の教科と同じく積み上げ式の勉強が必要で、例えばmolがわかっていないのに平衡を理解しようとしても無理である。それゆえ、教科書や授業の順番通りに一つずつ理解していくのが一番効率よく学べる。順番としては無機・有機は理論の知識を使うので理論化学を一番はじめにやるべきである。また、無機化学や有機化学で出てくる反応の機構はほとんどが理論化学で学習した反応のどれかに当てはまるので、そのような視点を常に持っていると反応も覚えやすくなるだろう。例えば、鉄の製法の一つである、$Fe_3O_4 + CO \rightarrow 3FeO + CO_2$という反応は、酸化還元反応である。酸化還元反応であることを知っていれば、半反応式を立てることで、係数などの式の細部を覚えていなくても反応式を立てることができる。化学反応は中和反応、酸化還元反応、それ以外の特例の大きく３つにわけてとらえることができる。中和反応、酸化還元反応は理論の知識も意識すると覚えやすい。それ以外の特例（アンモニアソーダ法の$NaCl + H_2O + NH_3 + CO_2 \rightarrow NaHCO_3 + NH_4Cl$など）は中和、酸化還元のどちらにも当てはめにくいので、反応物質を覚えて、係数決定法で立式しよう。これはほんの一例だが、化学は積み上げ教科であること、理論化学をはじめとして、既に覚えた知識が新しい単元の知識を覚えるのにも役に立つことをわかっていただけたと思う。

(2) まずは基礎

学習の流れとしては、まず『化学 基礎問題精講』や『セミナー化学』などで基礎的な問題を満遍なくさらう。その際、一つでも自分の理解できないことがあればすぐに誰かに教えを請うことが大切である。わかりにくいと思った箇所を放置すると、化学は積み上げていく学問なので、後々必ず響いてくる。

また mol 計算や気体の計算などは同じような問題をいくつも解く反復的な練習をすると体に染み込む。数学など他の理系科目と同じように問題のタイプに応じて解法をパターン化すると良い。数学とは違って化学では見慣れない設定の問題が出題されることはあまりない。一見斬新に見える問題でも、基礎事項の組み合わせによって目新しくなっているものが殆どである。そのため問題の構造を見抜いた上で、解法が瞬時に思いつけばあとは計算をするだけになることが多い。解法を習得することが非常に大切な科目である。

ただし、この問題のときは必ずこう解くべき、といった過度なパターン化は禁物である。計算練習を行う際は、必ず立式の背景となる理論を理解するようにしよう。これが疎かになってしまうと、問題設定を少し変えられただけで途端に解けなくなってしまう、ということになりかねない。

無機分野は短期間で一通り復習するというのを入試までに数回行うと良いだろう（例えば共通テスト模試前など)。無機分野は背景にある基礎理論の部分があまりにも難しすぎて理論的に考えて理解することができないものがほとんどである。どうしても覚えることが膨大な分野である。であるから、無機分野は集中して一度に覚えてしまう方がいい。個別の事項を覚えていくのも大切だが、どんどん知識が抜け落ちていってしまう。覚える量が膨大なときは、体系立てて一度に集中して覚えてしまった方が、知識の抜けが少ない。入試で知識がそのまま問われることが多いのもこの分野の特徴であり、一度覚えてしまえば得点源にできる分野でもある。

有機化学の化合物の種類ごとに特有の反応はすぐ忘れてしまうかもしれないが、構造決定の演習をたくさん積めば自ずと覚える。構造決定は勘に頼らず必ず理詰めで解くこと。化学全般に言えることだが、ただ教科書や参考書とにらめっこしていても知識はなかなか定着しない。演習を通して、知識同士の繋がりを意識しながら自然と覚えていくのが理想的である。

(3) 標準問題へ

次に問題集のレベルを上げて『化学 標準問題精講』や『化学重要問題集』（どちらか）をやってみる。その際、計算問題が多少難しく感じるとは思うが、解説に書かれている式には一つ一つ意味があるので、全体の目的意識や解答の流れを捉えることが重要である。そして、それをヒントがなくても自分で再現できるようにしよう。繰り返すが、演習をする中で法則や概念の理解が怪しいと思ったらすぐ復習すること。

標準問題集と基礎問題集の違いは、ほとんどが解法を複数使わないといけないことによる複雑さか、計算の煩雑さである。使うべき解法が難しくなるわけではなく、組み合わせて使わなければいけないから難しく感じる。そして計算が煩雑になることで見た目が難しく見えてしまう。しかし、実際には複雑なだけで難しくはなっていない。使われている解法や知識は大半がここまでで目にしたことのあるもののはずだ。既知の知識が、どのように組み合わさって複雑に見えているのか考えながら解いていこう。

(4) 計算の重要性

また難関大になればなるほど時間制約が厳しいので、計算問題は必ず手を動かすべきである。化学で扱われる計算自体も少ないパターンの組み合わせであることが多いので、量をこなせば慣れることができ、スピードを上げることが可能。計算スピードと正確さを軽視してきた人は直前期に「解き方はわかるがいつも計算が合わない人」になる。化学において計算は原理の理解、解法の習得と並んで大切な事項である。有効数字の扱いや気体定数の処理方法など、化学特有のポイントも存在するため、数学の計算が得意であっても油断することがないようにしたい。

3．その他注意点

(1) 計算過程の有効数字について

基本的に計算過程では、答えの有効数字＋１桁で計算すればよい。その結果解答と少し値がずれても、本番では正解になる。

(2) 暗記のコツ

無機、有機は暗記事項が大量にある。しかも細かい知識まで出題される。そのため、正確な暗記が必要である。先にも書いた通り、理論の知識も組み合わせることで覚えやすくなる。ただ、沈殿の色などは理論の知識を使えない。そういった知識は一つ一つ暗記しなくてはいけない。暗記の方法は何通りもある。語呂合わせもその一つである。例えば、硫酸イオンと沈殿する金属イオンはBa,Ca,Pbであるが、例えば「硫酸イオンをば（Ba）か（Ca）にするな（Pb:鉛）」といった語呂合わせを作った方が覚えやすい。

語呂合わせはその事項の背景を全く無視した、暗記のための手法なので、イメージが大事な英単語や、現代語との結びつきが強くリンクさせやすい古文単語などを語呂合わせにするのは効率的でないが、こうした沈殿などは背景が難しすぎるため背景を捉えられない。そのため、多少無理にでも語呂合わせで覚えてしまうのも有効である。

また、一問一答などの短答形式の問題集を活用することも有効である。参考書でインプットしただけでは、実際に覚えているかどうか怪しい。短答形式のシンプルな問題でアウトプットすることで、暗記の確認・補完になる。

４．共通テスト対策

二次対策をしていれば自ずと共通テストの化学は取れるようになる。ただ、図や表を用いたやや独特な問題が出題されており、初めて見たときは少し戸惑うかもしれない。形式に慣れるという意味で、共通テスト前の時期に過去問または予備校の出している対策問題集をやっておくと良い。それまでに二次対策をしっかりしていれば、共通テストではそこまで複雑な問題は出ないのだとわかるはず。ただ、それは簡単な問題でのミスが手痛い失点となると言うことでもある。問題数が少なく、一問の配点が大きいこともあり、共通テスト過去問（共通テスト過去問が一定程度蓄積するまでは試行調査問題、センター過去問、共通テスト対策問題集等）演習を通したケアレスミス対策は必須である。

また、共通テストの化学は知識を正確に問うてくるので、他の科目より少し早めに問題を解き始めて、知識の確認を図ってもよい。その演習の中で知識の抜けがポロポロと発覚することになっても、気を引き締め直して知識の復習に取り組めば問題ない。

ここまで対策について書いてきたが、ここでは決して共通テストメインの学習をせよと言っているわけではない。あくまで、二次対策の補完として捉えよう。

※共通テスト化学対策については『受験の叡智【受験戦略・勉強法の体系書】』に詳述してあるので併せてご覧いただきたい。

＜4＞化学の実力が伸び悩む原因！

以下に原因として考えられるものを列挙した。ぜひ自分に当てはまるものがないか確認してみてほしい。

・知識の定着が曖昧である

理由として最初に考えるべきなのはこれである。単純に知識が不足しているのも問題だが、特にmolや酸化還元、化学反応式といった理論化学範囲で扱う基礎的な概念の完全な理解ができているか一度確認してみて欲しい。これらは全分野にわたって理解の基礎となる部分なので、少しでも理解に穴があると全体に悪影響が出てしまう。

・知識の使い方が身に付いていない、知識同士の関係性が曖昧である

「教科書に載っている重要そうな知識はだいたい知っているのに点数が伸びない」と言う人もいるかもしれない。知識は使えるようになって初めて意味を持つものである。実際の入試では（一部の例外をのぞいて）知識を一問一答形式で聞くことはあまりないため、使い方がわかっていないとなかなか点数に結びついてこない。参考書に載っていることはわかるのに点数が取れない人は、問題を解きやすくするテクニックや特定の場面で使われやすい公式についての経験などが身につけられていない、または不十分である場合が多い。こうしたタイプの人は演習を積むのが一番であるが、ただがむしゃらに問題を解くのではなく、標準～やや難レベルの問題について、解法選択の理由や知識がどう使われているかに注目しながら解いていくとより効果的だろう。

・本番形式に慣れていない

普段の学習では問題が解けるのに模試やテストでは点数が取れない、

と言う人はこのタイプの可能性がある。時間制限があり、ミスが許されない状況で最高のパフォーマンスを出すためには、それ相応の練習が必要である。一番は模試や時間や解答形式をそろえて行う過去問演習でできるだけ本番に近い状況に慣れ、問題を解くときのルーティーン（問題を解く順番や、問題文の読み方、ミスの防止方法など）を形成しておくこと、トラブルが起こったときの対応法などをあらかじめ決めておくことである。また、化学の特徴として、長文系の実験問題、考察問題などはなかなか演習が積みにくく、しかも慣れていないと時間が必要以上にかかってしまい、本番や模試などでの失敗につながりやすいという傾向がある。こちらも、本番に近い形式の演習を行う際は特に留意する必要があるだろう。

＜5＞高１・高２生にむけて

1．高１生の勉強法

高１での授業は化学基礎を行う学校が多いだろう。とにかく学校で習ったことをしっかり理解すること。また、配られた問題集をしっかりやりこむこと（やりこむと言っても何周もする必要はなく、答案が再現できればOK）。その際、友達に質問されてもすべての問題に適切に答えられると言い張れるくらい理解するとよい。

学校のペースに合わせた勉強が最も効率が良い。定期試験対策はしっかりとやろう。定期試験の際に基礎事項と基本的な解法をしっかりと押さえておくと、高３になってから本格的に勉強を始めた際に非常に有利である。習った範囲は完璧にして進めていくことが大切である。積み重ねが大切な科目でもあるので、理解していないことがあると途中で躓き、授業についていけなくなる。結合・結晶・溶解・モル・気体などは特に重要なキーワードとなるので、それら関連で理解不十分なものがあればすぐに質問しよう。

意欲と時間のある人は、教科書だけでなく（学校で配布されたものがあれば）資料集を読み込んで化学への興味関心を培ってみるのもいいだろう。受験期にはじっくり読む余裕はないが、視覚的に理解しやすく、覚える際に役に立つ背景知識が載っていることもある。

学校では実験をさせてもらえるが、これは非常に貴重な機会である。入試問題で実験手法を問う問題は数多く出題されている。他人任せにしないで、楽しみながら積極的にかかわっていこう。

2．高2生の勉強法

高2からは自分の選択した理科の科目を本格的に始める。化学の勉強を始める際には理論化学から始めよう。理論化学は無機・有機で出てくる反応や性質の基礎を理解するのに必要である。理論の知識を使えば、無機・有機の暗記量は減らすことができる。進度がかなり遅いなど、特別な事情がない限り、高1と同様に学校の進度に対応した範囲の基礎知識と解法を確実に押さえておくのが良いだろう。

また、高2のうちに覚えた知識は高3になると忘れてしまう。暗記事項を頭に詰め込むよりは、理論をしっかりと理解することを優先しよう。

＜6＞おすすめの参考書・問題集

1．教科書代わりの参考書

・大学受験 Do シリーズ『鎌田の理論化学の講義』『福間の無機化学の講義』『鎌田の有機化学の講義』（旺文社）：授業と並行して読み込んだり自習したりするのに最適。入試問題も数題掲載されているので、最終ゴールを捉えることができ、安心できる。

2．基礎問題集

『化学 基礎問題精講』（旺文社）：最初の問題集として使える。わかりやすい。

『セミナー化学』（第一学習社）：基礎から標準まで載っている。やや文量が多い分、解説が不親切。基礎的な問題だけ解いて知識の確認に使う。

『エクセル化学　総合版』（実教出版）：問題数が多く、網羅性が高い。やや難易度の高い問題も掲載されている。

3．標準問題集

『化学重要問題集』（数研出版）：問題量が多く、解説がまとまっている。問題量が多いが、非常に網羅性が高い。

『化学 標準問題精講』（旺文社）：『化学重要問題集』よりも問題数が少なく、解説が詳しい。

4．＋α問題集

『化学の新演習』（三省堂）：計算量が重要問題集に比べて多い。化学を得意科目にしたい人、演習量が不足していると感じている人向け。基礎問題から難問まで、難易度の幅は広め。

『有機化学演習』（駿台文庫）：古典的な雰囲気を感じる。一通り基本は理解している人向けかもしれない。

『新理系の化学問題 100 選』（駿台文庫）：立式までの考え方を詳しく解説している。発展的な知識の解説も多いが、実戦に有用なものが多い。文章が長い問題が多く、長文型の問題に慣れるのに最適。

5．辞書的参考書

『化学の新研究』（三省堂）：発展的なことまで知りたい場合、だいたい載っている。『化学の新演習』の幾つかの難問を解説している。読破するのは難しいため、辞書的に自分の知りたい部分だけ読むほうが良い。必要な知識を覚えるのに有用な背景知識が殆ど載っているが、まず入試には出題されないようなものもあり、深追いは禁物。

【物理の勉強法】

＜１＞年間スケジュール

時期	内容
～9月	・教科書及び教科書傍用問題集もしくはそれに準拠する同レベルの参考書及び問題集 ・標準問題集
10、11月～12月	・共通テスト対策と二次対策・個別対策 ・教科書通読（共通テストの用語問題対策として）
1月～共通テスト	・共通テスト対策
共通テスト後	・二次対策・個別対策

＜２＞勉強の手順

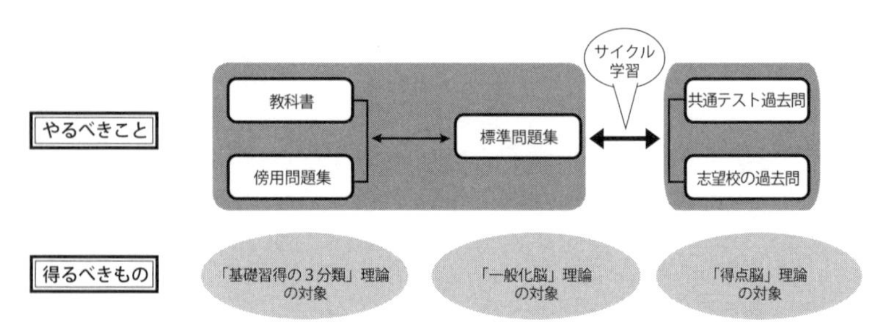

「勉強ターゲットの３類型」理論

<3>勉強法

1．基本方針

まずは、分野ごとに基礎を習得する。そして、基礎を習得し終えた後に標準問題集を解き、解法を習得する。そして、最後に過去問演習を通じて形式に慣れる。この流れは他の科目と全く同じである。

2．具体的な勉強法

(1) 勉強のポイント

物理において一番大切なのは、基本的な公式を深く理解することである。ここは他の科目とは少し違う。物理は、化学や数学と違って必要となる公式が非常に少ない。覚えることは少ないが、その分一つ一つの公式が持つ意味合いが大きい。であるから、公式をただ暗記するのではなく、どのようにその公式を導出するのか、そしてどのような条件のときにその公式が使えるのかをしっかりと理解することが大切である。公式を単に暗記しただけでは、その公式の持つ意味を完全に理解したことにはならない。例えば力学的エネルギー保存則の場合、これは仕事とエネルギーの関係から導き出されるが、その導出過程で保存力以外の力が働いていないという条件がかかる。単に「力学的エネルギー保存則＝保存力しか働いていないときに使えるもの」ということだけ暗記していた場合は、保存力以外が働いているときはどうすればいいのかわからないであろう。しかし、上記のような理解が伴っていれば、仕事とエネルギーの関係を用いれば保存力以外の力が働いているときもうまく対応できるということが直感的にわかるであろう。こうした本質的な物理現象・公式に対する理解が入試問題のような一見難しく見える問題に対処する力の基礎となるのだ。

⑵ まずは基礎

基本方針で述べたように、公式を丸暗記するだけでなく、公式の意味を理解することが大切である。教科書を読みながら、公式の導出を自分で追っていくことが大切である。そして教科書を見ずに公式の導出ができるようになれば完璧である。このように公式の導出ができるようになると、おのずと公式をどのような条件のときに使えるかがわかってくる。

例えば、運動量保存則は運動方程式から導ける。その過程で、外力が０であることを用いる。この過程をしっかりと理解していれば、外力が０の時以外は運動量保存則が成立しないことが自ずとわかる。

そして、この基礎の習得は分野ごとにやっていくべきである。物理は分野ごとに覚えることがまとまっており、分野ごとにかなり独立していると言える。よって、一つの分野はまとめて集中的に習得してしまうのが良い。ただ、力学の分野だけは他の分野に大きく関係してくる。これは力学が物理学の根本にある非常に重要な分野だからである。そのため、まずは力学を習得してから、他の分野を習得するのが良い。

⑶ 標準問題へ

基礎を習得し終えたら、問題集を解き解法を習得する。物理の場合、数学や化学と同じく公式を習得したからといってすぐに問題が解けるようになるわけではない。公式と解法はまた別物だからである。ただ、公式の理解が基となって解法につながるので、公式の理解なしに解法を習得することはできない。何事も基礎が一番大切なのである。

解法を習得する際には、数学と同じように、こういう問題の場合にはこの解法を用いるということを意識しながらやると良い。問題を見たときに即座に解法が思い浮かぶようになれば完璧である。

物理における解法においては、どの公式を立式するかが重要になってくる。よって、公式を理解していなければ始まらない。そして、その立式した式をどのように変形して答えを導くかということも大切である。物理の場合文字の種類が多くなるので、どの文字が未知数で、何が目標かをきちんと見定めて解いていくことが大切である。これも数学と同様である。

3．その他注意点

(1) 論述答案の書き方

物理の試験では、数学と同様に導出を論述させる問題が出題されることも多い。論述問題において、一番大切なのはなるべく簡潔に書くことである。丁寧に書きすぎると問題の解答の流れを見失うこともある。また、あまりスペースが与えられないことも多い。そのため、必要最低限のことのみを書くように心がけるとよい。どれくらいの量が適切か具体的に知りたい場合は、自分が受験する大学の模擬試験の模範解答や赤本や青本の模範解答を参考にすると良いであろう。

物理の問題を解く際に一番大切である、公式を用いた立式の際には、公式＋立式した式、という形で書くとよい。例えば、「力学的エネルギー保存則より、$\frac{1}{2}mv^2=\sim$」といった具合である。立式した式がどの公式を用いて立式したのかを必ず書くというのは気を付けたい。これは自分の頭の中を整理するのにも非常に役立つ。

(2) 微積物理は学習しておくべきか

微積物理とは、微分や積分を駆使して問題を解くという、高校範囲から逸脱した解法である。大学に入学したら授業を受けることになるだろう。公式の導出などをするときは、微分などを用いるが、これは高校範囲のものなので、微積物理の中に入らない。

結論から言うと、微分積分を駆使して問題を解く技術を身につける必要は全くない。数学があまり得意でなく、微分積分を用いることに抵抗がある人は微積物理に敢えて触れる必要はないであろう。しかし一般に物理というものは微積分を用いて記述するものであり、微積分を用いると物理現象や定理・公式に対する本質的な理解をすることができる。微積分を用いた公式の導出というのは難解なものではなく、高校レベルの数学がある程度身についていれば十分に理解できる。微積物理は入試にいらないから全くやらないというのは勿体なくて、理解できる部分は微積に頼りながら物理を勉強する方がより確固たる基礎を身につけることができるであろう。自分が持っている参考書に微積分を用いて解説しているコラムなどがあれば微積物理だからと毛嫌いせずにしっかり読んだほうが良いということだ。ただし、入試問題は高校範囲内の内容で解けるようになっているので、実際に問題を解くときまで微積分を用いる必要は全くないし、逆に微積分を使ってしまうと煩雑になってしまうだろう。公式の理解という基礎を作るときに必要があれば微積分を用い、その理解をもとに高校物理の範囲内で解法を習得するのがコストパフォーマンスの良い勉強になるだろう。

⑶ 式変形について

物理では文字の数が多く、式変形が煩雑になることが多い。先にも述べた通り、どれが未知数（求めたいもの）でどれが定数なのかの、区別をすることが重要である。

コツとしては、定数はまとめて式の一番前に書いてしまうとわかりやすい。m や g などは定数なので、mhg と書くより mgh と書く方が見やすいという具合である。後の計算は数学と大差ない。計算した後は単位をチェックして検算しよう。

また、同じ値を表すのにもいろいろな書き方がある。例えば、コンデンサのもつエネルギーは$\frac{1}{2}CV^2=\frac{1}{2}QV=\frac{Q^2}{2C}$などである。これらをすべて覚える必要はなく、覚えやすいものを一つだけ覚えて、残りはそこから導出できるようになれば十分である。問題を解くときは、どの形を使うかによって解法がかなり変わってくる。なるべく、定数が多くなる形を選んで解こう。

4．共通テスト対策

基本的には二次試験対策で共通テストはカバーできる。これは他の理系科目と同様である。ただ、二次試験ではあまり問われない定性的な問題や、用語問題なども出題されるので、センター過去問や共通テストの過去問を解いて、教科書等で確認することは必要である。

センター試験との大きな違いは、単なる数値計算の問題が減って定性的に現象を判断する問題が増えたことである。日常的な現象に対する考察問題も増え、おそらく経験したことのないようなテーマの問題が毎年出題されることになりそうだ。こういった問題は二次試験ではあまり問われないので慣れないかもしれないが、やはり物理現象・公式に対する本質的な理解が伴っていれば難なく解答できる。共通テストだけを見据えて対策するのではなく、普段から物理を基礎基本から理解することを意識して勉強することが重要だ。

※共通テスト物理対策については『受験の叡智【受験戦略・勉強法の体系書】』に詳述してあるので併せてご覧いただきたい。

＜4＞物理の実力が伸び悩む原因！

物理の点数が伸び悩む人によく見られるのは、頭をあまり働かせずに漫然と問題演習しているケースである。物理という科目は数学と同様に解法を暗記してそれを未知の問題に適用していく科目であるが、数学だと頭を働かせてどう上手く自分の知っている解法を工夫するかを考えられるのに、物理だとそれができていない人が多いのである。物理の問題演習をするときは、どうしてその解法を使うのか、なぜ他の解法だとダメなのかを一問一問深く分析することが重要である。その際に自分が公式に対して持っている基礎的な理解を振り返ることでその解法を選ぶ必然性を見つけ出せるとなお良い。

また素早く問題が解けない人に多いのは、基礎的な理解にあまりにも固執しすぎているケースである。この記事でもとにかく物理は基礎的な理解が大切だと何度も強調してきた。もちろんそうなのだが、普段問題を解く時にいちいちはじめから公式を導出していては時間が足りない。例を言えば、運動量保存則や仕事とエネルギーの関係は運動方程式から導出されるが、その二つの公式を使うたびに一から導出するというような感じである。あるべき姿は公式が適用できる状況や条件を、その公式の理解を基に暗記していることである。つまり、いちいち導出せずともその公式のもつ意味が当たり前にわかっているという状態を作り出すことである。その理解が伴った上で、「運動量保存則より、$mv + MV = \sim$」のように簡潔に答案を書けば良いのである。

＜5＞高１・高２生にむけて

1．高１生の勉強法

高１では学校で物理の授業がないことも多いため、他の理科の科目をきちんとやることも大切である。特に生物は大学に入ってから一番大切になってくる科目なので、受験で使わないからといって、ないがしろにしないほうが良い。

高１の段階で物理の勉強を始めるのであれば、力学から始めると良いだろう。力学は目に見えるのでわかりやすいし、楽しさを見出しやすいだろう。そして、勉強とはあまり関係なく、物理に興味を持つと楽しい。物理は身近な事象から、宇宙に関することまで幅広く応用されるため、自分の興味のある物理に関する本を読んだりすると面白いだろう。物理が面白いという感覚を持ってしまえば、物理の勉強が苦にならなくなる。

2．高２生の勉強法

高２からは自分の選択した理科の科目を本格的に始める。物理の勉強を始める際には力学から始めよう。初めは物理という科目の特性に戸惑うかもしれないが、一度慣れてしまえば、他の分野でも習得方法が応用できるので、力学を頑張って習得することが大切である。

一つの分野が終わったら、標準問題集を解いてみよう。現役で合格するには、理科をいかに早く終わらせるかが大切になってくる。学校の進度が遅くても、一つ一つの分野を仕上げていきながら進めていけば、最終的に間に合わせることができる。分野ごとに独立している物理の科目の特性を十分生かそう。

＜６＞おすすめの参考書・問題集

1．教科書代わりの参考書

『橋元の物理をはじめからていねいに』（ナガセ）

参考書。教科書から受験問題に出そうなところを絞って、詳しく説明している。イラストも多く、わかりやすい。独学で教科書を読み進めるよりは、これを使った方が理解がはかどる。

『物理教室』（河合出版）

教科書よりも少し難しいが、物理の本質的な部分をかなり丁寧にわかりやすく解説してくれている。コラム欄には微分積分を用いた公式の導出も書かれており、この参考書をこなせば物理概念に対する基礎的な理解を培うことができるであろう。後述の『理論物理への道標』や『新・物理入門』ほど難しくなく、高校物理の範囲内で上手く完結してあり非常におすすめである。

２．基礎～標準問題集

『物理のエッセンス』（河合出版）

教科書と並行して進めていくと良い。標準問題集よりかなり基礎よりの問題集である。解説部分はわかりやすいが、公式の導出はほとんど載っておらず、物理を理解するには不向きである。必ず教科書を併用すべきである。問題は基本となる解法を習得するのにちょうど良いレベルである。

『漆原の物理　明快解法講座』（旺文社）

参考書と問題集を合わせたもの。物理基礎と物理の範囲で全100題程度とかなり問題数が絞られていて、必須となる問題だけを効率よく演習できる。また解説もわかりやすいため、独学用としても利用可能。

『良問の風』（河合出版）

『物理のエッセンス』より少し難しめの問題集である。後に紹介する『名問の森』よりは簡単で、中間的な立ち位置の問題集である。『名問の森』レベルの問題を習得しなければいけない人にとっては必要ないが、そこまでのレベルを必要としない人にとっては標準問題集となる。

『物理 基礎問題精講』（旺文社）

『物理 標準問題精講』より基礎的な問題集。解説がわかりやすく、問題数が厳選されている。

『名問の森』（河合出版）

標準問題集である。ここに載っている問題をきちんと習得すれば、受験で出題される問題のほとんどに対応できる。問題を解く際のヒントが書いてあるため、その部分を隠して解いていくのが良い。少し詰まったらヒントを読んでまた考える、といったように段階的に使っていくと良い。ヒントの部分は解法の指針になるので、正解した問題についてもしっかりと読もう。解説はわかりやすいが、たまに不親切である。解答としてわかりにくいものも中にはある。

『物理重要問題集』（数研出版）

標準問題集。『名問の森』とほぼ同レベルだが、問題数が多い。解説はシンプルだがわかりやすい。問題数が多いので、すべての問題をやりきるのは大変である。A 問題と B 問題があるが、B 問題は数が少なく、難しい。A 問題だけやっても良いが、B 問題もレベルは大きく違わないので、どちらもやった方がベターである。

『物理 標準問題精講』（旺文社）

標準問題集。問題数が少ないので、時間がない人向け。ただ、問題の難易度はかなり高く、東大の過去問なども多く載っている。解説は詳しいが、問題のレベルが高いので、自力で理解できないことも多い。誰かに質問できる環境が欲しい。問題によっては解けなくてもよいほどの難易度のものもある。

3．＋α問題集

『難問題の系統とその解き方物理』（ニュートンプレス）

『名問の森』『物理重要問題集』よりも難しい問題が多い。問題数も多く、ほとんどの受験生にとっては必要ない。演習問題には典型的でない、癖のあるものが多い。また、解説も数式の羅列で非常にわかりにくい。余力があり、苦手分野に絞って演習量を確保して、物理を得点源にしたい場合に使うといいだろう。

『新・物理入門』（駿台文庫）

参考書。決して入門ではない。微分積分を使って公式を証明している。教科書に載っているレベルではなく、もっと深く知りたいと思ったら読んでみても良いが、必須ではない。『理論物理への道標』と比べ日本語の解説が多い。あくまでも高校数学の範囲で説明しようと試みている。

『理論物理への道標』（河合出版）

参考書。『新・物理入門』と同じく、公式をより深く理解することができる。問題が載っており、そちらは割と標準的である。

【生物の勉強法】

<1>年間スケジュール

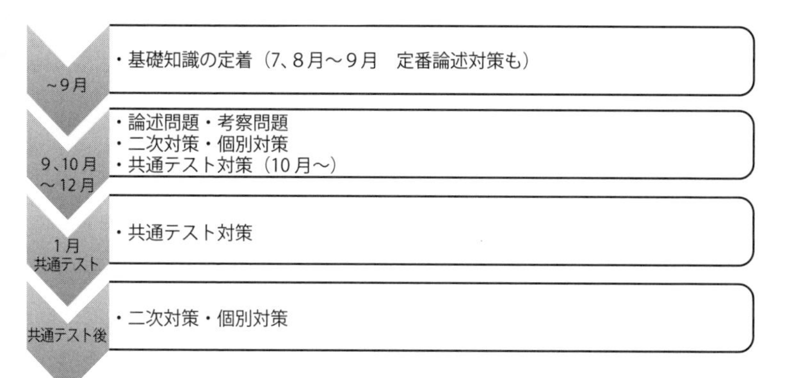

<2>勉強の手順

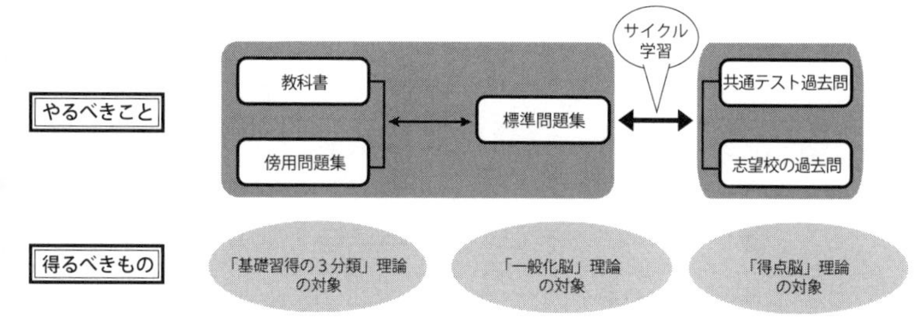

「勉強ターゲットの3類型」理論

＜３＞勉強法

1．基本方針

受験という点から生物の勉強を大別すると、

(1) 基本的知識の定着

(2) 典型論述のマスター

(3) 実験考察問題演習

(4) 二次試験過去問演習

の４つになる。

(1)〜(3) は段階的で、この順番で学習を進めていく。

考察問題に関しては出題される大学とされない大学があるので、自分の志望大学が考察問題を例年出題しているかどうかを確認すること（言うまでもないが、出題されていない場合は対策を重点的に行う必要性はない)。

2．具体的な勉強法

(1) まずは基礎

生物を学ぶ上でも、やはり基礎の習得がまず第一歩である。教科書を読みながら問題集等で知識の確認を行っていくのが最も効率が良い。ただし、教科書ごとに内容に微妙な違いが存在し、入試においてはある教科書にのみ記載してある内容であってもその知識があることを前提とした出題が行われることがある。そのため、より万全を期すつもりであれば各教科書の内容を網羅した参考書を利用すると良い。

【教科書の読み方】

読む目的に合わせてある程度おすすめの読み方を示しておく。

A　単純に個々の内容を理解する

主に学習の一番最初の段階で、また個々の内容確認の際にすることだが、細かいことを考えず、とにかく内容を理解するというスタンスになる。また、教科書を読むというときには、やはり用語の確認だけでなく考え方の部分をしっかり読むことが大事である。前者は別に傍用問題集でもできるが、入試問題などで問われる知識、考察において必要な考え方の部分は主に教科書で説明されている。この部分について（1）の段階で疎かにしていると、用語を何となく知っている程度の学習になってしまい、力がつきにくくなってしまう。

B　各単元の全体像を把握する

ある単元について、段階での理解をした上で、教科書の見出しや小見出しを書き出し、各見出しの内容が要はこれの話というのを単語レベルでも良いから一緒に書き加えると、全体像が得られやすい。共通テスト対策としても、抜けをなくすための手段として有効である。

C　知らないものがないか探す

共通テスト対策時にBと合わせて使うと良い。毎回教科書を片っ端からじっくり読むのは大変なので、知らないものがないか探すという読み方をして時間と労力を減らすといい。

【基本的知識の定着】

使用するもの

・必須：教科書（主にインプット）、
　傍用問題集（『セミナー生物』,『エクセル生物』等）（主にアウトプット）
・推奨：図説・図録

勉強する順番は、現役生や予備校生の方は授業に合わせれば良い。再受験生の方で自学自習で進める場合は、基本的に教科書にある順で進めていくことになる。

受験において一般に生物は物理と比較して高得点が出にくいというデメリットが存在する。これは、科目の特性上主に考察問題などの記述において減点が入りやすいためである。従って、物理選択の高得点者層との差を可能な限り小さくしておくためには、暗記問題を含む基礎的な問題でいかに失点しないかが重要であるため、この段階は特に力を入れてしっかりと押さえておきたい。初めて触れる単元については必ず教科書を最初に読もう。何が言われているのか単純に理解するつもりで、用語などをこの段階でじっくり覚えようとする必要は無い（勿論その用語が何を指すかなどは解釈していきたい）。後に『セミナー生物』などを進める際に何度も用語が出てきたり、答える機会があるのでその時に用語を覚えれば良い。一通り読んで理解できていれば、今度はＢの読み方をして全体像を得る。Ｂの読み方が難しいならば、そのまま『セミナー生物』などの基礎問題集でアウトプットに移れば良い。

傍用問題集を進める際の注意点としては、
・できなかった問題に印をつけておく
・何となく選択肢を選んでできたというのではなく、理詰めで押さえる
・内容的にわからない所を残さない
といったことが挙げられる。問題集を解きながら図説も確認するとより良い。

基本的には、この教科書→傍用問題集という学習を各単元について繰り返していくことになる。一週間でこの単元を進めるといったように単元の単位で期間を決め、まとめて進めていくことをお勧めする。

⑵ 典型論述のマスター

基礎が身についたら、標準問題を解いて応用力を磨く。

【典型論述のマスター】

使用するもの：典型論述問題集

(1)を終えると次は典型論述を身につける段階となる（(3)の考察問題、過去問演習をする際にこの力は必要となる）。ここで特に意識したいのは、各論述問題において解答すべき要素、論述する際の構文の把握である。また、典型（知識）論述問題が出題されない大学を志望する受験生にとっても、典型論述で扱われるテーマ自体、またこれを理解することによる内容整理の効果は非常に重要であると考えるため、実際に書けるようにする論述の練習自体はせずとも、読み物として一冊こなしてから(3)に進むことを強くおすすめする。

典型論述が何故重要かというと、
・典型論述問題は問題の種類がある程度限られていて、対策しておくと当日見たことのある問題が出る可能性が十分ある
・典型論述で扱うテーマは非常に重要な内容が多く、また論述を通して内容に対する理解がより体系化される
・典型論述に限らず、考察問題での論述力にもつながる
・減点の入りやすい論述問題の中では、高得点を狙える
といった利点があるからである。

(1)の勉強はあくまで基本的知識を身につけるところにあり、各内容を理解することだけで、ひとまとまりの情報について自分で文を組み立て説明することはしていないが、入試ではこれが求められる。

また、典型論述問題は問題の種類がある程度限られており、対策しておくと当日見たことのある問題が出題される可能性が十分にある。さらに、その問題の種類も限られているだけあって採点基準も割と共通で明確であるため、しっかりと「採点基準」を知ることで本番の減点を最小

限に抑えることができる。そして、このことから典型論述問題の解答を答えるべき要素を知らない状態で0から自分で作るのは効率が悪いと言えるだろう。よって、解説の豊富な典型論述用の問題集を用い、各問いに対して答えるべき〝要素〟とその〝構文〟を把握していくのが良い。構文と書いたが、これも一つ大事なポイントである。書くべき要素がわかったうえで、それをどのように書くかということも模範解答から学ぶと、より楽に簡潔な記述が可能になる。勿論、一字一句暗記しないといけないわけではないが､構文も意識していけるとなおよいということだ。

⑶ 実験考察問題演習

使用するもの：標準演習用問題集（『生物 基礎問題精講』→過去問､『生物 標準問題精講』の流れをオススメする）

⑴､⑵を終えると、ついに実験考察問題の演習となる。ここで身につけたいのは、実験データ（実験内容、実験結果（文、表、グラフ等））の適切な解釈の仕方である。問題集を用いて問題を解いていくが、ただ問題を解いて終わりにしてはいけない。必ず解説を確認し、解けた場合は自分の解釈が正しかったかどうか、解けなかった場合は必ず理屈を理解しよう。単に知識が不十分な場合も多いので、そういったものは適宜覚えていこう。

【演習のポイント】

・解けなかった問題があったとき、何故解けなかったかを明確にしたい。単に知識が足りなかった場合や、表やグラフの読み取り方がわからなかった場合など様々あるだろうが、何であってもそれらすべてを潰していくことで確実に力はつく。過去問演習では演習の方も同じぐらい大事だが、この段階では問題を解いた後の学習をより大事にした方が良いだろう。

・実験内容とその結果から、何は言えて何は言えないか、どこまで言えそうなのかという意識を持とう。正確に読み取る力を養うのに重要である。

(4) 二次試験過去問演習

過去問演習においては得点戦略に基づいて点数目標何割ということを念頭に置いて解いていく。また、原則過去問は、分野ごとに解いたりせず1年分1セットで、制限時間を設定して解くべきである。大体一つの問題にどれくらい時間をかけられるのか、時間のかかりそうな問題はどの程度手をつけるのかなどを把握しておくのも、過去問演習では重要である。他の科目にも通ずるところだが、過去問も問題集のように「わからなかったところをしっかり把握し、次に生かす」という姿勢は当然重要である。基礎知識や定型論述もそうだが、特に実験考察が出題される大学では過去問が何よりもいい教材であることが多い。

3．共通テスト対策

共通テスト生物の問題は問題としては知識のみを問うものから、実験考察の問題まである。考察というと、思考力のようなものを連想しがちだが、結局は各単元で出てくる考え方（知識）を理解しているかという所がポイントになってくる。

生物について共通テスト対策として行うことに挙げられるのは、主に
・過去問演習（共通テスト過去問が一定程度蓄積するまでは試行調査問題、センター過去問、共通テスト対策問題集等）
・教科書の精読
がある。

過去問演習は、どのように答えを出すかという流れの確認、共通テストの問題形式、ポイントに慣れることを目的とすると良い。

教科書の精読についてだが、共通テストの問題ではかなり細かい所ま

で聞かれているので知らないことが無いようにすることは不可欠である。そのため、知らないものを探すような読み方で教科書を読み進めることは、共通テスト対策を本格的に始めてから少なくともしっかりと一周以上、さらに直前期以外にも二次試験の過去問を解いた際などにも教科書の該当範囲を読んで確認すると良い。

※共通テスト生物対策については『受験の叡智【受験戦略・勉強法の体系書】』に詳述してあるので併せてご覧いただきたい。

＜４＞生物の実力が伸び悩む原因！

生物選択者としてまず認識しておかなければならないのは、生物の点数というのはその科目の特性上、他科目と比較すると高得点が出にくいという事実である。この点を誤解し、高得点を執拗に狙うような勉強（教科書の範囲を逸脱した細かい知識のインプットなど）をすることは、逆に高得点をとることにつながりにくいばかりか、点数が安定しないことや点数が伸び悩む原因となることがあるので十分に注意すべきである。さて、勉強内容に問題がないにもかかわらず、生物の点数が伸び悩む原因は大きく以下の２パターンに分けられる。

1. 基礎知識が押さえきれていない

特に遺伝の分野や発生の分野など、難しい考察問題がクローズアップされがちな分野で顕著である。生物の考察問題は基礎知識（単語や考え方など）がしっかりと頭に入った状態となって初めて効果的に取り組むことができるのであって、それをしないままでさまざまな問題集で典型問題をさらったところでそれはその問題、解法を本質的に理解したとは言えず、ちょっとした応用問題にも対応できないことが多い。問題集を解いていて苦手に感じる分野では、がむしゃらに問題を解いて演習量を増やす前に一度教科書レベルの暗記から見直す方が効率的であることが多い。

2. 考察問題、記述問題に慣れていない

基礎知識が押さえられているにも関わらず点数が伸びない場合、試験などでの減点箇所は自ずと考察問題に集中するはずである。そのようなケースでは、問題集を利用して典型的な問題を一通り演習することが必要であることが多い。ここで重要なのは問題↔解法の１対１対応の勉強になることを避け、問題や実験のタイプ↔考え方というところまで一般化した理解を試みることである。生物の考察では、全く異なるように見える問題であっても似たような考え方が用いられるケースが少なくない。例えば、その実験操作はどういった状態のものからどういった情報をどういった仕組みで引き出そうとしているのか、など、表面的な部分にとどまらない勉強を継続することで自然と応用力、思考力が養われるはずである。

冒頭で述べた通り生物には物理と比較して高得点が出にくいという明らかなデメリットが存在するが、その一方できちんとした勉強を行えば物理よりも少ない時間、演習量で一定の得点帯で点数が安定する段階まで持っていけるというメリットも存在する。自分に足りない部分を適切に分析し、それを普段の勉強に反映するという作業を入試本番まで継続して行い、自分にとって最適な勉強を効率的に行うことで生物受験のメリットを最大化し、デメリットを最小化することが極めて重要である。

＜５＞高１・高２生に向けて

1. 高１生の勉強法

授業に合わせて出来る限り傍用問題集をしっかりやっておきたい。逆にこれができていれば十分だろう。論述用問題集を購入し、どのような話がされているか一緒に知っておくのもかなり効果的である。

2. 高2生の勉強法

授業で生物を履修しているなら入試を意識したい。まだ傍用問題集を進めていなければ教科書と合わせてこれをすぐに始めるとよい。

<6>おすすめの参考書・問題集

参考書

※各教科書の内容を抜けなく統合した参考書である。基礎知識に関してより万全を期したい場合は以下のいずれかを利用すると良い。

『大森徹の最強講義117講 生物［生物基礎・生物］』（文英堂）
『生物合格77講［完全版］』（ナガセ）

問題集

1. 基礎問題集

『セミナー生物』（第一学習社）

学校でセミナーが配られた場合はこれで大丈夫だと思われる。

『エクセル生物』（実教出版）

生物と生物基礎が統合されているので、『セミナー生物』を持っていない人はこちらがオススメ。図がきれいで解説も丁寧である。

2. 論述問題集

※良いと思った方を使用すると良いだろう。

『大森徹の生物 記述・論述問題の解法』（旺文社）

前半に一般的な構文（こういった論理的な構造はこのように表すと簡潔であるというような）について解説がされているのが良い。後半は標準的な知識論述問題と解説が並んでいる。

『生物 記述・論述問題の完全対策』（駿台文庫）

知識論述部分に関してはこちらの方が優れていると感じられる。

3．標準問題集

『生物 基礎問題精講』（旺文社）

各単元必修問題、実戦問題に分かれており、章末に演習問題という構成となっている。必修、実戦問題は『セミナー生物』の例題のように問題と同じページ、見開きに解答解説がついている。全体的に考察問題は演習問題の一部のみで、残りは知識問題といった印象を受ける。内容的に傍用問題集と重複が多い。解説は豊富で丁寧であり、わかりやすい。

『生物 標準問題精講』（旺文社）

実験考察、計算問題が主であり、レベルは国公立二次、難関大対策に向いている。

解説が非常に詳しく丁寧である。単科医科大などの第３類型を除いた問題の対策（＝生物の対策）はこれで十分だと考えられる。こちらは問題と解説で冊子が分かれている。

第4章　国語の勉強法

国語を学ぶにあたって

国語は理系の人には軽視されがちな科目であるが、一点を争う医学部入試では国語も気を抜くことはできない。共通テストに出題される事はもちろん、東大、京大など最難関大学では二次試験で出題される他、多くの医学部で課されている小論文の対策も兼ねることになる。古文と漢文の文法知識や語彙は比較的短時間で身につけることができるが、読解力や記述力は一朝一夕に伸びるものではない。現代文は特に前提知識が無くても解けるので、受験勉強の早い時期から他の教科の勉強時間を圧迫しない程度にコツコツと勉強して確実に実力を付けていきたい。

参考：国語が二次試験で課される国公立大学：山形大学，東京大学，名古屋大学，京都大学

※帝京大学も国語選択が可能である（よほど国語が得意でない限りオススメはしない）。

＜１＞年間スケジュール

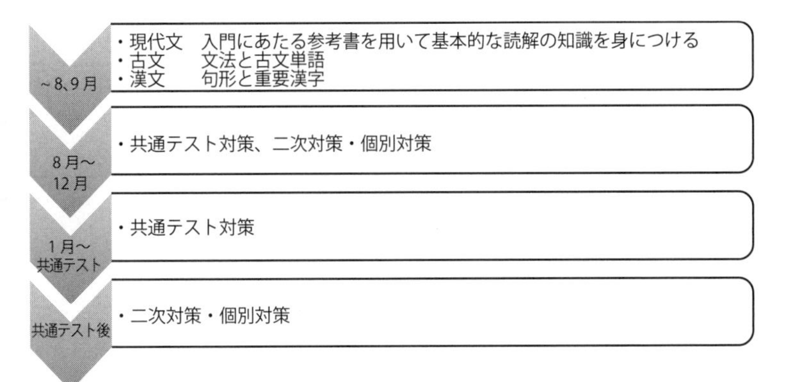

＜２＞勉強の手順

【現代文】

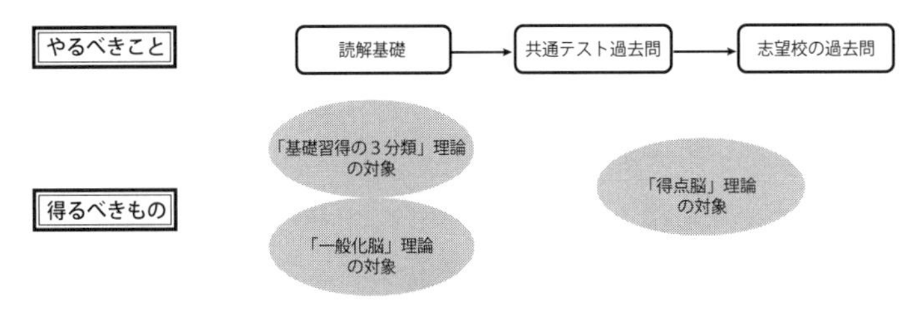

「勉強ターゲットの３類型」理論

まずは現代文の解法や思考法を解説している参考書から始めるといい(『入試現代文へのアクセス 基本編』、『得点奪取現代文 記述・論述対策』など)。後で述べるが、出来るだけ自分の手で記述して学校や塾の先生に添削をしてもらうと良い。現代文に必要な思考プロセスを理解し、自然にできるように慣れていくことが大切である。夏休み前を目標に終わらせたい。

夏休みからは過去問演習に入る。二次で現代文や小論文を使う人は、共通テスト過去問（共通テスト過去問が一定程度蓄積するまでは試行調査問題、センター過去問）＋二次過去問を、そうでない人は、共通テスト過去問（共通テスト過去問が一定程度蓄積するまでは試行調査問題、センター過去問）を解いていく。現代文では一つの問題をじっくりと分析すると得るものが多いため、演習開始時期は早めにとる。初めは時間を気にせず自分が納得いくまで続ける方がよい。入試直前まで演習を続け、徐々に時間内に収める練習を増やしていく。現代文を制限時間内に終わらせるには、文章を読むスピードも大切である。文章を読むスピードを上げるのはとても大変だが、演習を積み重ねる中で徐々に上がっていく。実践演習の際に注意して欲しいのは、参考書を通して学んだ理論が実際にどのように解答に反映されているか、解説をじっくり読みながら解き進めていくことだ。これができていないと、夏休み以前の勉強と以降の勉強の橋渡しができなくなってしまう。

【古文】

・二次試験に古文ありの場合

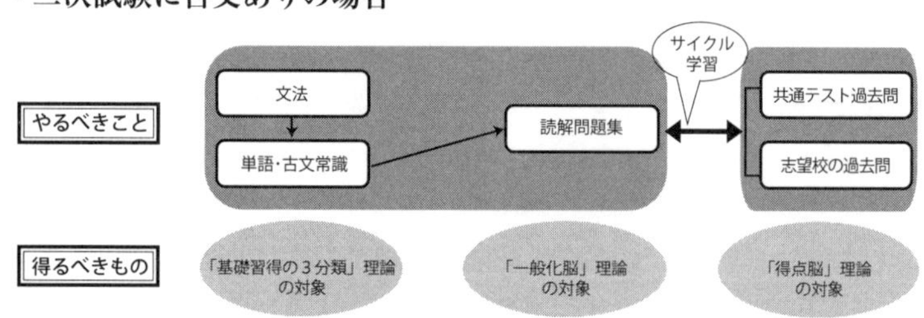

「勉強ターゲットの３類型」理論

・二次試験に古文なしの場合

【漢文】

・二次試験に漢文ありの場合

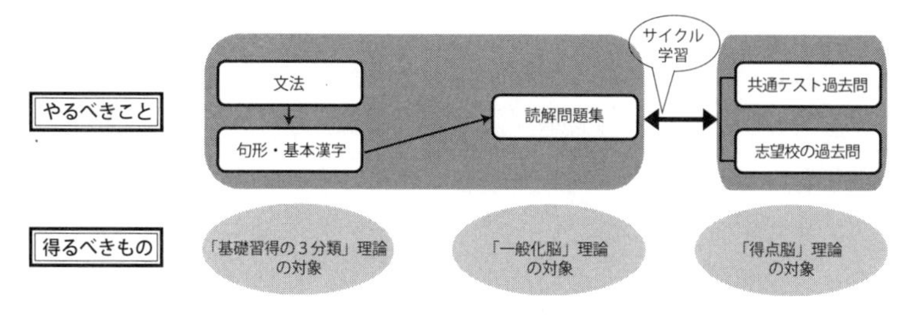

「勉強ターゲットの３類型」理論

・二次試験に漢文なしの場合

古典の勉強は英語と同様に進めることができる。まずは文法と基本的な単語を頭に入れる。ただし、英語とは違って作文は出題されないので読み取りだけできればよい。また、単語数が少ない代わりに一つの単語に対応する意味が多いという点も古文単語の特徴である。古文では古文単語と文法、漢文では句形と重要漢字を教科書や参考書を活用して覚えていく。覚えるべきことは英語ほど多くはないので、できれば夏休みには終わらせたい。夏休みからは読解を参考書を使って進める（『マドンナ古文』『得点奪取』など）。夏休みが終わった頃からは、共通テスト過去問（共通テスト過去問が一定程度蓄積するまでは試行調査問題、センター過去問）演習へと進む。共通テストの文章には二次試験の古文を解く上で必要な知識が多く含まれているため、二次で使う人も共通テスト中心で勉強を進めよう。その場合、10、11 月には共通テストの演習と並行して二次試験の過去問にも少しずつ着手できると良いだろう。

＜３＞勉強法

１．基本方針

国語の勉強では参考書や問題集を解くことに加えて、記述と添削が効果的である。国語は他の教科と比べて、絶対的な解法や正解といった物が存在しない。そのため、自分の解答を見直すときに、その善し悪しを客観的に判断することは難しい。まずは自分のやりやすい方法で記述答案を作り、添削をして貰う際に記述内容とともに問題へのアプローチ方法も相談してアドバイスを貰うことで効率良く実力をつける事が出来る。学習の初期段階では、なるべく同じ人に継続して添削を受けられるような環境を持とう。お互いに課題点を共有できていると、毎回の指導が効率良く進められる。国語を共通テストのみで使用する場合は実際のテストで記述が求められることはないが、現代文に関しては添削を受けられると小論文対策になり、また読解力の向上も見込めるためできるだけ演習に取り入れていくのが良いだろう。

⑴ 現代文

現代文には他の教科と違って公式や典型問題の解法などといったテクニックは存在せず、また正答と誤答を分ける明確な基準も無い。そのため、解答に確固たる根拠を持たずになんとなく解いている人が少なくないが、それでは入試で安定した得点を取ることはできない。入試でどのような問題が出ても対応できるようにするには、自分のフィーリングに頼ることなく、論理的に読解する力を身につけなければならない。国語力は短期間で身につくものでは無く、他の教科の勉強も忙しくなる入試直前には時間をあまり割きたくないので、受験勉強の早い時期から、週一回や二回程度で良いのでコツコツと進めて、秋ごろには完成させておきたい。

具体的には、まず基礎的な参考書を利用して基本的な論理を正しく理解し、本文の構造の中で筆者の主張がどのように補強されているのかを理解する。文章の構造を把握しておくことは読解だけでなく、二次の記述や小論文にも有用である。必ず押さえておくべき重要な論理には、対比と同値表現がある。また、日本語（特に評論文）では本当に強調したいことは後ろに持ってくること、主語が省略されやすいことなど当たり前だが応用が広く利くルールを意識的に使うことも大切である。こうした論理については後で詳しく述べる。

テキストで基本的な事項を押さえた後は共通テスト過去問（共通テスト過去問が一定程度蓄積するまでは試行調査問題、センター過去問）演習へと移る。初めは時間制限を気にせず、自分ができるところまで解き進めよう。共通テストでは文章の論理展開と設問の内容が奇麗に対応していることが多く、二次の現代文にもつながる良い演習となる。時間に余裕がある人は、設問に対して選択肢を見ずに自分の言葉で解答を作ってみるとよい。記述対策になるだけでなく、自分の思考の跡が反映されるので模範解答と照らし合わせて自分に足りなかった点を振り返ることができる。また、解答と解説を読む際、正解の選択肢が正しい理由だけでなく、不正解の選択肢が間違っている理由もチェックしておく必要がある。実際に選択肢を選ぶ際、これが正しいから選ぶ、と考えて決めるだけでなく、選択を補強するための根拠として消去法も合わせて考えることができれば正解の確率が跳ね上がるからである。

さらに、学校や塾の先生に添削をお願いするとより効率的に勉強を進めることができる。客観的な視点から解答を分析し、自分に最適化されたアドバイスをもらえることは参考書や模範解答にはない大きな強みである。特に二次の記述や小論文を使う人には強く勧めたい。

共通テストの対策では記述ができなくとも、本文の構造を読み取って選択肢としっかりと対応していることを認識することが最低限できれば十分である。読解が正しくできるようになったら、時間内に解き終わるように演習をしよう。本文の構造を正しく読み取る力が付いてくると、読み流してもいい所と重要な所を見分けて時間を短縮することができるようになるはずである。ある程度共通テスト対策が完成してきたら二次対策に入る。

二次対策も基本的な流れは変わらない。本文の論理構造および筆者の主張など重要なポイントが設問になるので、それらを字数制限の中で漏れなく対応させていく。ただし、問題文と設問の対応が共通テストよりも複雑になったり、文章の抽象度が上がったりするので当然難易度は上がる。文章から読み取ったことを論理的かつ正確にアウトプットしなければいけないことも二次試験の大きな特徴である。大学によって記述の特徴は大きく異なるので、志望校の過去問は５年以上解き、できれば国語のできる人に数年分を添削してもらうといいだろう。復習や添削指導の時は、自分で納得がいくまで考えるようにするとよい。

二次試験の現代文の特徴として、満点やそれに近い点数が取りづらいというものがある。共通テストの現代文を安定して８割前後得点できるぐらいのレベルに到達し、二次試験の過去問を一通り解き傾向を掴むことができれば、現代文の受験対策はほぼ完成したといっていいだろう。その場合、他の受験生との差がつきにくい現代文に時間をかけるのではなく、高得点を目指しやすく学習が点数に反映されやすい古文、漢文の勉強に力を入れるのが得策である。

⑵ 古文・漢文

古典では知識量がそのまま得点につながる。古文では文法と古文単語を、漢文では句形と重要漢字を学校の傍用問題集や市販の参考書でしっかりと覚える。いきなり共通テスト演習に入ってもいいが、共通テストの文章はやや難しいので、『マドンナ古文』や『得点奪取』などの読解の参考書で読解の練習をすると良い。

特に、古文では恋愛物や時代劇の人情を描いた物語、漢文では臣下が王様を諫めたり教訓を語ったりするなど、特徴的な文の流れがある。また、話の時代背景や文脈を知っていると理解が容易になるので、『マドンナ古文常識217』なども読んでおくとよい。文法と単語、読解の基礎が身についたら、共通テスト過去問（共通テスト過去問が一定程度蓄積するまでは試行調査問題、センター過去問）演習に入る。二次試験と共通テストの難易度がかけ離れているわけではないため焦る必要はないが、できれば10、11月には並行して二次試験の過去問演習を少しずつ始めていけると安心だろう。

2．具体的な勉強法

⑴ 現代文

現代文で必要な力は大まかに分けてA語彙力 B背景知識 C文構成識別力 D判断力 の4つである。これらの概要と力を伸ばすための方法論を以下に述べる。

A 語彙力

現代文は日本語で書かれているため、語彙力は軽視されがちである。しかし、漢字問題の対策はもちろんのこと、本文を正しく理解するためにも頻出の言葉の意味はしっかりと理解しておく必要がある。語彙が豊富な人は特に対策をしなくてもよいが、共通テストを解いていてわからない単語がいくつかある場合は、『現代文キーワード読解』などの参考書で語彙力をつけておこう。

B 背景知識

文章を読む上で背景知識は理解度と密接に関係している。題材となる評論文は基本的に一般の社会人や専門家を読者に想定しているので、本文の中で十分な説明が成されないままに議論が進んでいくことがある。あまりに専門的な知識はリード文や注釈によって説明されるので心配は無用であるが、一般の社会常識レベルのことは知っておかなければならない。その中でも入試頻出のテーマには限りがあるので、必要な物を絞りこんで自分で調べたり過去問演習の解説を読んだりして知識を蓄えていきたい。

C　文構成（論理構成）識別力＝文章理解力

現代文で扱う論理は狭義の論理と修辞法に分けることができる。ここで、狭義の論理とは、数学の証明の様に物事の因果関係や筆写の主張のことを言う。評論では数学と違って論理が厳密では無いので、様々な修辞法を用いて主張に説得力を持たせている。このうち、狭義の論理を理解する力は多くの文章を読んだり数学を勉強したりすることで伸ばすことができるが、そのようなことをしなくても多くの人は解説を読めば理解ができる。

「この部分が本題とどうやって関係するのかわからない」、「要点がどこに書いてあるのか見つけられない、見つけるのに時間がかかる」という人は修辞法への理解が足りない可能性がある。修辞法は文章の根幹を成すと言うよりは、読者を説得するための物である。評論文の想定する読者は批評家や各分野の専門家であるので、受験生にはピンと来ない物も多い。しかし、修辞法の使い道を知ることで自分のフィーリングに合わない文章でも、筆者が何を強調しようとして文を書いているか推し量ることができる。

以下に入試頻出の物を紹介するが、これを読むだけでは身につかないので、それぞれの事項について問題演習を通して確認してほしい。

・対比

二つの物を比べて何が違うかを比較する。理科で言う対照実験と同じ原理で、似ている物同士の違う部分に注目して、片方の性質を強調する。対比では二つの事項を比較するが、必ず主役と脇役が存在することには注意が必要である。比較対象はわかりやすい物を選ぶので、何らかの性質が正反対になっていることが多い。読解では、文章のテーマを強調するために脇役と比較していることがわかっていれば、その脇役について論じている部分は重要度が低く、読み飛ばしても論旨を掴むことができる。また、脇役について述べられている部分は文の先頭に短くまとまっていることが多いが、その記述をひっくり返すことで主役について筆者がこれから論じようとしている内容を予測することも可能である。

・同値

これも二つの事項を比べる方法であるが、対比とは違って共通点が重要になる。さらに細かく分類をすると、比喩や具体抽象（演繹法と帰納法）などがある。帰納法というと数学での厳密な議論を思い浮かべる人も多いと思うが、現代文ではそこまでの厳密性は必要では無い。要は似ている物は似ている性質を持つと考えることで、同値表現自体を理解することは難しくない。読解で問題になるのは、対比と組み合わさった場合である。複数の物事について論じているときに、何と何が対比なのか、同値（特に具体抽象）の関係なのかを整理して読み進めることには慣れが必要である。筆者の主張から主役が何かをまずは確認し、他の脇役が主役とどのような関係にあるかを考えていくと良い。また、抽象度が高い物は筆者の主張に深く関わることが多いので注意しなければならない。

現代文を初めて勉強するときは『入試現代文へのアクセス　基本編』などの参考書を使って、これらの論理について、本文の中でどの様に使われているかをしっかりと理解するまで読み込む。そして一冊をしっかりと仕上げたら、共通テストの過去問へと進む。共通テストの文章は論理展開が素直で、設問にもきれいに対応している物が多い。参考書がしっかり理解できていて、その考え方を応用して問題を見ることができれば現代文の論理展開には一定のパターンが存在することがわかるはずだ。出来れば選択肢を見ないで文構造を反映させた記述答案を作り、次に選択肢との対応を比べるとよい。この記述と見直しを適切にできるようになれば二次の記述対策も同様に進めることができる。

D　判断力

これは「問題文の要旨を素早く把握する力」「設問に解答するために本文から抜き出すべき箇所を正確に把握する力」を指す。つまり、本文から大切な箇所を早く正確に探す力のことである。

この力を伸ばすためには、単純に速読をして文章を理解するスピードを上げたり、Ｃで述べた文構成の知識を応用したりすることが考えられる。速読のコツは、頭の中で文章を音読しないこと、文字を一文字ずつ読むのではなく意味のまとまりとして認識することなどがある。この方法は人によっては習得が難しいことと、慣れないうちは精読する場合よりも理解度が落ちやすいという欠点があるが、文章を早く読む技術は現代文に限らず人生のあらゆる場面で役に立つ。詳しくは他に専門書があるので興味がある人は参照して貰いたい。

同値、対比以外にも重要な文構成の特徴として、修飾語を単語の前に置くことが挙げられる。これは単語レベルだけに限らず、１つの文や段落、文章全体においてもよく見られる構造である。つまり、前置きで様々な理由や経緯を説明し、本当に伝えたいことは一番後ろに持って来る。これは英文の構造と正反対であり、日本語の文章を読解したり書いたりする上で非常に重要な原則である。前出の対比や同値の主役を見抜くことに役立つほか、二次の記述においても文末を先に考えてから、必要最低限の修飾語を付け加えていくと簡潔で論理構造を押さえた答案を作りやすい。

文構成の知識を使う読み方では、本文の重要な点を見抜く事が容易になる。本文の抽象的な部分は大抵重要であるし、様々な事物・概念に触れている文章では対比・同値構造を見抜き、主役の部分と修辞法によって強調されている性質だけを重点的に読めば要旨が分かる。重要で無い箇所は前述の速読をするなり読み流すなりすれば良い。

⑵ 古文・漢文

a) 文法

読解の基礎として文法知識の習得は読解の前にしっかり行っていただきたい。文法知識があいまいなまま読解を数多くこなしても効果はない。助詞・助動詞、敬語等をしっかりと身につけること。実際の文章の中で訳し方を学び、文法・単語を使える知識としておくことが重要である。

敬語の知識は文中における人物関係を把握する上で重要である。古文では頻繁に主語が省略されるため、動作の主体が掴みにくく、それを読み違えると文全体の趣旨を誤解することになる。

また文法上の識別が必要となる問題が出題されやすい。傍線部中の助動詞などの識別を誤ると意味が全く変わってしまうような問題である。こういった問題は文法問題的側面を持つので、「なむ」の識別など、頻出される識別問題は必ずおさえておこう。

b) 古文単語の覚え方のコツ

古文単語と現代語は一対一に対応しない。古典では一つの単語がぼんやりとした幅広い意味をカバーする事が多いので、単純に訳語を覚えるだけでは不十分である。名詞は比較的意味の幅は小さいが、動詞、形容詞、形容動詞などはかなり広い意味を持っている。現代語訳に加えて、その言葉の指し示すイメージを押さえておくといい。特に、良い・悪いの価値観や感情に注目して覚えておくと、長文を読むときにある程度の意味を推測することが可能になる。また、二次試験で記述が要求される場合、単語をイメージで捉えることができていると、単語帳に訳としてそのまま載っている言葉でなくても、ニュアンスを同じくするより自然な言葉を文脈に応じて当てはめ、答案を書くことができるようになる。

c) 漢文の単語

漢文で単語にあたる物は漢字、熟語である。いま日本で使われている漢字と違う使い方をしている物と同じ物がある。日本語と違う意味の言葉で頻出の物は限られてくるので、最低限は理解しておこう。それ以外で見知らない漢字が文中に出てきたら、注釈がついているか、日本語と同じ意味かのどちらかである。

d) 時代背景の理解

古文・漢文ともに、単語と文法ができて文章を直訳できるようになってもそれだけでは十分ではない。古典の文章では省略の技法が用いられるが、これは言わなくても読み手に伝わるということである。しかし、現代の読み手は当時と常識が違うのでその部分を自然に察することはできない。また、時代の流れを知っていないと登場人物の個性や行動の意味を理解できないことも多い。このように読解を正確に行うには当時の常識を知らなくてはいけない。問題演習の中で十分身につけることはできるが、不安な人や理解が足りないと感じた人は『マドンナ古文常識217』などを活用すると良い。

3．共通テスト対策

現代文、古文・漢文の共通テスト対策については今まで述べてきた勉強法の中で解説してきた。

※共通テスト国語対策については『受験の叡智【受験戦略・勉強法の体系書】』に詳述してあるので併せてご覧いただきたい。

＜4＞国語の実力が伸び悩む原因！

以下に国語の点数が伸び悩む原因として考えられるものを列挙した。自分が当てはまっているものがないかどうか確認してみてほしい。

【現代文】

・「国語力」不足

活字に触れてきた経験の差などから、受験生の間でも読解力、現代文の力には個人差が存在する。そしてその差は受験期間という短期間ではなかなか埋められるものではない。現代文がとにかく苦手で点が取れないという人は、思考力を伸ばそうと考えるのではなく、できるだけ参考書に書かれているような理論を習得し、それにのっとって解き進めるように心がけよう。理論に基づいて文章を読み構造を把握することができれば、国語力が不足していても共通テストで高得点を取ることは可能である。

・記述演習の不足

二次試験で現代文が要求される場合、アウトプットの練習は文章の読解練習と同じぐらい重要である。ここができていないと、培ってきた力が点数になかなか結びついてこない。添削してもらい自分の弱点を知るのはもちろんだが、できるだけ過去問に即した演習を行うのが大切である。問題文から何が要求されているのかを読み取り、それを自分の主観を交えず素直に解答に盛り込んでいくことを意識しよう。

【古文・漢文】

・基礎知識の不足

古文漢文の点数が伸び悩む一番の理由は知識不足である。点が取れない場合、まずは知識が定着しているかどうか確認しよう。その際、点につながるように覚えられているかどうかが重要である。例えば、古文単語であれば、単語に複数の意味を対応させられるだけでなく、文章でその単語が使われた際に適切な意味を当てはめることができなければいけない。漢文であれば、句形を覚えているだけではなく、実際に文章で出てきたときにそれが使われていることに気づき、適切な訳出ができなければいけない。覚えたはずなのに点数に結びついていないという人は、もう一度実際の文中でどのように使われるのかを意識しながら確認してみよう。

【共通テスト】

共通テストの国語は時間制限が厳し目である。形式に慣れていないと、一つの問題にこだわってしまったり、文章を読むのに時間がかかってしまったりして時間内に解き終わらず、大量失点につながることがある。詳しくは『受験の叡智【受験戦略・勉強法の体系書】』に書いてあるが、形式はこの先もほぼ変わらないと予想されるので、大問を解く順番や特定のタイプの問題に対する対応策をあらかじめ自分で決めておくと時間の節約になる。過去問をある程度解いていくと、80分をどのように配分していけばいいかの大まかな流れが掴めてくるはずである。それをまずは目標にしよう。

＜５＞高１・高２生にむけて

１．高１生の勉強法

【現代文】読解力をつけるよりは表現力をつけたい。少しフォーマルな文体を身につけておくことは、受験勉強というより社会生活のために必須である。また、時間があるうちに活字に多く触れておくことは非常に有効である。新聞や読書など形式は問わないが、国語力をつけたいのであれば、新聞の社説などの著者の主張が明確に打ち出されやすい文章について、筆者がどういった主張をしているのかや説得力を高めるための論理展開について考えてみると効果的である。

【古典】高１の間では、古典の基本中の基本が学ばれる。ここでつまずくと、高２でも当然置いてきぼりを食らう。読解などの応用を意識するのではなく、基本を完璧にマスターしよう。学校の授業を軸に据え、定期テストをマイルストーンとしてそれまでに学んだ内容を完璧に押さえていくのが良いだろう。

2．高２生の勉強法

この時期に固めるべきはあくまで英数である。国語は余裕があったら手を伸ばしたい。

【現代文】『入試現代文へのアクセス　基本編』などを読み始められるとよい。授業中の題材は教養的な面でも知っておいた方がよい。授業以外に特別な対策は必要ないが、テストや模試を受けた際に自分の解答と模範解答を見比べてどの要素が欠けているのか、またどうしてそれが解答に必要なのか考えてみると良い。

【古典】高３に入ると、授業を読解に切り替える学校も多い。授業の解説がちんぷんかんぷんだと効率が良くないので、高２のうちに文法を固めたい。定期試験を有効活用しよう。定期試験は文法事項について詳しく出題してくれる。定期試験対策は受験勉強の観点でもかなり有効である。侮らないで対策はしっかりとしておきたい。

＜6＞おすすめの参考書・問題集

【現代文】

『入試現代文へのアクセス　基本編』（河合出版）

上で書いた通り、読み方の解説書。これ一冊で必要なテクニックはすべて得られる。

【古文】

『マドンナ古文単語230 パワーアップ版』（学研プラス）

古文単語帳。イメージを解説してくれている。

『ステップアップノート30古典文法基礎ドリル』（河合出版）

ワークブック形式で古文文法を学ぶことができる。インプットとアウトプットが同時にでき、効率が良い。

『マドンナ古文　パワーアップ版』（学研プラス）

読解の方法を初学でもわかりやすく解説している。読解の演習前にこの本をこなしておくと良い。

『マドンナ古文常識 217　パワーアップ版』（学研プラス）

読解の助けとなる時代背景を知っておくためにおすすめの一冊。

【漢文】

『漢文ヤマのヤマ 共通テスト対応版』（学研プラス）

句法解説とそれに関する問題がついている。巻末に共通テスト形式の問題もついているので、力試しできる。

『漢文早覚え速答法 共通テスト対応版』（学研プラス）

句法が 10 種類にまとめられており、その後には共通テスト・二次試験を解く際のコツが載っている。句法が覚えやすくまとまっているので使いやすい。

第５章　小論文の勉強法

小論文を学ぶにあたって

現代文の学習法で述べたことは小論文にも通ずる所が多い。小論文で必要な力は現代文の項で述べたことと殆ど同じであるが、より深い理解と応用が求められる。小論文で求められる事は独自の考えを打ち出すことではなく、凡庸な主張を論理的に書くことである。現代文の演習で見てきた文構成を参考にしながら、説得力のある文章を書けるようにしよう。余裕があれば、文字は読みやすく書くようにしよう。明確な採点基準を持たない小論文では採点者に与える心象も馬鹿にはできない。

<１>具体的な勉強法

A＆B　語彙＆背景知識

医学部の小論文では当然のごとく、医学について聞かれることが多い。また、医学に限らず時事問題が題材になることも多い。入試頻出の医学知識に関しては市販の参考書で簡潔にまとめてある物があるので、一読しておくと良い。また、時事問題対策では日頃からニュースや新聞を見ることが一番である。日本人がノーベル賞を取ったときなど大きなニュース・事件は小論文や面接での話題になりやすいので要チェックである。小論文試験に臨むにあたってはこれらの知識が豊富であれば、自分の意見を瞬時に構成したり､対比や同値の比較対象を選びやすくなる。

また、大学によっては過去の出題から小論文の題材となりやすいテーマの傾向がわかる場合もある。志望校の小論文試験の過去問で明確に出題の多い分野があれば、重点的に対策をしておくべきだろう。

C　文構成

文章全体を組み立てることは複雑な作業であり、読解よりも慣れが重要になってくる。まずは文の組み立て方だが､細かい勉強法は【現代文】の勉強法に準拠して説明する。

初めに、自分の主張（結論）を確定させる。次に結論をサポートする理由を２、３個考える。これが狭義の論理を構成する。理由に説得力を持たせるため、対比や同値の修辞法を用いる。この時、自分の主張に対して適切な比較対象を選ぶことが文章全体の完成度および書きやすさを左右するので、背景知識を駆使して慎重に選ぶ必要がある。

もう一つ注意する点として、理由を論証するためには議論の出発点を定義しなければならない。説得力のある文章とは、読者が疑問を挟む余地が少ない文章の事である。完璧な論理を目指そうとすると、禅問答のように終わりのない質問を続けなければならない。このような議論を防ぐために、「これは無条件に認めてください」という前提条件、言葉の定義を置くことが有効である。

これらの構想が完成したら、後は適切な順に並べ替えて本文を書き始める。初めの段落には導入の文言を入れる。自分の主張を簡潔にまとめたり、これからの議論に必要な前提条件や定義を盛り込んだりすれば良い。その後は「自分の主張」＋「適切な修辞技法」を組み合わせて結論に繋がる理由を論じていく。理由一つにつき、段落は一つか二つ割くことを目安にしよう。最後は文構成の原則通り、結論を理由と絡めて論証していく。文章の骨組みではできる限り客観的な事実を書いた方が良いが、文末の結びには自分の感想や意見を書くときれいに締めくくることができる。

小論文の傾向は大学によって異なる。お題だけ与えられて自分の意見を書く物や、何らかのデータや課題文を分析させるタイプなど。自分の志望校が決まったら早めに形式にあった対策をしよう。志望校が決まらないうちは、出来るだけ自由度が高い設問で演習を積むとよい。また、論理飛躍などのマイナスポイントは自力ではなかなか気付くことが難しい場合が多いため小論文も添削指導を受けることを強くオススメしたい。

＜2＞おすすめの参考書

『何を書けばいいかわからない人のための小論文のオキテ55』（KADOKAWA）

小論文での内容をどう決めるかについて詳しく解説している。これ一冊で、考え方自体は理解できる。また、書き方のルールも解説されている。ただし、医療系のネタが少ないので、それは別途集める必要がある。

『医学・医療概説』（小幡豊 / 河合出版）

幅広くテーマごとに医学に関連する用語の解説がなされている。医学部入試の上で、小論文を含め多くの場面で役立つ知識を網羅できる。

第６章　共通テスト社会の勉強法

共通テスト社会を学ぶにあたって

社会は共通テストでしか使わないという人がほとんどである。対策は他の科目を優先してよい。ただし、当然点数は低くていいはずもなく、共通テスト比重の重い大学では軽視できない。

科目選択については受験戦略編を参照。

【共通テスト地理の勉強法】

＜1＞ 年間スケジュール

・未習、独学の場合

時期	内容
7、8月～11月	・参考書・問題集を用いて必要事項のインプットとアウトプット
11、12月以降	・共通テスト・センター試験の過去問

7～11月　共通テスト対策を目的とした参考書を用いて基礎知識を身につけていく。一冊を決めて、その内容を漏らさず理解することを目標とすると良い。また、適当なタイミングで2～3回過去問を解いてみて、必要な学習量を見極めるのが良い。
11月、12月以降　共通テスト過去問（共通テスト過去問が一定程度蓄積するまでは試行調査問題、センター過去問、共通テスト対策問題集等）を用いて本格的に演習を始めていく。

・学校の授業と並行して学習済み、もしくは前年度受験のために学習していた場合

上記の計画とは大きくは変わらないが、マーク模試前などに過去問を一度解いてみて、自分の実力に応じた必要な学習量に絞って最小限の学習をするのがいいだろう。ただし、過去問演習に関しては手を抜かず行うことをお勧めする。

＜２＞勉強の手順

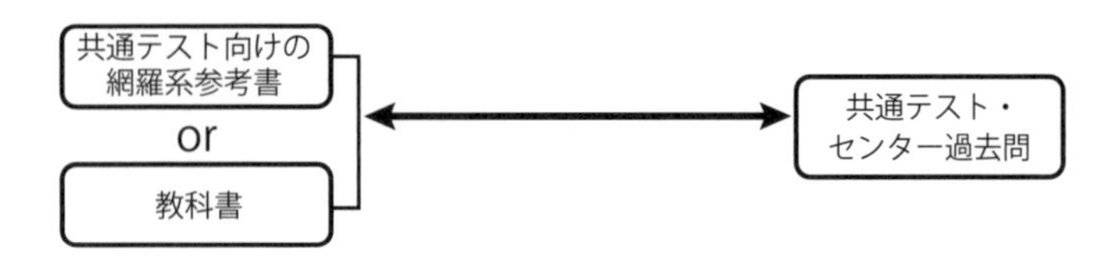

＜３＞勉強法

1．基本方針

2021 年度（2021 年 1 月実施）共通テストの出題は、難易度、形式ともに従来のセンター試験から大きな変更はなかった。今後もこの傾向が続くと予想されるため、以下ではセンター試験の分析に基づいた基本方針を述べる。数少ない例外に関しては、後の項目で解説する。

共通テスト地理は一般に、70 ～ 80 点くらいまでは少ない暗記量で到達できるが 9 割後半～満点を安定してとるのはかなり難しい科目と言われている。実際、公表されている平均点と標準偏差から偏差値を計算してみると、他の社会科目と比べて満点をとった際の偏差値が高くなっていることがわかる。このため、地方国立医学部など共通テストの点数の配分の高い大学を受験される方にはあまりお勧めできない。

実際、高得点を目指すには教科書に載っているような一般的な事実や傾向に加え、それの例外としての個別の事実を覚えていかなくてはならない。例として 2017 年第 5 問 3 を見てみよう。この問題ではドイツとスペインの人口上位 20 都市がどのように分布しているかが問われ、選択肢として分散の小さいものと大きいものとが与えられた。教科書にはドイツは都市機能が分散した国家と書かれているので、この知識から考えれば答えは分散の大きいものということになる。しかし、実際は人口に限って言えば旧西ドイツ区域に集中しているため、正解は分散の小さい方になるのだ。このように、基礎知識（全体的な傾向、概観）を押さえた上でその例外となる多くの個別の知識をカバーしないといけない科目なのである。

出題としては、学習事項を直接問うもののほかに統計などを通してその背後にあるものとして問うものが多いことが特徴である。全体の雰囲気を変えるほどではないが、共通テストではこの傾向が強くなっている。そのため今まで以上にインプットの後にある程度問題演習をする必要がある。共通テストで問われる知識はかなり幅広く、すべてを覚えきるのはとても難しい。だから、どのように考えるべきか、といった解法のようなものを理解し覚えていく必要がある。よって、他の社会科目と違って問題演習が非常に重要となるのである。

2．具体的な勉強法

提案する学習計画としては、学校の授業または参考書などを使って教科書に書かれている知識を入れた後、共通テスト型の問題を使って演習するという手順になる。

(1) インプット

まず教科書に載っている知識＝学習すべき知識＝試験で問われる知識がどういうものなのか把握しよう。理解すべき範囲の限界を明らかにするのである。ここの部分を飛ばすと膨大なデータの前に太刀打ちできなくなる。高校生は（教師次第だとは思うが）なるべく授業時間を活用するといいだろう。定期テストを活用するのも手だ。定期テストに向けて、学習した範囲に載っている教科書知識を埋めていこう、という考えでテスト勉強を進めていけば、高３の時点ですでに共通テスト対策に必要な基礎は殆どできていると言えるだろう。

地理に限らず、インプットの段階はただ参考書を読むのでなく何か手を動かしながら進めると理解しやすくなるのだが、地理では地図帳に書き込むなどすると効率がよくなる。自分で書き込んだ地図帳は受験を通して使え、また問題演習の際にも地図帳で確認することもできる。自分なりのデータベースとなるので、なるべくたくさん書き込んでいこう。教科書を使って学習する時間が十分に取れない、と言う人は、共通テスト向けの地理の参考書を一冊購入し、それを完成させることを目標とすると良い。高校地理の学習内容の中から、共通テスト対策に必要な要素が抽出されて書かれているので、費用対効果の高い学習が期待できる。

⑵ アウトプット

学習内容のインプットが一通り終わったら次は問題演習に移る。ここでは共通テスト型問題だけを使えば十分である。基本的に社会は予想問題をやる必要がないというのが当塾の方針だが、地理に関しては統計の古いものをやっても演習価値が低く、また変化自体はそれほどないものの、共通テスト特有の空気感に慣れておくため、最近の過去問をやり終えてしまったら予想問題集や模試の過去問に移っていい。

演習の際は、問題を解いた後の答え合わせのときの解説を読む時間が非常に重要である。地理の解説は、問題で扱われた事項について背景や関連知識がわかりやすくまとまっていることが多い。未知の事項や整理しきれていなかったことについてはここで押さえていこう。そして地図帳を傍に置いておき、事項を書き込んでいこう。

解説を読む際に特に注意したいのは、この問題はどこに着目してどのように考えたら解けるようになるのか、という解法の部分である。数学などの理系科目と同じように、問題のタイプに応じて解法を一般化すると良いだろう。個別の知識も補充しつつ、解法を習得すると徐々に点数が安定していく。

3．注意点

(1) 地図帳、データブックの活用

学習の2段階ともに地図帳を使うように書いたが、地図帳を活用することは地理の学習でとても重要である。地図上で情報を整理することによりそれらを覚えやすく、また引き出しやすくすることができる。人間は文字の配列よりも図などの空間的情報を含めた情報の方が覚えやすいと言われる。そのため、地図を使って自分の知識を整理することが非常に有意義なのである。

ここでの地図は白地図より普通の地図帳がいいだろう。例外的な個別データが必要になることは先述したが、これは（教科書や参考書でなく）生のデータに触れることでしかインプットできない。地図帳を使うことによりそういった生のデータが目に入る機会を確保できるのである。この意味ではデータブックを併用し、そこに書き込んでいくことも同様に意味があると言えよう（ただしこれはより高得点を目指す受験生向けになると思う）。

データブックを使う際、8割以上を目指す人なら有名な統計を覚えてしまうべきだ。石油、石炭、天然ガスの上位産出国や人口上位国、国土面積の上位国など頻出の統計データを上位5カ国程度は覚えてしまった方がいい。単純なランキング穴埋めだけでなく様々な問題に活きてくる。

(2) 時間配分について

上述のように高得点獲得が難しいため、戦略としては8割前後の安定を目標に、なるべく時間を割かないようにするのが得策である。7割くらいまでは伸ばしやすいので、そこまで到達していないのであれば積極的に対策を行っていいだろう。しかし8割からは、地理の得点率が他の科目に比べ低くても時間を割くのは賢明ではない。

⑶ 共通テストからの変化

大きな違いはないが、変更点をあげるとするなら「一部の小問が複雑になった」というところだろう。ただし、これは要求される知識のレベル、思考力のレベルが上がっているわけではなく、問題が長くなっていたり、聞き方が少し回りくどくなったりしているだけである。形式に慣れてしまえば、求められている部分は何ら変わっていないのだと実感してもらえるはずである。そういう意味で、センター試験から共通テストへの変更点について不安がある人は特に、センター試験の過去問だけでなく共通テスト対策を謳った予想問題集や模試を解く経験を積んでおくのがお勧めである。

＜4＞高１・高２生にむけて

特別なことをする必要はない。（教師次第だが）授業をしっかり聞き、こまめに地図帳やデータブックを見て、書き込む習慣をつけるとよい。受験という観点のみから考えるのであれば、これらは授業の予習復習の範疇で済ませ、むしろ地理にかける時間があるなら数学や英語を学習したほうがいい、と言うのが基本方針だ。ただし、学校の定期試験対策をしっかりとやっておくと高３になってから楽をできることが多い。試験期間前を活用して定期的に学習の確認と定着を図るといいだろう。

＜5＞おすすめの参考書・問題集

『地理Ｂ 統計・データの読み方が面白いほどわかる本』（KADOKAWA）

主にセンター試験の過去問を題材として、データをいかに読んでいけばいいかが詳しく述べられている。学校の授業や自習では習得しにくい“コツ”を習得することができる。知識は暗記したが共通テストの得点がなかなか伸びない人にはオススメの参考書。

『大学入学共通テスト　地理Bの点数が面白いほどとれる本』（KADOKAWA）

通称「黄色い本」である。共通テストで問われる基礎知識はほぼすべて載っている。何度か読み返して基礎知識を習得する際に使える。

『山川一問一答 地理』（山川出版社）

一般の理系受験生は必要ないと思う。意欲的な高1・2生などが、体系的な学習は授業に合わせて行う一方で、この本で単純知識に絞って問われやすいものが何かを知る、というような使い方には適しているであろう。

※共通テスト地理対策については『受験の叡智【受験戦略・勉強法の体系書】』に詳述してあるので併せてご覧いただきたい。

【共通テスト倫理政経の勉強法】

＜１＞年間スケジュール

・未習、独学の場合

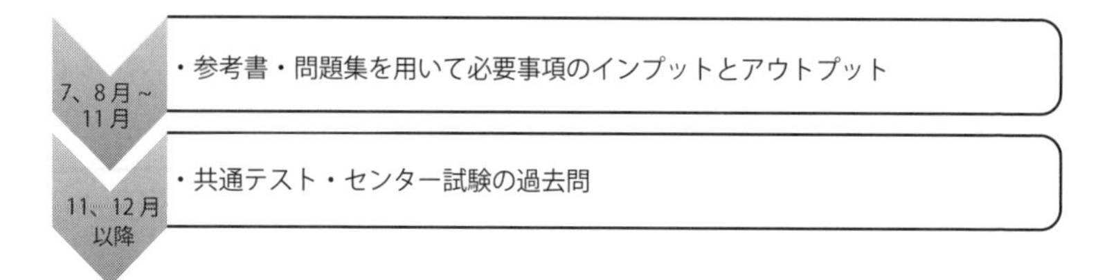

＜２＞勉強の手順

＜３＞勉強法

１．基本方針

倫理政経の得点の伸び方の特徴として、ゆっくりと同じペースで、着実に勉強したぶんだけ伸びていくという特徴がある。地理は７～８割まで伸ばすのにあまり時間はかからないが、そこから９割を目指していくのがとても時間がかかる。それに対し倫理政経は暗記がほとんどなので、７～８割にするには地理よりは時間がかかるが、そこから９割に伸ばすのに時間がかかるということはない。今までと同じペースで着実に伸びていく。つまり、倫理政経は勉強時間が露骨に点数に反映される科目である。隙間時間を利用してコツコツ勉強しよう。

2．具体的な勉強法

(1) インプット

まずは、『大学入学共通テスト　倫理、政治・経済の点数が面白いほどとれる本』（KADOKAWA）などの、内容を網羅して解説している参考書を読んで、大まかな流れを把握する。インプットの作業である。2周程度読めば十分である。他の科目を圧迫しないように、隙間時間を利用して読み進めよう。

参考書に付属している確認問題などを解いて、簡単にこまめなアウトプットもしながら読み進めたい。

始める時期は早いに越したことはないが、遅くても9～10月には始めたい。過去問を解き始めてからも隙間時間に読み続けよう。

(2) アウトプット

(1)の参考書を2周程度したら、次は過去問や問題集を使って本格的にアウトプットの作業に移る。共通テスト過去問（共通テスト過去問が一定程度蓄積するまでは試行調査問題、センター過去問、共通テスト対策問題集等）でいいが、予備校などから出版されている範囲別に整理された問題集（実際の過去問を集めたもの）でもどちらでもよい。より実践的な演習を積みたいなら共通テスト過去問（共通テスト過去問が一定程度蓄積するまでは試行調査問題、センター過去問、共通テスト対策問題集等)、範囲ごとに固めていきたいなら問題集を使えばよい。

問題集を解くときは、本番ではないので、多少時間がかかってもいいので、自信のある正解が1つ見つかったらそれを答えて終わりにするのではなく、他の選択肢も吟味して、どこが間違っているのかを考えよう。そうすることで過去問が最大限に活用できる。

間違えたら、(1)の参考書に戻って間違った部分を確認しよう。

(1)からすぐに過去問に取り掛かってもおそらく最初は点数が取れない

だろう。これは仕方がないことである。アウトプットの量が足りないからである。(1)でインプットしていたものをアウトプットしながら確認するのが(2)の作業なので、最初は点数が取れないのは当たり前である。点数が取れなくても落ち込まずに、(2)の作業を続けよう。経験を積めば積むほど、だんだんと点数は上がってくるはずである。

間違えたところの復習はもちろん必要だが、そこにあまり時間をかけてもそこまで得るものはない。暗記科目なので、その問題の暗記すべきところを確認したらそれ以上得られない。復習に時間をかけるよりは、新しい問題を解いて経験を充実させよう。共通テストやセンター試験の本試験を解ききったら、共通テストの追試験に移ろう。

3．注意点

(1) 古い年度の問題・センター試験の問題の扱いについて

センター試験からの変更点としては、図表を用いた問題などが増え、従来よりも知識偏重の傾向が和らいだ点が挙げられる。そのため、問われる知識を確認する上で、センター試験の問題であっても実用に足ると言える。共通テストの過去問が少ないうちは、こうしたセンター試験の過去問、あるいは共通テスト実装に向けて実施された試行問題も学習の助けになると言える。ただし、年度を遡る際は注意が必要だ。特に政経の分野では古い年度の問題を解くと、今と変わっている知識もある（議員定数など)。ただ、それほど多くは変わっていないので、古い年度の過去問も十分有用である。今と変わっているところに注意しながら、答え合わせをしなくてはいけない。

不安に思ったら、ネットなどで検索して最新の情報を確認しよう。

(2) 暗記するコツ

倫理を暗記するときはまずは細かい単語は保留して、思想の全体的なイメージや流れをとらえよう。例えば、ソクラテスなら「なんとなく悟ってる感じ」というような感じで、人と思想のイメージをとらえよう。

そのあとにキーワードをそこに付け加えていこう。そのイメージや流れと結びつかせることで、芋づる式に思想の内容が出てくるようになる。政経ならば、数値などは仕方がないので暗記するとして、法令や判例はそれができた背景も知っておくと覚えやすい。

＜4＞高１・高２生にむけて

特に対策はしなくてよい。学校の定期試験の勉強をしっかりして、点数が取れていれば、高３でがっつり対策するときに役に立つ。未来の自分を楽にさせるためにと思って、コツコツやろう。

また、最近は宗教や哲学などを題材とした漫画や書籍が流行っている。足がかりとしてはこういったものを利用してもよい。科目を好きになってしまえば、勉強はだいぶスムーズになる。

＜5＞おすすめの参考書・問題集

『大学入学共通テスト　倫理、政治・経済の点数が面白いほどとれる本』
（KADOKAWA）

これ一冊で十分網羅できる。倫理だけのものや政治経済だけのものもあるが、一緒になっているもので十分である。

『政治・経済用語集』（山川出版社）

辞書代わりにもっておくと便利である。定期試験用としても使える。高校の政治経済の教科書に載っている単語をほぼすべて掲載している。

※共通テスト倫理政経対策については『受験の叡智【受験戦略・勉強法の体系書】』に詳述してあるので併せてご覧いただきたい。

【共通テスト世界史の勉強法】

＜１＞年間スケジュール

・未習、独学の場合

時期	内容
7、8月～11月	・参考書・問題集を用いて必要事項のインプットとアウトプット
11、12月以降	・共通テスト・センター試験の過去問

11月までは教科書や参考書を使って、必要となる知識をインプットしていくことが必要になる。アウトプットと並行して行った方が覚えやすいので、余裕があるようであればある範囲（例えば参考書１章分など）を解いたら、その範囲に対応する問題集を解くなどするといい。また、学校の授業で世界史を学習しているなら授業をきちんと聞くこと、および定期試験にしっかりと取り組むことも基礎的な力を身につける上で最も大切である。

11月からは過去問演習となる。ここまではインプット中心の勉強をしているはずであるため、この時点で完璧な状態に近づけておくことは非常に難しく、また、その必要もない。使うのはセンター試験の過去問および共通テストの過去問だけでよく、予想問題集などは基本的には解かなくて良い。過去問を解きつつ、参考書で知識を確認するというサイクルで実力をつけていく。

<2>勉強の手順

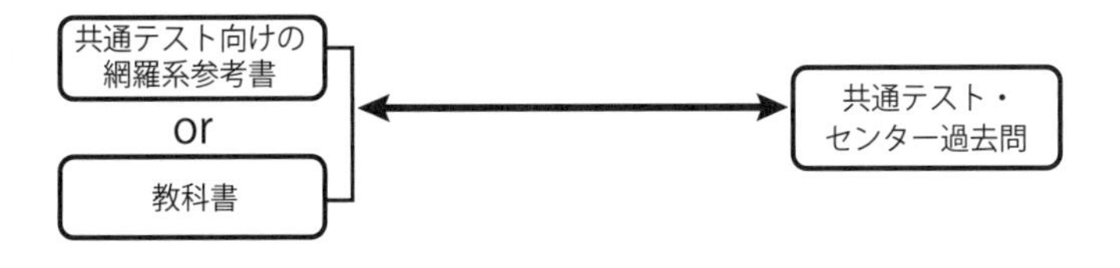

<3>勉強法

1．基本方針

共通テスト世界史は細かい知識が問われるというよりも、教科書に載っているような基本的な知識が押さえられているか、時代の大まかな流れや出来事の時代感覚がつかめているか、重要な場所については地理的な位置がわかっているか、が主に問われる。まずは全体の流れを押さえるために『大学入学共通テスト　世界史Ｂの点数が面白いほどとれる本』などの全体を一望できる参考書でインプットするといい。その際にはある地域に起こったことの流れ（縦のつながり）を理解し、その後で、ある時代に世界の各地域では何が起こっていたか、どんな関連があるか（横のつながり）も押さえるといい。具体的な用語も出来事の流れの中で覚えると覚えやすい。

ある程度流れがつかめた後はセンター試験の過去問および共通テストの過去問を解いてアウトプットを行い、適宜今まで読んできた参考書もしくは教科書に戻って足りない知識は補っていくことになる。問題に正答できるかどうかよりも、重要なのは問題演習を通して知識を身につけていくことであるから、あっていた問題、間違っていた問題に関わらず、解説および参考書の該当部分付近を読み込み、関連する知識を身につけていくことが大切である。

2. 具体的な勉強法

出題類型別の対策
(1) 正誤問題
(2) 時代問題
(3) 地図問題
(4) 文化史問題
(5) グラフ読み取り問題
などに分類されるが基本的には必要な知識が身についていれば解ける。

(1) 対応する知識があれば解けるが、過去問を解いたり、問題集を解くときは誤りの選択肢についてもどこが誤りで正解にするためにはどう訂正すればいいかということを確認しておくと実力がつく。また、本番ではわからない選択肢があっても明らかにわかるものから絞って考えていくようにする。

(2) 時代問題に関して、重要な出来事については年号を覚えることも必要だが、出来事の流れを考えると自然に解けたり、大まかに何世紀のことなのかという時代感覚が身についていれば解けるものもあるので、むやみに色々な出来事について年号を覚えなくていい。

(3) 地図問題に関して場所と名前（例えば都市名やそこで起こった出来事の名前）があっていても、説明に適合しないものは誤りであるから、場所と名前だけでなく、どういうものなのか（都市であれば、何をやっている都市なのかや、出来事であれば、どんなことが起きたのかなど）まで合わせて覚えておく必要がある。

(4) 文化史の問題は覚えることがメインで対応する知識を身につけていくことになる。時代と作品と作者をセットで覚えることはもちろん写真での出題も考えられるので作品については資料集などでどのようなものなのかを確認しておく必要がある。

(5) グラフ読み取り問題といっても、結局知識がないと解けないような問題であることが多い。知識をもとにグラフのどこを見ればよいかを考える。知識があれば簡単に解けるものも多い。

<4>高1・高2生にむけて

共通テスト世界史はやはり覚えることが多いから、もし世界史を選択しようと高1、高2の段階で決めた際には、全体を一望できる参考書を移動時間などの隙間時間にコツコツ読むといい。学校で世界史を学習しているなら、定期試験などを通して知識を確認、定着させていくことも効果的である。

覚える量が他の選択科目に比べて多く、点数を取るためにはかなりの学習量が必要になるが、安定して高得点を狙いやすいという利点もあるため、社会の点数が重要になるような大学を受験するつもりで、暗記することに自信があったり、世界史自体に興味がある場合には、選択してもいいかもしれない。

<5>おすすめの参考書・問題集

『大学入学共通テスト　世界史Bの点数が面白いほどとれる本』

（KADOKAWA）

文章が読みやすく、流れを意識して書かれているので内容が頭に入りやすい。横のつながりについても、積極的に触れられているから、読んでいけば、自然に縦のつながり、横のつながりが押さえられる。

『神余のパノラマ世界史　古代～近代へ　パワーアップ版』(学研プラス)
『神余のパノラマ世界史　近現代　パワーアップ版』(学研プラス)

語り口調での説明が非常にわかりやすく、頭に入りやすい。挿入されている表や図、写真なども非常にわかりやすく、視覚的に重要事項を把握することができる。

・教科書

共通テストの大元になっているものであるから問題演習の際に適宜参照するのに便利である。文章が硬く、初めからこれを読んで流れをおさえようとすると大変かもしれない。

・過去問集

教学社、駿台、河合のものなどがあるが、基本的にはどれを使ってもいい。解説やレイアウトを見て、やりやすそうなものを一冊選んで買えばいいだろう。

※共通テスト世界史対策については『受験の叡智【受験戦略・勉強法の体系書】』に詳述してあるので併せてご覧いただきたい。

【共通テスト日本史の勉強法】

＜1＞年間スケジュール

・未習、独学の場合

時期	内容
7、8月～11月	・参考書・問題集を用いて必要事項のインプットとアウトプット
11、12月以降	・共通テスト・センター試験の過去問

11月までは教科書や参考書を使って、必要となる知識をインプットしていくことが必要になる。学校の授業で日本史を選択している場合、定期試験ごとに一度は詰め込みで暗記する機会があるだろう。詰め込みはしばらくすると忘れてはしまいがちだが、初期の記憶への印象付けとしてはなかなか有効であるために、定期試験や共通テスト模試などを上手く活用して欲しい。一度の詰め込みでは忘れがちにはなるが、それも2周目3周目と確認していくうちに以前の断片的な記憶が繋ぎ合わさって、着実な知識体系の成立に繋がる。この時期までに教科書を3周以上は通読できていると望ましい。

また、教科書に沿って学習を行うと、時代別の学習が主となると思う。それと並行してテーマ別の知識の整理を夏休みなどの時間のある日に一度行えたら良い（基本方針で後述）。

11月からは過去問演習となる。使うのは基本的にセンター試験や共通テストの過去問だけで問題ない。というのも、歴史の問題は過去の事柄を問うものが多く、その事実は十数年前に作られた問題であろうとほぼ変化はないからだ。過去問を解きつつ、教科書で知識を確認するというサイクルで実力をつけていく。過去問演習はとても知識の整理に役に立つので、15年分程度取り組んでも決して時間の無駄にならないであろう。

＜2＞勉強の手順

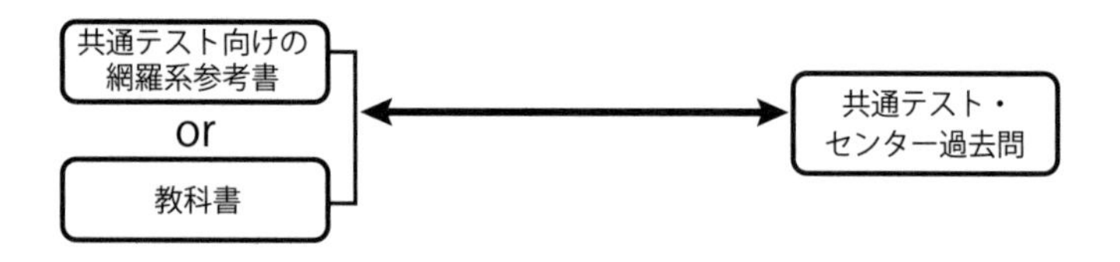

＜3＞勉強法

1．基本方針

日本史の勉強法の基本として、個々の出来事を単に一つ一つ覚えていくというよりは、その出来事が生じた時代背景というものを常に学習の際に意識してもらいたい。「いつ、どのような事がきっかけで、誰が、何のために、何をしたのか。」これを自分の中で答えられるようにしながら学習を進めていくと、歴史が一つのストーリーのように繋がっていくために覚えやすく、また勉強自体も楽しいものになるだろう。

教科書を何周も読んで、日本史の知識を有機的につなげられるようになるのが最終的な目標だ。教科書を読む際は横のつながりと縦のつながりを意識すると良い。横のつながりとはある時代の中での政治、経済、社会の関係であり、縦のつながりとは時代間の相違点である。横のつながりに比べて縦のつながりは最初から読み取っていくのは少し難しいので、教科書を1周目、2周目と読む段階では横のつながりを意識し、3周目、4周目と読む段階では縦のつながりを意識すると良いだろう。これくらい教科書を読んだ後は、テーマ別学習が縦のつながりの把握により一層役立つであろう。

例えば農業に関する話は、各時代の記載量は少ないが、ほとんどすべての時代に登場する。教科書は時代に沿って書かれているため、これらの記述は飛ばし飛ばしで登場し、全体としてどのように発展していったかの流れが見えにくい。そこで自分自身で農業に関する出来事を教科書から取り出しノートなどにまとめておくと、時代ごとの流れが見えやすくなる。

基礎的な知識のインプットに一問一答の問題集を使う受験生は多く見られる。確かに一問一答は丸暗記には最適で、多くの用語を効率よく覚えられるかもしれない。しかし、歴史というのは時代の流れや背景が大切なのであり、一問一答を主軸に勉強をしてしまうと歴史を学ぶ上で重要な部分が疎かになってしまいかねない。使い方を間違えなければ一問一答は良い知識確認の参考書になるが、やはり最初のうちは教科書を読み込むことが遠回りに見えて一番近道の共通テスト攻略法であろう。

基礎的な知識をインプットした後は共通テスト過去問（共通テスト過去問が一定程度蓄積するまでは試行調査問題、センター過去問、共通テスト対策問題集等）を解いてアウトプットを行っていく。この問題演習の目的は、その点数以上に、自分の知識があいまいなまま試験本番を迎えようとしていないかのチェックであるために、不正解の問題はもちろん仮に正解した問題であっても、不安要素がある場合は、必ず教科書に戻り知識を確認すること。解説なども読み込み、関連する知識を身につけていくことが大切である。

2．出題類型別の対策

共通テストの出題は主として

⑴ 正誤問題

⑵ 時代並び替え問題

⑶ 史料読み取り問題

が存在する。

(1) 正誤問題について。問題の大半を占めるタイプで史実に関する正しい知識が求められる。「人物―出来事」「時代―出来事」の結びつきが正しいかどうかはよく問われるため、基本方針にも書いたように、時代背景を意識しながら学習を行うことが、正答率の上昇に繋がる。一つのテーマに関して、時代ごとに何が行われたのかも問われやすい。ここでも基本方針に書いた学習が役に立つ。

(2) 時代並び替え問題について。別々のテーマに関しての並び替えが要求されるわけではなく、一連の出来事に対する並び替えが要求される。そのため史実の正確な年号を覚えておく必要はなく、その前後関係が把握できていればよい。問題の性質上、政変や戦が続く時代は比較的出題が狙われやすい。

(3) 史料読み取り問題について。特にセンター試験から共通テストに変わって、史料読み取り問題の数が増えた。共通テストの日本史では、単に史料を正確に読み取るだけでなく、自分の持つ知識と組み合わせなければ正答に至れない問題となっている。単なる一問一答的な知識だけでなく、センター日本史よりもより一層に歴史的な流れや歴史に対する大局的な視点を重視した問題が数多く出題されている。

＜4＞高１・高2生にむけて

日本史は多くの高校で高１から選択可能な科目であるはずだ。単純計算でも共通テスト問題の半分以上は高１高２で習った部分からの出題ということになり、共通テストの科目として選択することを考えている場合は、この時期の勉強からしっかりと行っておくことで受験の際に大きなアドバンテージを得ることができる。とは言っても理系受験生が高1・

高2で重点的に勉強しなければならないのは英数物化生であり、主に定期試験などを上手く活用し、知識を蓄積していきたい。

覚える量は比較的多いものの、一度知識が整理されてしまえば他の選択科目と比べ安定して高得点を狙いやすい。歴史が好きな人であれば学習も精神的な負担とはならないため、選択に向いていると言えるだろう。

＜5＞おすすめの参考書・問題集

・**教科書**　例）山川出版社　『詳説　日本史』

多くの人が持っているであろう日本史の教科書。共通テストは教科書の範囲内で作られているものであり、基本的に知識の確認はすべてこの一冊で足りる。過去には教科書ページ下のコラム的な文章からの出題例もあり、いかに網羅できているかが勝負のカギとなる。

・**参考書**　例）文英堂　『時代と流れで覚える！日本史Ｂ用語』

教科書よりもかなり薄いが共通テストを乗り切る上で必要な知識のエッセンスが詰まっている。単なる用語集ではなく、文章中の空欄の穴埋め形式になっておりしっかりとこれで流れも把握できる。教科書を読まずにこの参考書から始めることは勧めないが、共通テスト直前期に教科書がわりに通読するのに便利。短期間で必要な知識の確認を行うことができる。

・**資料集**　例）浜島書店　『新詳日本史』

文章とは別に何か図や写真・資料を確認できる参考書を手元に一つ用意しておきたい。特に高得点を狙うのであれば、有名な文化財については一通り写真などでチェックしておくこと。

・**問題集**　例）山川出版社　『大学入学共通テストへの道 日本史』

共通テストに関しては、一つ一つの人物名や出来事を正確に記述させるわけではないため、一問一答形式よりは、ある程度時代やテーマごとに問題がまとめられている問題集で文章としての正誤判定ができたほうが良い。定期試験の際に試験範囲と併行して学習できると効果的。

・過去問集

まだ共通テストは始まったばかりで過去問が出揃っていない。しかし問題演習は知識のアウトプットには非常に重要なので、センター試験・共通テストの過去問集に取り組むと良いだろう。いくつかの予備校が出版しているが、どれを選んでも問題はない。書店で中身を比較してみて自分が好きなものを購入すれば良いだろう。

※共通テスト日本史対策については『受験の叡智【受験戦略・勉強法の体系書】』に詳述してあるので併せてご覧いただきたい。

志願理由書・面接対策編

◇第１部　志願理由書の書き方

第１章　志願理由書の作成概要・書くべき内容

【第１節】　志願理由書の作成についての概要

【第２節】　志願理由書に書くべき内容

【第３節】　志願理由書作成でその他気をつけること

◇第２部　面接対策

第１章　医学部面接概要と対策

【第１節】　医学部面接についての概要

【第２節】　面接の種類

【第３節】　面接の流れ

【第４節】　面接での質問内容とそれへの対処

【第５節】　医学部面接対策のまとめ

第1部　志願理由書の書き方

第１章　志願理由書の作成概要・書くべき内容

第１節　志願理由書の作成についての概要

ほぼすべての医学部医学科が､志願理由書の提出を出願の際に求める。

記述試験の点数に影響を及ぼすことはない場合であっても、医師としての適性にあまりに欠けると判断されると、筆記試験の結果にかかわらず不合格とされる可能性がある。また、総合型選抜や学校推薦型選抜の場合、志願理由書は、合否判定基準の１つに含まれている。

多くても 1000 字程度の大学が多いことから、自由に書くことのできる内容はそれほど多くはない。一般的に要求されるレベルの内容を、無難に書いておけば大丈夫だと考えられる。ただし、面接の資料として用いられる以上、面接での応答と整合性のある内容とすることは意識しておくべきであろう。

第２節　志願理由書に書くべき内容

一般に盛り込まれる内容としては、以下のものがある。

●医師を志すようになった理由

子供の頃お世話になったお医者さんの影響、親が医師だった、社会に貢献したい、などよくある理由で大丈夫である。嘘をついている人もいるが、面接でボロが出かねないのでやめたほうがいい。

●なぜその大学を志望するようになったのか

他の医学部ではなく、その大学を志望するようになった理由である。学力との兼ね合いで行けそうなところを選ぶ人が多数だとは思うが、そこまでぶっちゃけないほうがいい。ホームページや大学案内の書類を見ると、大学の特長や教育理念、他大学にはない学習プログラムなどが載っているため、その中から自分の心に響いたものを選んで書くと良い。

●大学で学びたいこと

上と少しかぶる。その大学独自のプログラムなどについて言及すると良い。

●医師としての将来像、それへの熱意

一番大切なのはここ。医師になりたいという意志がどれだけ強いのかをアピールすることが必要。それがあまりに伝わらないと、好ましくない。

それぞれ、ありがちな内容で大丈夫である。

学校推薦型選抜や総合型選抜の場合は、内容によって差がつく場合もあるため、独創的なことを書けるとより良い。ただ、専門知識について無理に述べようとすると、読む人（その道のプロ）には無知がバレるので、よほど自信があるのでなければ医学の詳しい知識について述べるのはやめたほうが良い。あくまで大学で学ぶ理由を述べるための文章であるため、関心分野を細かく紹介するならまだしも、無闇に知識をひけらかすような内容は避けるべきである。

この点は大学教授や医師に近い状況にある指導機関などから正確な情報を得たり添削を受けられたりできると非常に有利である。

第3節　志願理由書作成でその他気をつけること

●ボールペン手書きが望ましい

就職活動のエントリーシートと異なりたかだか数枚しか書かないので諦めて書く。書き損じは書き直しが好ましいと思う。Wordなどによる入力を明確に認めている場合もあるため、このような場合は手書きでなくても良い。

●下書きを信頼できる人に添削してもらう

必ず学校の先生や塾の先生など、多くの人に下書きを見てもらってから書くべきである。日本語のミスや誤字脱字は印象を悪くすることが必至であるし、全体の論理がおかしいのは自分では気づきにくい。信頼できる人に何度か添削をいただいてから書くと良い。

志願理由書に記載する内容によっては、ある程度の専門知識を持つ人の添削を受けることが好ましい場合もある。この点についても大学教授や医師に近い状況にある指導機関などから情報を得たり添削を受けたりできれば非常に有利である。

第2部　面接対策

第1章　医学部面接概要と対策

第1節　医学部面接についての概要

面接試験は、筆記試験（一次試験）の後に、二次試験として行われることが多い。面接試験は点数化する大学もあれば、具体的な点数ではなく段階評価を与える大学もあれば、そのどちらも行われず参考として扱う大学もある。

面接を行う目的は、医師にふさわしい資質があるかを見極めるためだが、たいていは数分間、長くても数十分間の面接で医師の適性を判断するのは難しいため、実質的には明らかに医師として不適切な学生を医学部に入れないために行われている。そのため、一次試験の結果に関わらず、面接で著しく点数が低かった場合や、不適切と判断された場合には、不合格とする大学もある。

たいていの大学では、面接を無難にこなせれば、筆記試験で合否は決まると思われる。質問に無難に答えつつ医師としての適性（絶対医師になりたい、医師としてこんな面が向いている、医学に関心がある）をアピールすることが大切である。

第２節　面接の種類

大きく分類すると受験生１人に対して行われる「個人面接」と受験生複数人に対して行われる「集団面接」があり、集団面接には複数の受験生と複数面接官が順番に対話する形式の「グループ面接」と受験生同士で与えられたテーマについて討論を行う「グループ討論面接」がある。また、MMI という比較的新しい形式の面接を取り入れている大学もある。

１．個人面接

最も一般的な面接方式で、ほとんどの大学では個人面接を行っている。受験生１人に対して、１〜３人の面接官が対話する形式で行う。面接官が複数人いる場合はそれぞれ誰がどういった質問をするのか役割が決まっている場合もあり、圧迫面接が行われることもある。

２．グループ面接

複数の受験生と複数面接官が順番に対話する形式で行われる。基本的には個人面接と対策は同じだが、他の人の受け答えにも耳を傾ける必要がある。

３．グループ討論面接

受験生同士で与えられたテーマについて討論を行い、その様子を面接官が評価する。自分なりの意見を発言できているか、協調性はあるか、自分と異なる意見に対してどのような反応をするか等を評価される。

４．MMI（Multiple Mini Interview）

受験生が複数の面接室を周り、各部屋で与えられた課題について意見を答えるという形式で行う。

課題を読み、その場で考えてすぐ言葉にする必要がある。

第3節　面接の流れ

服装は現役生であれば制服、制服がない学校の場合や浪人生、再受験生の場合はスーツ着用が無難である。失礼しますと言って、試験場に入り、面接場所に行き、面接官の指示を待つ。面接が始まってからは面接官の顔の辺りを見ながら質問に答えていく。

落ち着いて堂々と答えることが大切である。面接が終わったあとはありがとうございましたなどとお礼を言って退出する。部屋を出るときは再び失礼しますという。以上は個人面接の流れだが、集団面接の場合も基本的には同じである。

第4節　面接での質問内容とそれへの対処

後述するよくある質問に対しては前もってどのように答えるかを考えておく。また、大学ごとにどのような内容が聞かれやすいのか（高校の部活や思い出など世間話のような質問がされやすい大学もあれば、最近ホットな医学的な話題について、医療倫理的な質問がされやすい大学もある）を調べ、適宜本を読んだり、インターネットで必要な知識、話題になっていることを知ったりしておくといい。

余裕があれば、自ら想定した質問に関してもあらかじめどのように答えるか方針を立てておくと良いだろう。

質問に対しては奇抜な回答をする必要はあまりなく、当たり障りのない回答ができれば十分である。わからない質問をされたときは、考えてもわからないような質問なら、素直にわかりませんと言うか、わかっているところまで答えればいい。大切なのは落ち着いて堂々とし、無難に質問に答えていくことである。

【医学部面接でよく聞かれる質問とそれへの回答】

A. なぜ医師になろうと思ったか

自分が幼いときに病気になったときの担当医がきっかけで、親が医師でとか、医療のドラマ漫画映画を見てなど、ありがちな理由で十分である。また、今の医療に問題意識を感じており、それを解決しようまたは問題の解決に貢献しようと思って、などといった理由でも良い。その際Cと絡めて、自分はこういう特質があるから貢献できるとか、医師になろうと思ったとか言ってもいい。大学側としては入学させる以上、学生にはやめないでちゃんと医師になってもらいたいと思っており、それをこの質問を通して知りたがっているという面もある。それゆえ絶対医師になりたいという熱意が伝わればプラスになるだろう。

B. なぜ（他の大学の医学部ではなくわざわざ）本大学の医学部を志望したのか

大学のホームページを見て大学側がアピールしていることを言うのが無難である（医学教育の特色やその大学で行われている研究など）。または、知り合いに本大学の医学部の人（or 出身者）がいてその人の影響でなど。

C. 自分の長所と短所は何か

基本的に、医師としてうまくやっていけること（適性があること）をこの質問を通してアピールできればいい。長所としては体力があるとか、忍耐力があるとか、人とのコミュニケーションが上手であるとか、勤勉であるなどがあげられる。質問のされ方によっては具体的なエピソードを盛り込んでも良いが、求められている以上に多くのことを話すべきではないだろう。

短所としては明らかな短所を上げるというよりも、長所が翻って短所になってしまった例をあげたほうがいい。例えば、忍耐力があることを短所として捉えるなら、我慢しすぎて溜め込みがちになってしまう、など。

D. 高校生活について

質問時に特に指定がなかった場合には、高校生活自体について興味があるというよりは、きちんと話せるか、まともな人なのか（つまり、医師としてやっていける人間なのか）を知りたいということが主な関心である。部活動をやっていない場合はそれでは何をやっていたのかと聞かれることも多いので、部活動をやっていなかった人はそれについても考えておくと良い。

高校生活での活動内容を用いるような学校推薦型選抜や総合型選抜においては、先ほどの場合とは異なり活動内容を掘り下げることを目的とした質問である場合もある。このようなケースではあらかじめ入念に活動内容を整理した上で、その活動成果が大学での学習においていかに活用できるかについてもあらかじめ考えておくべきである。

E. 安楽死・臓器提供・など医療倫理的な問題について

F. 話題になっているニュース（医学に関わることもあれば、科学一般であったり、社会的なニュースであったりする）について（例えば、不正研究・医療費増大・医師不足等）

これらのテーマに関しては、意見を述べる上で必須となる知識を本やネットなどで得ることがまず重要である。自分の考えを述べるときは過激な意見は述べずに教科書的な答えができればよいだろう。

この点も大学教授や医師に近い状況にある指導機関などから情報を得られれば非常に有利である。

G. 併願校について（両方合格したらどうするかなど、ほぼ私大）

難しい質問ではあるが、正直に第一志望なら第一志望といい、そうでなければ、他の大学に行く可能性はあると答えて問題ない場合もある。大学側としては併願者がどれくらいいて、何人くらい補欠合格も含め、合格者としてとればいいのかを考えるための一つの材料にしているという面もあるからだ（ただし、この点は大学により異なると思われる。人としては正直に答えることを推奨したいが、大学によっては別の判断が下される恐れもある）。

参考までに、当塾講師陣の中には、慶應医学部面接の際に正直にどちらも合格すれば、東大に行くと答えて慶應医学部に合格になっている者もいる。ただしこれはリベラルな校風の慶應だからこそ許されたのかもしれない。また実際の入試問題での高得点が影響していないとは言い切れない。可能であれば、合格者にどう答えたかを尋ねることができればベストである。

第5節　医学部面接対策のまとめ

面接の際に知りたいのはまず最低限明らかに不適切な人間ではないと

いうこと、次に医師として本当にこの人はうまくやっていけるかどうかということ（医師としての適性）の２点につきる。

この２点を知るために面接が行われ、いろいろな質問がされるのだということをまず意識するべきである。

やるべきこととしては、質問に答える中で自分はまともな人間で、医師になりたい、適性があるということをアピールすることになる。

何気ない高校生活のことを聞くような質問であっても、安楽死についてどう思うかのような固い質問であっても、知りたいことはその２点である。

以上を意識し、何度か練習すれば、面接で合格点を取ることができるだろう。

本番戦略® 編

医学部に合格する本番戦略

総則　本番戦略は普段の勉強の指針になるもの

第１章　試験得点の３類型　その１　攻撃の得点

【第１節】　攻撃の得点とは

【第２節】　攻撃の得点で注意すべきポイント

第２章　試験得点の３類型　その２　防御の得点

【第１節】　防御の得点とは

【第２節】　防御の得点を得る具体的な手段

第３章　試験得点の３類型　その３　手順の得点

【第１節】　手順の得点とは

【第２節】　手順の得点を得る具体的な手段

本番戦略®編　医学部に合格する本番戦略

狭き門である医学部に合格するためには、本番でそれまで蓄えてきた実力をしっかり発揮することも非常に重要です。

いくら頑張って勉強してきても、本番で蓄えた実力を出し切れないのであれば、その部分は「紙面による評価が唯一の基準」である試験では勉強してこなかったことに等しいことになってしまうのです。この現実は普段からしっかりと意識してください。

この本番戦略の部でも**合格の天使のオリジナル理論**を用います。それは、

☑**「試験得点の3類型®」理論**（「試験得点の3類型＼攻撃の得点＼防御の得点＼手順の得点®」）

です。

※「本番戦略」、「試験得点の3類型」および「試験得点の3類型＼攻撃の得点＼防御の得点＼手順の得点」は（株）合格の天使の登録商標です。

総則　本番戦略は普段の勉強の指針になるもの

本書では以下の部分は「本番戦略」として取り上げますが、本番で行わなければならない事、注意しなければならない事というのは当然日々の勉強でも意識しなければ本番でいきなりできるようにはなりません。

したがって**これから述べる「本番戦略」は日々の勉強にしっかりフィー**

ドバックしていってください。受験勉強というのはあくまでも試験本番で得点を獲得するために行うものです。

決して「勉強するための勉強法」を追い求めるのではなく、「合格するための勉強法」を実践していってください。

「試験得点の３類型」理論とは合格の天使オリジナル理論で、以下の３つの視点から試験の得点を考えたものです。

☑ **攻撃の得点**
☑ **防御の得点**
☑ **手順の得点**

これらの内容自体はすべて当たり前の事柄でありながら、一般的に明確に分類・区分けされることがありません。したがって多くの受験生はこれらを一緒くたにして対策する、対策させられます。この結果、認識としてはあったのに本番で失敗する、得点を大きくとりこぼす＝合格ラインに届かないということが起きます。

この部分は明確にロジックとして分類・区分けしない限り焦点を絞った攻略は不可能です。したがって多くの受験生はこれらのことに気づきながらも的確な対策を取れていないのが実情なのです。そして本番で多くの得点を失います。実力が発揮できないのはこの部分の分類・区分けと焦点を当てた対策が不十分だからなのです。

本書をご覧いただいている皆さんは、まず対象を分類・区分けして明確にする、そしてそれに対して１つずつ原因と対策を考える、そして実際の本番ではこれらの区分けを意識することなく自然にできるようにする、というレベルに達してください。

第1章　試験得点の3類型

その1　攻撃の得点

第1節　攻撃の得点とは

攻撃の得点とは、持っている知識や思考で獲得する得点を意味します。これは受験生であれば誰もが無意識に行える得点獲得手段、試験における受験生に備わった本能です。

攻撃の得点は、今まで説明してきた「受験戦略編」「勉強計画編」「勉強法編」に記載したことを総動員して日々の勉強で獲得した知識や思考を使いこなす得点です。

皆さんは本書をご覧いただいて実践していただければこの攻撃の得点は全国の多くの受験生よりも遥かに高い得点力を備えることができます。したがってこの点は自信をもって試験に臨んでください。

第2節　攻撃の得点で注意すべきポイント

攻撃の得点は先ほど述べたように基本的には、受験生であれば誰もが持っている得点獲得手段、試験における本能です。

ただし、

●記述論述式の問題ではこの本能のみでは対処できない事柄がある
●試験本番ではこの本能が失われる状況が起きる

●攻撃の得点を考えるうえで本能以外の最も大事なもの

という3点に特に注意が必要です。

以下それぞれについて説明します。

1．記述論述式問題では純粋な「攻撃の得点」本能では対処できない得点がある

記述論述式問題において「攻撃の得点」を獲得するために特に大事なことは、問題が解けることと記述論述式の問題で得点を獲得できることは別という事実です。

多くの受験生の意識が非常に薄い部分なのですが、例えば数学の問題の解答を出せることと、記述論述式の解答で得点をしっかりもらえるかは別なのです。

当塾は質問数無制限かつ質問事項無制限で、受講生各自が用いる様々な問題集や参考書、さらには全国の医学部の試験問題に対しても説明回答、質問回答のほかに、添削指導も行っています。

ここから明らかになることは、旧帝大レベルの問題を解きうる力がある受験生でも、いざ答案を添削してみると論理が飛んでいる、論理が甘い、最低限のお決まり事項が記載されていない、といったことが現実的に多々あるのです。

たとえ問題を解きうる実力をつけたとしても、記述論述の作法や要求される論理を知らなければ、得た知識や思考がそのまますべて得点にはならないということです。

記述論述式の問題を出題する医学部を受験する場合には、苦労して得

てきた知識や思考を攻撃の得点に最大限変換するために、実力ある人の添削指導はかならず受けてください。あなたの努力を無駄にしないために必要なことなのです。

2．試験本番で攻撃の得点の本能が失われる状況に対処する

試験本番で攻撃の得点の本能が失われる状況というのは、問題が解けないことによる焦り、あきらめ、時間不足に起因する得点の放棄状態です。この状態は二次試験や個別試験の記述論述式問題、共通テストも含めたマーク式問題どちらでも生じます。

⑴ 記述論述式問題の場合

日々の勉強では問題が解けていたのに本番では問題が解ききれないというのは往々にして生じます。できるはずなのにできないという問題の場合、焦りやあきらめがさらに大きくなり、「攻撃の得点」の本能は著しく失われます。

しかし、試験というのはあくまで「総合得点」で合否が決まるものです。このような状況に直面しても記述論述問題というのは「部分点」がもらえるというメリットを決して忘れないでください。

完璧でなくてもいいのです。自分が今まで頑張ってきた努力の破片をしっかり答案に残してきましょう。自分がわかるところまではしっかりと書いてきてください。「部分点」の寄せ集めでも相当な得点までもっていった実例もたくさんあるということはわかっておいてください。得点を決して放棄することがないようにしてください。

⑵ 共通テストも含めたマーク式問題の場合

マーク式の問題の場合は「部分点」はありません。しかし、誰でもマークはできます。

どんなにわからない問題であってもマークだけはできるのです。

今これを読んでくださっている方は「何を当たり前のことを」と思っていると思います。

しかし、試験本番ではあきらめてしまってマークすらしない受験生も実際にいるのです。

どんな状況になっても最後まで１点でももぎ取りに行くという姿勢は貫いてください。

3．攻撃の得点を考えるうえで本能以外の最も大事なもの

攻撃の得点を考えるうえで最も大事なことは、この**攻撃の得点を最大限活かすために、後述の「防御の得点」と「手順の得点」をしっかり獲得するということ**です。

第2章 試験得点の３類型

その2 防御の得点

第1節 防御の得点とは

防御の得点とは、ミスを防ぐことによって得られる得点を意味します。この部分の意識が非常に薄いのが多くの受験生であり、防御の得点は盲点となる得点です。

よく考えてください。攻撃の得点で獲得する20点も防御の得点で防ぐことができる20点も試験では全く同じ意味を持つのです。トータル得点ではどちらも等しい20点なのです。

しかし、同じく20点を得るためにはこの防御の得点を得る方がコストパフォーマンス的には非常に優れています。なぜならこの防御の得点はすでに持っている思考や知識を無駄にしないように対策をすればいいだけの得点だからです。

新たに多くの時間をかけて知識や思考を得なくても、意識を向けた対策の実践で獲得できる得点、それが防御の得点なのです。

第2節 防御の得点を得る具体的な手段

防御の得点を得るためにやるべきことは簡単に言ってしまえばミスを防ぐということです。

以下具体的にミスを防ぐ手段を列挙します。

●ミスだからいいやと軽く考えない
●自分が犯しやすいミスを類型化し対策を講じる
●ミスに対処するチェックポイントをまとめておく
●検算のバリエーションを増やしておく

以上の点について、以下具体的に説明します。

(1) ミスだからいいやと軽く考えない

…どうしてこの問題を間違えたのかと問われると、「計算ミスなので大丈夫です」であるとか「うっかりミスしちゃいました（笑）」といったように答える受験生が大変多くいます。

これは危険な兆候です。上にも書いた通り、簡単な問題を計算ミスで間違えて失った20点も、難問に時間をかけて頑張って獲得した20点も20点としては変わりがありません。

こうしたケアレスミスたちをもっと細かく分析して対策をしないと、本番まで同じように計算ミスで失点し続けます。

例えば、過去問演習の際に数学で焦っていたために字が読みにくくなって「2」と「z」を見間違えたとします。たしかにこれは実力不足ではなく、単なるケアレスミスです。

しかし、ケアレスミスで終わらせてしまったら、次に同じような状況になったときに同じミスをしてしまいます。もしも、これを単なるケアレスミスで完結させないで、「自分は焦るとミスをしやすい→時間が迫って焦って解くより、時間は怖いが冷静に解こう」であるとか、「2とz

の区別は確かにしにくい。zの場合は真ん中に斜線を書いて区別しよう」といったように分析・対策を講じることができます。

このようにミスを単なるミスで終わらせないことが重要です。

(2) 自分が犯しやすいミスを類型化し対策を講じる

上にも書いた通り、ミスを見過ごさないで、分析して対策を講じることが重要となってきます。

もちろん2とzの書き分けのような具体的に対策を講じるべきものもあれば、抽象的にとらえるべきものもあります。

例えば、式変形のミスです。数学はもちろん理科でも、複雑な式変形が必要な問題は多く、式変形でのミスは誰もがしたことがあるかと思います。式変形でのミスは具体的に対策を講じてもきりがありません。

例えば、$(x+y)^2=x^2+2xy+y^2$の係数の2を忘れたというミスをしたとします。これを「自分は2乗するときに2をかけ忘れやすい。気を付けよう」という風に分析してもよいですが、これだと、3乗のときは？　4乗のときは？　ときりがありません。

こういったものは具体個別的に対策を講じるよりは、似たようなミスをまとめて分析・類型化して、それらを一括に防げるような対策を講じるほうが効率的です。

よくある手法が検算です。検算方法を追加・改良していくことで、計算ミスの多くを防げます。例えば、上の累乗のミスについては、$x=y=1$を代入してみるという検算をするようにすれば、2乗だろうが何乗であろうとミスに気づけます。

このように、類型化したものの対策を講じることで、まだしたことのないミスについても防ぐことができます。

(3) ミスに対処するチェックポイントをまとめておく

過去問演習で犯したミスについて、対策を考えるまではいいですが、それをなんとなく頭に入れておくだけではいずれ忘れてしまいます。

それを防ぐために、教科ごとでも全部まとめてでもよいので、一冊「ミスノート」を作りましょう。

このノートには、やらかしてしまったミスとその対策についてまとめて書いていきます。こうして目に見える形にした方が、意識しやすいですし、忘れても思い出すことができます。

さらに、このノートは本番のギリギリ直前に見返すのにも向いています。ミス対策はもちろん、いままでの自分の努力の証ですので、自分に自信をもつことができます。

このミスノートを作るかどうかで、防御の得点の得点のしやすさは大きく変わってきます。特に共通テストはミスとの勝負という側面が大きいので、かなり有効な対策手段となります。

実際、難関大合格者の多くはこういった、ミスのまとめノートを作成しています。

(4) 検算のバリエーションを増やしておく

ミスを防ぐことも重要ですが、ミスに気付くことも重要です。ミスに気付く、つまり検算・見直しをするということです。

前にも書きましたが、検算はミス対策としては最も基本的なものですが、その奥はとても深いものです。

ただ単純に同じ計算をし直すという検算方法もあれば、違う方法で計算してみる・逆向きに計算してみる・簡単な値を代入してみる・違う方法で解いてみる・単位の次元をチェックする etc といったように手法としては数限りなくあります。

検算の方法は多くあるに越したことはありません。単純に同じ計算をし直すだけでは、間違いに気づきにくいです。そうではなくて、いろいろな検算を素早く行うことができれば、解答に自信を持つことができます。

また、解答が出てから行う検算のほかにも、計算途中で検算することも重要ですし、また間違えたとわかったら、どこが間違っているのかを見つける技術も必要です。

こうした技術は過去問演習を通じて鍛えていきましょう。

問題を「当てる」という意識ももちろん重要ですが､解けるようになってきたら「間違えない」という意識も重要になってきます。過去問演習に入ったらこの「防御の得点」も意識し始めましょう。

これらは合格最低点を取るうえで必要不可欠なことなので、かならず行ってください。

第3章　試験得点の３類型

その3　手順の得点

第1節　手順の得点とは

手順の得点とは、本番の問題を解く際に志望校の問題の構成や配列に対してあらかじめ解く順番を決めておくこと、関わるべきでない問題を見極めることによって得点しなければならない問題で獲得する得点を意味します。

この「手順の得点」は、すでに述べた「試験問題の３類型・難問の２分類」理論と「過去問至上主義」＝「志望校特化型得点脳」理論が深く関連してきます。

「試験問題の３類型・難問の２分類」理論は受験戦略から始まり、得点戦略、勉強計画、各教科の勉強法、さらにはこの本番戦略に至るまですべてに関連する重要な概念なのです。

第2節　手順の得点を得る具体的な手段

「手順の得点」の理論は、主として試験の**総合得点・トータル点を高く保つための理論**です。

一問一問から得点するというイメージの「攻撃の得点」とは異なり、時間制限がある試験において得点すべき問題に十分に試験時間を充てるための得点理論です。

「手順の得点」を獲得するためには以下の事柄を志望校の過去問演習から戦略的に決定しておいてください。

●各教科の問題を解く順番を決めておく
●１問に最大限かけてよい時間を決めておく
●問題に詰まったらどうするかの対処法を決めておく
●マーク問題で選択に迷ったらどうすべきか決めておく
●第３類型が出題される大学では見極める能力を養っておく

以上について、以下具体的に説明します。

⑴ 各教科の問題を解く順番を決めておく

これは特に、共通テスト数学や国語などの、時間の厳しい試験で重要になってきます。

基本的には　時間があまりかからない問題・配点が大きい問題・得意な問題　を先に解くべきです。他の問題に時間をとられて、これらの問題に手が回らないのは非常にもったいないです。

また、やはり試験でもノリのようなものが重要であり、最初に苦手な問題に取り組むよりは得意な問題を片づけてしまって調子が上がってきてから他の問題に移った方が精神的にも楽です。

他にも、時間のかからない問題を途中に持ってきて時間調節するという手もあります。これは特にリスニングが途中で挟まれる英語の問題形式の大学の場合に有効になります。長文の途中にリスニングが入ると、内容を忘れてしまいます。それを避けるために、時間調節のしやすい英文法問題などをリスニング前に持ってくることで、問題は解きやすくなります。

このように解く順番を各大学の出題形式に合わせて決めていきましょう。

⑵ 1問に最大限かけてよい時間を決めておく

これも前の解く順番に関係してくることですが､解く順番を決めたら、制限時間と相談して各問題にかけてよい時間を決めましょう。それを超えたら潔くあきらめて次の問題に移りましょう。最後に時間が余ったら戻ってきて解くようにするべきです。これを決めておかないと、最後まで手が回らずに終わったが、実は最後の問題が一番簡単だったということも起きかねません。

注意すべき点はあまりキツキツに詰め込まないということです。

時間ギリギリまで使う計画だと、見直しやあと一歩の問題にかけられる時間がありません。

ある程度フレキシブルな時間計画を設定しましょう。

また、数学や理科だと何分考えてわからなかったら先に飛ばすという時間設定も必要です。

何分考えてもわからない問題の場合、それは第３類型の問題である可能性もあります。第３類型にひっかからないためにもこの時間設定は重要になってきます。

⑶ 問題に詰まったらどうするかの対処法を決めておく

⑵までで、時間設定については決めることができました。次は、実際にどうやって問題を解いていくか決めていきましょう。

問題が解けそうならそのまま頑張ればいいだけです。問題は、手ごわい問題にぶつかったときです。選択肢としては、①飛ばしてあとで戻ってくる　②あきらめる　③このまま頑張る　があります。

どの選択肢を選ぶかは状況により変わります。

手も足もでないなら②あきらめる　が一番合理的です。解けそうだと思うなら①飛ばしてあとで戻ってくる　が一番合理的です。他の問題を見て頭がすっきりしてから見直すと案外簡単に解けたというのは誰しも身に覚えがあるはずです。

なるべく避けたいのが、③そのまま頑張る　です。問題数が少なく、一問でも０点があったら厳しくなるというのであればわからなくもないですが、基本的にこの選択肢は賢明ではありません。

解かなくてはいけないのであれば①のほうが解ける確率は上がります。残っている問題がどれも同じくらい手も足も出ないというのであれば、一番簡単そうな問題に尽力することもあります。これは臨機応変に対応する必要があるでしょう。

忘れてはいけないのは、すべての問題を解く必要はないということです。あくまで合格最低点を取ればいいので、難しい問題ではなく簡単な問題から点を取る方がはるかに効率的であると言えます。

⑷ マーク問題で選択に迷ったらどうすべきか決めておく

共通テストはマーク形式ですし、私立医学部はマーク形式の大学が多いです。

マーク問題の怖いところは見直すと、不安になってしまうことです。特に共通テスト国語ではこれが顕著になります。迷っていると時間ばかり過ぎていってしまいます。また、迷った挙句、自己採点で間違えだったとわかると気分も沈みます。

事前に迷ったらどうするかを具体的に決めておくとよいでしょう。例えば、見直しで迷ったらもともとの解答を採用する、だとか、二択で迷ったら番号の若いほうを採用する、などです。こうしておけば間違えても運が悪かったと諦めがつきますし、時間の無駄も減ります。

本番は一問一問に集中しているので、迷ってしまうのは仕方ないです。ただ、迷いすぎてはいけないというのが重要です。

(5) 第３類型が出題される大学では見極める能力を養っておく

問題に詰まったときの対処法や一問にかけられる時間を決めるといったことにも関係ありますが、第３類型の出題がみられる大学では、第３類型を見極めて飛ばすという作業が必要になります。第３類型を見極めるためには、前提として典型問題の解法を網羅的に習得することが必要となります。

これが不十分だと、解くべき第２類型の問題と第３類型の区別ができません。逆に、習得できていると、これは見たことのない問題だから飛ばそうという判断が可能になります。典型問題の習得が完了したら、過去問演習を通じて実際にどういう問題が出題されるのかを実体験して見極める練習をしましょう。

ただ、市販の過去問の解答だと難易度はついていますが、もっともらしい解答が載っており、あたかも解けなくてはいけない問題に感じられるので、本当にこれが第３類型にあたる問題なのかどうかが自分では判断がつきません。先生などの信頼できる人に聞いてみることをお勧めします。

以上のことはあまり学習自体とは関わりがなく、テクニック的な要素が強いです。もちろん基本的な実力があることが前提ではありますが、こうした戦略は合格への最短ルートを歩むためには必要なことです。
志望校が固まったら、自分に合わせて考えてみましょう。

合格への決意編

あなたは医学部に合格する

第１章　優れた受験戦略に基づく勉強計画・勉強法・受験対策がすべてを変える

【第１節】　ここにある医学部合格のための受験戦略・勉強法の真実

第２章　最難関医学部突破者の知られざる真実

【第１節】　突き抜けた受験結果は天性の才能とは無関係！

【第２節】　「天性の才能」という誤解を覆す現実

第３章　当塾講師陣からの受験の真実を踏まえた応援メッセージ

【第１節】　本書の執筆・監修講師陣からのメッセージ

【第２節】　合格の天使から最後に　あなたへ贈る言葉

合格への決意編　あなたは医学部に合格する

第１章　優れた受験戦略に基づく勉強計画・勉強法・受験対策がすべてを変える

第１節　ここにある医学部合格のための受験戦略・勉強法の真実

本書でお伝えしてきた受験戦略・勉強法と医学部受験対策は試験の性質、試験問題の性質、限られた受験期というものを徹底的に分析・考慮して導いたものです。

本書の「はじめに」の部分でもお伝えしましたが、本書は、東大理三合格講師を30名以上、東大「首席」合格講師複数名を擁する叡学会（株）合格の天使が、

☑ 当塾講師陣の圧倒的受験結果とその実力の習得プロセスを分類・分析・ロジック化

☑ 当塾講師陣が全国すべての医学部の問題を独自に分析・検証した結果を体系的にオリジナル理論としてまとめた医学部攻略のための受験戦略・勉強法の体系書です。

本書には受験戦略・勉強法と医学部受験対策の真実があります。
なぜここに勉強法の真実があるのかの根拠を示しておきます。

1．受験界最高結果を叩き出している当塾講師陣の真実がここにある

弊社、合格の天使は、日本最難関医学部合格者である「東大理三」合格・東大医学部医学科講師を30名超抱えています。

講師陣の受験結果をご覧いただければお分かりの通り、当塾には全国のすべての医学部の問題を独自に的確に分析できるだけの講師陣の優れた実力があります。実際に本書ではその分析結果をお伝えしています。全国のすべての医学部の問題を的確に分析するには、当然ですが、その問題を解きうる圧倒的実力が必要です。

また、これだけ突き抜けた受験結果を有する講師陣を束で抱えている塾や予備校さんというのはほぼ世の中に存在しません。ここに当塾が当塾講師陣と他の指導機関の指導者とを比較検証し本当に優れた受験戦略・勉強法を導き出せる優位性があります。

さらに、当塾は単なる東大合格者ではなく、東大合格者さらには東大理三合格者の中でも特に優秀な講師を集結させています。実力・能力的に『指導できないことがない』『教えられないことがない 』『自らの指導に受講生を集めるため奇をてらった勉強法やカリキュラム、受験対策を主張する必要などない』『定評ある問題集や参考書を否定する必要などない』（本当に無駄な部分や説明不十分な部分が的確にわかるのならそれを端的に指摘・補充してあげればいい）のです。だからこそ、ここにはまず指導ありきではない「受験生第一主義」を貫いた「合格するための勉強法」「合格するための受験対策」を提示できるという真実があるのです。

弊社は合格に必要なものであるならば指導できないことも、作れない教材・テキスト等もありません。これは受験界最高峰の弊社講師陣の実力をお考えいただければ簡単にご理解いただけることだと思います。

「合格に本当に必要なものだけを受験生にご提供する」という観点から受験指導を行い、本書の内容を記しています。

以上の事実を踏まえたうえで本書を何度も読み直してください。
そして実践して医学部合格へ向かってください。

2．世の中の勉強法や受験対策の決定的な誤り

⑴ 勉強法のとらえ方の誤り

勉強法には色々あるとか、できる人の勉強法はできない人には合わないとか、様々なことが世間一般では言われます。

しかし、ここで言っている前提自体がそもそも正しくない分析です。
あなたの現状の実力が低かろうが高かろうが入試本番で課される試験問題は同じです。
それまでできたと言われる人もできないと言われている人も、誰にとっても同じ問題が課されます。この事実を直視してください。

試験問題は同じ＝合格点を取るために正解しなければならない問題は同じ＝合格のために得なければならないものは同じなのです。それまで、できる人だったかどうかなど一切合否判定に関係ありません。考慮してくれません。

本当に理にかなった方法であるならば、合格のために得るべきものを効率的に得るための手段は不変かつ一定なのです。基礎からどの程度積み上げなければならないかの違いだけは存在しますが、とるべきアプローチや合格のために最低限得なければならないものは同じなのです。

できない人にはできる人の勉強法や対策は合わないという理論自体、

本当に優れた勉強法や対策をわかっていない人の都合の良い論理にすぎません。このような指導側の都合の良い論理にごまかされることがないように皆さんはきっちり本書で学び実践し医学部合格ロードを突っ走ってください。

⑵ 何をすべきかを決定する基準

何をやらなければならないかを決定する際に、決してモチベーションを優先したり、やる気をあげるためということを基準にしないでください。この悪い例として、例えばですが、教科を問わずに薄い問題集を使うなどです。これは「合格のためには何を得るべきか」の考慮が後回しにされた「勉強するための勉強法」にすぎません。

勉強法や受験対策はあくまで試験問題・試験制度の性質・本質から導かれる理論から定めるべきなのです。試験問題で合格点を取れる実力がつかないような勉強法を参考にして問題集や参考書をいくら繰り返しても意味はありません。

本書を読んでいただいている皆さんは「勉強するための勉強法」ではなく、「合格するための勉強法」をしっかり学んでいただいています。

本書を何度も読みなおし、実践して、迷いなく医学部合格へ突き進んでください。

第２章　最難関医学部突破者の知られざる真実

第１節　突き抜けた受験結果は天性の才能とは無関係！

本書で詳しく説明してきた合格するために必要な各種の合格の天使のオリジナル理論を思い出してみてください。

医学部に合格するために最終的に必要不可欠となる「志望校特化型得点脳」を得るための過程において、努力なくして得られるものなど一つもありません。

日本最難関の東大「理三」合格者は「宇宙人」とか「天才」とかよく称されますが、これは本書で解説してきた合格の天使オリジナル理論について、一般には分類・分析・解明されることなくロジック化されていないがために導かれる誤解です。

弊社講師陣と他の受験生で大きく違う点、それは
☑「試験問題の３類型・難問の２分類」理論
☑「得点戦略」理論
☑「勉強ターゲットの３類型」理論
に応じた対策をとってきたか否かの違いです。

そしてもう一つ付け加えるなら、上記理論に応じた「得点脳」を効率的に得られてきたかの違いです。

すなわち、端的に表現すると努力を結果に結びつける的確なノウハウを最初から身につけていたか、それに応じた対策や指導を得てきたか否か、この違いです。

こう説明してもにわかには信じられない方も多いと思います。
そのような方にある真実を以下でお伝えします。

第2節　「天性の才能」という誤解を覆す現実

多くの方は最難関医学部突破者である東大理三合格者について以下の印象を持っていると思います。

●暗記物は1回でほとんど覚えられる
●問題集の問題は最初から苦労せずにある程度スラスラ解ける
●学校の試験では中学・高校時代常にトップ
等々……

ですが、これらはすべて真実に反します。

現実は
●暗記物は何度も繰り返さなければ決して覚えられない。
●例えば数学の『青チャート』や『1対1対応の演習』を最初から解けるなんてありえない。
●学校の試験では20番とか30番……

なのです。

ここには非常に大事なことがたくさん隠れています。

⑴ 暗記物は何度も繰り返さなければ決して覚えられないという実例

もし、受験の暗記物についての受験結果が天性の才能で決まっているというのであれば、突き抜けた受験結果を有する当塾講師陣は最初から暗記物の教科について高い得点が取れたはずです。しかし、例えば共通テスト（旧センター）社会の参考書を一冊こなしていざ共通テスト（旧センター）社会の過去問演習を行ったら、4～6割しか得点できなかったのが現実なのです。大事なことは、その後に何をどう実践していくかという点に的確に焦点をあて、得ていくことです。実際の試験結果の差はここからしか生まれていません。

⑵ 数学の標準問題集の問題を最初からスラスラ解けることなどありえない

数学の標準問題集に収録されている問題の解法というのは、歴史上の数学者の研究の集積です。これを高校生が最初から発想できることなど決してあり得ないのです。

標準問題集から何を学ぶべきかは「勉強ターゲットの３類型」理論でお伝えした通りですが、受験各教科においてゼロから何かを生み出す特殊なひらめきや発想など一切不要なのです。もしそのような能力が必要であるならば、確かに天性の才能というのものは受験結果に差を及ぼすことになります。

しかし、受験数学を含めすべての教科において大学入試問題に対処するために必要な力は何度もお伝えしてきた通り、一般化したエッセンスを抽出・蓄積しそれを運用・適用する力のみです。これは的確な対策と日々の勉強で誰でもが得られるものであり、ここには一切の天性の才能など関係ないのです。

(3) 宇宙人ではないので学校の成績までもがトップであるわけではない

もしなんでもかんでも努力も対策もせずにできてしまうなら学校の試験の成績も常にトップであるはずです。

しかし現実は異なります。

突き抜けた受験結果を有する当塾講師陣の中には学校のテストでは学年で20番とか30番程度だった講師もいます。都内の有名進学校に限らず地方の公立高校においてもです。

この謎については、本書を読んできてくださった皆さんにはすでに解明できるノウハウが備わっているのですが、なぜだかわかりますか？今までの理論をすべて思い出してください。

あなたの第一志望の医学部合格のために最終的に得ているべき力は何でしたか？

「志望校特化型得点脳」ですよね。

この「志望校特化型得点脳」を形成するために最も重要なものは何でしたか？

「過去問至上主義」を貫け、でしたよね。

限られた受験期で合格するために必要な力をつけるためには、ターゲットを絞ること、が重要だとお伝えしてきました。

学校のテストというのは、学校によりますが「志望校特化型得点脳」とは関係のない部分から出題されたりすることが多々あるのです。

この事実から皆さんにわかっていただきたいのは、受験結果が天性の才能によって決まっているのではないという事実に加え、「志望校特化型得点脳」の形成の重要性です。

これを的確に得ることができれば今の成績や模試の成績、学校のテストの成績など医学部合格にとって関係ないということです。

本書で説明している理論についてしっかり学びしっかり実践していってください。

天性の才能で受験結果が決まっていると考えてしまうのは

●自分が的確なものを得るための実践と努力を怠っていることへの言い訳

●皆さんと同じように苦しみながら、皆さん以上の努力をして結果を出した医学部合格者の努力への侮辱

に他なりません。

第3章　当塾講師陣からの受験の真実を踏まえた応援メッセージ

第1節　本書の執筆・監修講師陣からのメッセージ

前章までご説明してきたことを裏付ける当塾講師陣の証言と皆さんへのメッセージを以下に掲載します。

1．東大「理三」現役合格講師 藤井（地方私立高校出身）からのメッセージ

僕は東大模試での判定は１年通してずっと最低評価でした。

特に苦手な英語が足を引っ張り、一部の友人や先生からは受けるのを止められていたほどでした。

夏の模試で悲惨な結果を取ったあと、勉強法を検討し直して始めたのが徹底的な「分析」です。それまでもなんとなくやっていたことではありますが、強く意識して取り組むようにしました。

間違いの原因をとことん追求し、どこまでは理解していてどこでつまずいているのか、自分にない新しい発想かどうか、などノートの端などに簡単にメモしていました。

計算ミス一つとっても、人によりよくやるミスは違います。自分のミスの傾向を掴むことでそこに注意してミスを減らすことができます。

また、暗記はどんな方法が向いているのか、一番集中できる勉強時間のスケジュールはどうかなど、とにかくいろんなことを分析して効率を最大にすることを意識していました。

秋の模試では結果につながりませんでしたが、本番で合格点を取るために必要と思われることを続けていった結果、センターも二次試験も今までに取ったことのない点が取れ、ぎりぎりではありますが合格することができました。1月の模試で最低判定を取った時は本気で絶望しましたが、諦めずにやり続けてよかったです。

今、合格の天使でさまざまな生徒さんを見ていますが、成績の良い生徒さんほどこの分析がよくできている印象を受けます。この問題のこの式変形がわからない、このような取り組み方をしているがこういう点が苦手なので対策したい、など本当に細かく質問をされ、こちらも的確な助言ができて助かっています。

目標と現実を具体的に比較して、各科目何点取れば受かるのか、どの難易度の問題ができればよいのか、そのためにはどの問題集をすればよいか、などこの本も参考にしながらとにかく分析してみましょう。自分で考えるのが難しければ先生や両親に相談してみてください。

模試の判定や順位に必要以上に揺さぶられることなく、最終的に合格点に達することを目標に頑張り続ければ活路は見出せるはずです。

受験は長く厳しいですが、一つ一つ適切な方法で対策していけば必ず合格への道筋は見えてくるはずです。頑張ってください！！

2．東大「理三」現役合格講師 河野（地方私立高校出身）からのメッセージ

受験に向けて日々勉強と向かい合っていると苦しいことも多くあると思います。私自身、何回解いてみても自力で解けない問題があったり、勉強以外が忙しくて焦ったり、辛い時期は何度もありました。私に限らず周りの人たちを見ていても、何も悩まず苦労もせず結果を出している人はいなかったように思います。本気で向き合っているからこそ辛い時期があるわけで、それは皆同じです。

その中で結果を出せるか出せないかを分けるのは、大きく「勉強のやり方」と「メンタルコントロールの仕方」にあると思います。

「勉強のやり方」に関しては、本書を読んでいただいた方であればお分かりかと思いますが、正しい情報をもとに正しい方向へ努力することが大切です。正しい方向へ努力すれば必ず結果はついてきます。一般的にはその「正しい方向」を見極めるのが難しいと思うのですが、それはこの本に詳しく載っていることと思います。

「メンタルコントロール」については、「悩む」のではなく「考える」ことが必要だと思います。受験生は誰しも不安を抱えているでしょうが、その漠然とした不安によって精神的に追い込まれるのはよくありません。しっかりとその不安を言語化してやって、それが合理的な不安なのか、それとも根拠のない不安なのかを見極めてやること。前者であれば、その原因をとことん考えて言語化してやれば、それを克服するためにやるべき具体的な行動が見えてくるはずです。後者であれば、そんなものは捨ててしまいましょう。私自身、前者の不安も後者の不安も経験しましたが、上記を実践することで打開することができました。前者は、高校２年生で物理を始めたばかりの頃に、問題が全く解けずどれだけ演習を積んでも成績が上がらなかったときです。物理選択で行くと決めていたため、本当に不安になりました。ですがこのとき、自分が解けなかった問題を見つめ直して言語化してやることで、根本的な現象理解に問題があることに気づきました。そこからはもう一度教科書・講義ノートに戻り、心機一転基礎から詰め直しました。これが結果的に「正しい方向」を見つけることへとつながり、成績も徐々に上がって行きました。後者の不安は、高校２〜３年生にかけて私が生徒会活動に精を出していたときでした。「生徒会活動をやっている人たちは受験に失敗する」というジンクスがあったんです。今思えば、なんだそんなくだらないこと、と思うのですが、当時はそんな些細なことでも物凄く不安に感じました。半泣きで先生に相談までしました（笑）ですが、その時に自分の不安を言語化して、「生徒会もやりながら、やるべきこともやっていれば、生徒会が受験の足かせになるはずなんてない」と気づけ、不安を一蹴することができました。

受験期は些細なことでも本当に不安になってしまいがちです。ですが、そういうことに自分が押し潰されてしまわないよう、不安をコントロールする術は持っておくと良いと思います。

もう一つ私が皆さんに伝えたいことは、模試の結果に一喜一憂しないことです。模試は自分の苦手を洗い出すツールにすぎません。私はこれで失敗しました。高３の夏の模試で良い結果が出たことで調子に乗り、気が抜けて勉強時間が減ってしまったのです。もちろん、周りが上がってくることで相対的に成績は下がりました。早急にそれに気づき危機感を取り戻したため何とか取り戻しましたが、あと少し気づくのが遅かったら本当に危なかったです。何度も言いますが模試はあくまで苦手を見つけるツールであり、その結果に感情的な評価は不要です。機械的にできなかったところを洗い出して補強する、ということのために使うのが合理的かと思います。

皆、不安と闘っていることと思います。しんどいときには上記のように出来るだけ不安を解消しつつ、良好な精神状態で最高のパフォーマンスを出せるよう応援しています。

3．東大「理三」現役合格講師 菊地（都内私立高校出身）からのメッセージ

僕は高校生のときは塾に通っていませんでした。ですから、他の人と比べ、自分なりの勉強法や勉強に対する考え方を確立するまでに色々と自分で試行錯誤する必要がありました。その中で成績が急に落ちることもありましたし、受験生時代は最後まで不安が拭えませんでした。塾に通わなかったことを後悔はしていませんが、教訓として言えるのは、受験において情報は非常に大事だということです。この本には、多数の講師の体験を元にした受験のノウハウが書かれています。皆さんは、それ

らを参考にしながら自分に合った勉強法を効率よく身につけていってください。

勉強法を身につけてしまえばあとはそれに則って勉強するのみです。その時に重要なのは、勉強を頑張る上でのモチベーションです。「なんとしてもこの大学に行きたい」「勉強を頑張って絶対成績をあげてやる」という気持ちの強さがどれだけ頑張れるかに直結します。皆さんが明確な目標と強い意志を持って勉強に取り組み、合格を勝ち取ることを願っています。

4. 東大「理三」『次席』現役合格講師 小団扇（都内私立高校出身）からのメッセージ

「東大医学部は宇宙人だ」
という言葉を耳にすることがあります。

冗談で言っているのだと思いますが、たしかに東大医学部の人間を生まれつき優秀だ、頭の良さが違う、勉強大好きな化け物だと思っている人は一定数いるように思います。

しかし実際はそんなことありません。普通の人間です。僕は暗記が苦手で、勉強が嫌いでした。化学では mol が何なのか理解するのに何週間もかかりましたし、暗記は5周くらいしてようやくなんとなく頭に入り始めるかなくらいでした。勉強も嫌いで TV のバラエティ番組を見るのが大好きでした。

何を言いたいかというと、入試で優秀な結果を残している人も頭の構造は平凡であり、頭の良さも他の人と何も変わらないということです。

それでは何が違うのかを考えてみました。そこで気づいたのは、勉強で大事なのは「量（時間）」と「密度（質）」だということです。勉強量が少ないと当然成績は伸びません。ただし、量をこなしさえすればいいというわけではありません。量をこなせば受かるというのであれば、浪人生と現役生の差は埋まりません。現役生の合格率は低くなるはずです。しかし実際は、最難関大学の一つである東京大学理科三類の合格者のうち現役が占める割合は80%近くあります。このことからわかる通り、合格のためには量だけでなく密度も大事だということです。

密度を高めるにはもちろん集中力は必要です。ただ、それだけでなく正しい勉強法で勉強することも必要です。正しい勉強法についてはこの本でずっと述べてきました。正しい順序で正しいやり方で勉強すれば誰でも成績は伸びます。

現役生は決して時間が豊富にあるとは言えません。学校では受験科目以外の教科もあり、部活動もあり、友達とも遊びます。これは難関大に合格する受験生も同じです。僕自身、中学高校と部活動に入っていましたし、毎週友達とごはんを食べに行っていました。勉強に使える時間は限られています。つまり、量を高めるにも限度があるということです。

量と同時に、質も高めることで学習効果は飛躍的に増大します。難関大に合格する人は勉強の質がいいだけであって、生まれ持った才能のおかげではないのです。どんな人も始まりは同じで、数学なら正の数・負の数、英語ならbe動詞から習うのです。そのあとにどんな勉強をするかで、最終到達地点は大きく変わってきます。

僕は勉強を進めるにあたって自分の中でモットーを掲げていました。それは「大切なことから一つずつ、ひたすらに」ということです。大切なこと＝優先順位の高いことを上から一つずつ片っ端から終わらせていけば、質と量のどちらも得られることになります。ただ、この優先順位の立て方が難しいです。この本のようにしっかりとした導きがあればよいのですが、僕は手探り状態で勉強していました。今思い返すと誤った勉強法をいくつもしていました。ひたすら英語の語彙力を強化しようと思って受験に必要なさそうな単語帳を使ってみたり、古文では読解を練習するのではなくて出題されそうな作品をひたすら読んだりしていました。他にも無駄だったなーと思う勉強はいくつもあります。そうした無駄な勉強の結果、国語はセンター直前まで7割付近をうろちょろしていましたし、化学も暗記問題で大きく失点していました。

そうした手探りで勉強を進める人に比べて、この本をもとに勉強を進めることのできる受験生は非常に有利です。この本の勉強法は、自分でいうのも恥ずかしいですが、無駄のない勉強法と言えます。この本に書いてあるように勉強をしていたらとても質の高い勉強となるでしょう。勉強すべき順番と注意点は詳しく書いたつもりです。この注意点を意識して、順番通りに勉強を進めましょう。あとは量を高めるだけです。そこは自らを鼓舞し、奮い立たせる必要があります。勉強嫌いでもここだけは我慢しないといけません。

質の良い勉強をして、第一志望に向けて頑張りましょう！

5．東大「理三」現役合格講師 安藤（地方公立高校出身）からのメッセージ

受験生の皆さんにお伝えしたいのは、われわれ理科三類に合格した講師であっても皆さんと学習法は変わっていないという点です。つまり英単語を一度で覚えられたり初見の問題を最初から完璧に解けるというようなことはなく、英単語は何度も見返す必要があり問題集は繰り返し演習を行って解法を身につける必要があったのです。

理三生であっても何か特殊な能力を持った人間は（多分ほとんど）おらず、他の受験生と能力的に連続しているのです。ですから、合格の要因は適切な勉強法と学習量（と運）だと感じています。これは皆さんの合格に必要なことと変わりません。皆さんにおかれても、適切な方法に

従って必要な時間をかければ必ず進路実現できるものと確信しています。

6．東大「理三」現役合格講師 正門（地方公立高校出身）からのメッセージ

受験勉強はなかなか大変なものですが、正しい勉強方法でしっかり努力していけば結果は必ず現れます。

ここでいう正しい勉強方法とはこの本で何度も言われているように、

1．問題集を絞って何度も解くこと。
2．そこから応用可能な本質的な部分を抜き取ること。
3．そして過去問演習を通して抜き取った本質的なものをどう運用していくのか（もしくは演習の中で本質的な部分がここだったとわかることもあります）を学んでいくということ。

の3点に尽きると思います。

ただ、やることはわかってもスムーズにいかないことは多いです。例えば僕自身の経験では『青チャート』は1周目では大体の問題は解けず、答えを見ていました。こんなことをしていて実力がつくのかと不安になった時期もありましたが、2.の本質的な部分を抜き取ることが大切であるということを意識して学習を進めていき、解けなかった問題に関しては何度も解法を自分自身に説明しながら復習していくことをしました。

他の科目についても基礎的、標準的な問題集をやる際にはわからない問題はあまり悩まずに答えを見てしまって、解答のプロセスを理解することに重点を置きました（過去問演習の際にはしっかり考えて自力で解くようにしました）。

また、記憶力も特別良い方ではなかったので、色々な感覚を使うよう

にすること（書く、音読する、見る、CDを聞く、など）1日にかける時間は短かくてもいいので何度も復習することを意識しました。英単語を覚えるときなどはどうして自分はこんなに覚えられないのだろうと少し悲しくなるときもありましたが、あまり気にしないようにしました。

モチベーションの維持にも苦労しました。特に3年生の後半になってからは勉強をする気がおきづらかったので、

1．勉強することを癖にしてしまうこと。
2．やる気がなくてもとにかく始めてしまって10分くらいやってそれでも勉強が嫌だったらやめてしまうこと。

の2点を意識しました。

物理ははじめ、『物理のエッセンス』で勉強しようとし、挫折しました。『物理のエッセンス』は僕には合わなかったようです。そこで自分の理解力のなさに悩むことはせず、参考書を『漆原の物理』という本に変更したところ、うまくいきました。物理ははじめのはじめの部分（公式がなにを言っているかなど）を理解する（イメージする）のが大変な科目なので苦労しましたが、そこの段階を超えるととても得意科目になりました。

誰でもなにかしらうまくいかないことがあるのは当たり前のことなので、うまくいかないことを悩んだり責めたりするよりは、うまくいくように勉強のやり方やシステムの方を変えていくのがコツな気がします。

最終的に試験で合格点を取るということだけが受験勉強における目標なので、自分の素質などは気にせずに、自分がやるべきことを淡々とやっていきましょう。

7．東大「理三」現役合格講師 花村（地方公立高校出身）からのメッセージ

僕は高校１年生の初めの学年テストでは400人中50番くらいで、とても東大理三を目指せるような成績ではありませんでした。周りはみんな自分よりも頭がよく見えましたし、勉強してもなかなか順位が上がるようには思えませんでした。

入学してから半年くらいの間、生活スタイルや勉強方法を確立するためにかなり試行錯誤をしました。周りは塾に通って難しい内容を習っているなか、自分は部活もしたかったので塾には通わず自力で勉強を進めました。自宅で勉強しているときは、なかなかやる気が起きなかったり、周りに同期がいないので進度や勉強内容を確認できずに不安になったりと、大変な事がたくさんありました。受験に必要な情報は親にも協力してもらいながら調べて、自分で計画を立てて適宜修正をしていきました。

何もかも手探りのまま勉強を進めていきましたが、２年生まではとにかく受験の基礎を仕上げることに集中しました。授業の予習は殆ど行わず、既習範囲をとにかく定着させるように努力しました。新しい範囲を進める事はなかなかエネルギーが必要で、当時は簡単な場合分けの意味を理解するのにも、問題を三、四回は解きなおしてやっと理解できるような状態でした。『FOCUS GOLD』という参考書を使っていましたが、殆どの問題が初見では理解できず、答えを見てようやく理解する、何回も解きなおすの繰り返しです。

なんとか数学や英語に関しては基礎を２年までの勉強では身につけられて、３年生の夏ごろから、過去問演習に入りました。それまでは、順調に勉強が進んできていると思っていましたが、東大の過去問演習はとても難しかったです。夏の模試ではよくてもＣ判定くらいで、まったく合格のビジョンが見えませんでした。

それでもあきらめずに演習量を増やすしかないと思い、過去問や問題集を解き続けました。ただ、国語は自分ではどうしようもなかったので、塾に通って添削指導をしてもらいました。正直、受験当日になってもすべての分野が完璧だったとは思えません。東大入試の２週間前に電磁気の勉強をしたら、まだまだ新しく知らない事が出てきましたし、それが本番に偶然出てきてびっくりしました。

僕はいろいろ試行錯誤して、無駄な勉強もしてきました。結局は受験に近道はなく、自分のできることを進めていき、基礎から順番に積み重ねていくしかないと思います。最後まであきらめなければ、必ずいいことがあるので、皆さんも頑張ってください。

8. 東大「理三」現役合格講師 深川（地方私立高校出身）からのメッセージ

受験生の方からすると、東大理三に受かった人は今まで苦労もなく受験を終えてきた人だと思っていらっしゃるかもしれません。しかし、自分の体験を鑑みても、周りの人の話を聞いてみても、そんな人はいません。皆色々な苦労を抱えた、普通の人間です。

勉強が大好きな人ばかりでもありません。勉強のやる気が続かないこともあります。私自身、夏休みに毎日勉強していたらある日突然全く勉強をする気力がわかなくなってしまいました。これはマズイと頭ではわかっていたのですが、夏休みが終わるまではそこから勉強時間が半分くらいになってしまいました。人間同じことばかりをずっとやっていると嫌になってくるものです。気分転換も大切ですし、たまには遊びに行くことも大切です。自分なりの勉強方法を確立してさえいれば、多少遊んでしまっても大丈夫です。

また、勉強方法に関してもスムーズにいったわけではありませんでした。数学の問題集で『やさしい理系数学』というものがあります。私はこれを使っていこうと思って計画を立てて、2週間くらい続けたのですが、どうしてもこの問題集を好きになることができませんでした。そこで思い切って問題集を変えたのです。もったいないと思う気持ちもどこかにありましたが、やはり自分の嫌いな参考書を続けることは不可能だったのです。ですから、なるべくストレスの少ない勉強法を考えることは大切なのではないかと思います。それが自分なりの勉強法に繋がっていくのではないかと思います。

私は英語が本当に苦手で、夏休み前までは全然できなくて、このままでは英語が原因で落ちてしまうと思っていました。ですから、夏休みの間に英語の問題集を徹底的にやったのです。英語という科目自体があまり好きでなかったのもあって今まで避けていたのですが、初めて本腰を入れて勉強をしたのです。そうしたら英語の成績はどんどん上がって行きました。

このように、誰にでも苦手科目はあります。ただ、それを克服する根気強さがあるかどうかなのです。時には嫌なことに向き合わなければいけないこともあります。我慢も必要なのです。しかし、その我慢をして成績が上がったときの喜びはひとしおです。そういった喜びを積み重ねて成功体験・自己肯定感を積み重ねていくことで成長していくのです。

はじめにも書きましたが、受験は自分との戦いです。他人を気にすることはないのです。他の人を蹴落として合格するわけではないのです。合格最低点以上の点数を取れるよう勉強していくことが大切なのです。周りの人が自分よりも先に進んでいるからといって焦っていませんか？焦る必要はありません。私自身も高2まで部活をやっていた影響で勉強の進み具合は人よりも遅れていましたが、その後に取り戻すことができました。自分のペースでやっていければそれが一番いいのです。「ウサギとカメ」の話ではありませんが、マイペースに続けていった人は強いです。自分なりの勉強法を確立していきましょう。

9．東大「理三」現役合格講師 江尻（地方私立高校出身）からのメッセージ

僕は物理が高３の夏あたりまで得意ではなく、学校の実力テストでも浮き沈みが相当激しく平均よりも低いときがあってかなり精神的にダメージを受けたことがあります。しかしそこからは問題の基本の型に習熟しようと努めることで過去問演習で吸収できることが増え、だんだん解けるものが増えました。

実力テストで数学の順位が20番くらい落ちてスランプに陥ったことがあります。

国語はそもそも苦手で入試本番でも苦戦しました。

10．東大「理三」現役合格講師 佐伯（都内私立高校出身）からのメッセージ

世の中に勉強が大好きだから勉強をたくさんしているという人はそんなに多くはいないし、勉強ができるようになるためには無理に勉強を好きになる必要もないです。実際に僕も受験勉強で面白いと思えたのは数学くらいで、他の科目に関しては自発的に勉強しようと思えるほど好きではなかったです。

しかし、受験勉強には英語の読解力など数日間触れていないと自然に衰えていってしまう要素が多く存在するので、コツコツやるに越したことはないです。そのため、勉強が好きでない人はまずは受験勉強をするに当たって目標を決めてみるのがよいと思います。将来どういう人間になりたいといったことから、あの大学に憧れたから行ってみたいといったことまで、なんでもいいから自分が勉強する理由付けをしてみましょう。そのようにして何かしらのモチベーションを持つことでコツコツ勉強していく習慣を身につけましょう。案外、結果が出るようになると楽しくなってくることもあるかもしれません。

　また、勉強を工夫したり質を高めることも勉強が好きではない人には大切になってくると思います。例えば、僕はただ紙に何度も書いて英単語を覚えるということは得意ではなかったので、色々な覚え方を試してみました。そして結局、電子辞書に発音させた後にその音を真似て発音しながら紙に何度も書くという暗記方法が一番覚えやすいという結論に至ったので、最後までこの勉強法を貫きました。

　また、本書の中でも触れられていたとおり、焦って参考書にあれもこれもと手を伸ばすということはせず、数冊の参考書からどれだけ他の問題でも通用するエッセンスを抜き出せるかというところに力を入れていました。あれこれ手を出して勉強が雑になってしまうくらいだったら、一冊を何周もして完璧にした方が本質が見抜けるようになるなどメリットが多いと思ったからです。

　受験勉強は限られた時間でやるものなので、その中で最大限の効率を上げるためにはどうしたらいいかもう一度この本を読んだ上で考え直してみましょう。間違った勉強法をしているのと正しく効率のよい勉強をしていたのでは入試の時期には大きな差がついてしまいます。この本に書いてある勉強法をベースにして、自分に合った勉強法を色々と模索した上で確立させてしまいましょう。

　それでも、勉強したのに結果が出ないと思い悩むこともあるかもしれません。しかし、正しい方法で勉強していれば必ず結果は追いついてくるはずなので自分を信じましょう。自分を信じるということは受験勉強においては案外重要なことです。焦ってあれもこれもと新しい問題集に手を出して基本が疎かになってしまうということは避けなければなりません。行き詰まったときは勉強法のベースは曲げないようにしながら、どこが足りなかったのか冷静に分析していきましょう。

11. 東大医学部医学科「日本初」推薦合格講師　笠原（地方国立高校出身）からのメッセージ

受験勉強は長くしんどいものです。特に、自分の今のレベルとは離れた志望校を設定している人からすると、ゴールが見えず、しんどいと思います。

私は、有名私立出身ではなく、高校受験を経験しているため、大学受験で戦う多くのライバルとは違い、高校に入ってから高校の勉強を始めました。そのため、受験までにはあまり時間がなく、すべてを３年間で勉強しないといけないというプレッシャーに押しつぶされそうになっていました。

物理や化学もあまり早く始めることができず、２年生の頃に受けた模試では１桁点数を連発していました。スタートの遅さを挽回しようと懸命に勉強していましたが、２年生の中頃には、成績も伸び悩み、何のために勉強しているのだろう、と思うことが多々ありました。実際、２年生の１年間で模試の点数は１点も伸びませんでした。つい最近勉強したことが身についていなくてがっかりすることも多かったです。しかし、それでもめげずに続けていた結果、３年生の春ごろから結果が出始めました。

ここで、私の好きな言葉を紹介したいと思います。「勉強は、踊り場のある階段と下りのエレベーターだ。」登って行くときは、踊り場のある階段ですので、頑張って進んでいても、踊り場にいる時には上に登ってはいません。しかし、下って行くときはエレベーター。少しサボり始めると、すぐに成績は落ちていってしまいます。やってもやっても成長が感じられないときはあると思います。その時も、自分はきっと今踊り場にいるんだと言い聞かせて、その日できることをしっかりこなしていくことが大切だと思っています。

スタートが遅くなってしまった人も、成績が伸び悩んでいる人も、正しい勉強をただがむしゃらにやっていれば、いつか結果が出る日は来ます。それを信じて、コツコツ勉強を続けていくようにしてください。

第2節　合格の天使から最後に　あなたへ贈る言葉

受験戦略、勉強計画、勉強法、受験対策が的確なもの、優れたものであるならばあとはそれを「淡々」と実践していけば結果は必ずついてきます。努力は結果となって現れます。

あなたは本書を読むことで的確かつ優れた「受験戦略論」に基づく「勉強計画」「勉強法」「受験対策」を手に入れています。

後は実践です。

「まず机に向かえ。教科書・参考書・問題集を広げろ。ペンを持て。1問でもいいから取り掛かれ。」

頑張れ すべての受験生。勝利の女神はあなたに微笑む。

合格の天使

番外編

医学部合格へ導く

究極の受験指導とは何かを分析・解明する

第１章　本当に優れた医学部受験対策とは

第２章　叡学会（株）合格の天使の指導

第３章　当塾講師陣の実力があって初めて可能な指導というものがある

番外編　医学部合格へ導く究極の受験指導とは何かを分析・解明する

★番外編★
究極の受験指導とは何かを分析・解明する
叡学会（株）合格の天使の指導

第1章　本当に優れた医学部受験対策とは

試験の性質、試験問題の性質、限られた受験期というものを徹底的に分析・考慮した受験戦略・勉強法であるならば、独学であっても指導を受けてもやるべきことは不変なはずです。

したがって、本書で述べてきた受験戦略・勉強法をもとに確実かつ効率的に合格力･得点力をつけるための指導をしているのが弊社指導です。

まず指導ありきではなく、「受験生側に立って合格に本当に必要なものは何なのか」という観点から受験指導というものは提供されるべきものだと弊社は考えています。

誤解のないようにお断りしておきます。

本書で述べてきたことを実践していただければ自学自習を他の受験生よりも遥かに効率化させ合格に的確に向かっていただけます。本書の内容を実践しただけで自学自習で国公立・私大を問わず医学部に合格している方も沢山おられます。

ただし、受験生各自の状況によっては試験までの残り時間や勉強に費やすことができる時間は当然異なります。現状の実力も大きく異なります。また、志望大学のレベルによっては合格に必要なものを過不足なく的確に得ていかなければ時間切れになります。

このような前提の中、当塾の指導では本書で述べた理論に基づいて各自の現状や志望校に応じて以下の点に分析を加え確実かつ効率的な受験対策を実現しています。

第2章　叡学会（株）合格の天使の指導

当塾の指導では当塾講師陣の実力があるからこそ初めてなしうる以下の受験指導をご提供し、究極の受験指導を分析・追求しています。

1．各自の受験戦略の構築

☑ **「試験問題の３類型・難問の２分類」**理論を各自の志望校の問題を分析することで把握
☑ **「得点戦略」理論**に基づき各自の志望校の問題の性質を的確に分析

2．各自の勉強計画の立案・作成

1．の分析を踏まえ、
☑ 各自の現状と志望校に応じた問題集・参考書の選定
☑ 各教科「いつまでに」「何を」「どこまでやるか」についての年間計画・中期計画・週間計画の立案

3．科目・質問数無制限の質問回答で「勉強ターゲットの３類型」理論で得るべきものを効率的に伝授

受験生各自が使用する問題集や参考書、志望校の過去問は異なりますが、それらすべてに合格基準を満たした質の高い、わかりやすい質問回答をしているのが当塾指導です。

更に、上記１、２を踏まえ、本書の中でご紹介した合格の天使オリジ

ナル理論である

☑「**基礎習得の3分類」理論**の詳細を伝授することによって基礎を確実に高い次元で習得させる。

☑ 問題演習を通じた「**一般化脳」理論**に基づいて、当塾講師陣が問題演習から得てきたエッセンスを網羅的にダイレクトに伝授。合格基準を満たしたエッセンスが高い質と量で効率的かつ網羅的に得られる。

☑「一般化脳」理論で抽出・蓄積したエッセンスを初見の問題に運用・適用する力＝「**志望校特化型得点脳**」を質の高い個別質問対応を通して徹底的に習得できる。

以上のように、第一志望合格に直結する、圧倒的実力者だけが網羅的に有する（これを有するからこそ圧倒的結果があるにすぎない）医学部合格に直結するノウハウと武器と思考を余すことなくリアル塾とネット塾（全国の高校生・受験生対象）で30名超の東大理三合格講師陣が個別指導や講義を通じてご提供している、またご提供できる稀有な存在が弊社指導です。

第3章　当塾講師陣の実力があって初めて可能な指導というものがある

以上ご説明してきた理論や指導内容について、全く実力ない人や実力が低い人でも安易に真似事はできてしまいます。ここに受験界の問題があります。

【当塾指導について】

近時安易に当塾と同じ指導を謳う指導機関が非常に増えています。しかしながら、当塾指導はあくまで全教科を受験界最高レベルまでマスターした多くの東大理三合格講師がいるからこそ考案した指導であり、この前提があって初めて合格に有益なものを高い質でご提供可能な指導なのです。

実際に当塾には、指導実力が伴わないのに安易に当塾と同じ指導内容を謳う他指導に対する多くの困惑のご相談が絶えません。

当塾指導と他指導とがどのように実際に異なるのか以下に説明させていただきます。

CHECK1　合格の天使の指導はここが違う！

当塾では計画立案における問題集・参考書の選別において、受講生が使ってきた問題集・参考書、現役生であれば学校で使っている問題集・参考書、授業カリキュラムをベースに計画を立案します。 これにより既卒生でも一切の無駄なく、現役生であれば学校の授業や教材を最大限活かす形で一切の無駄なく、最大効率と最小限の労力で実力アップをはかることが可能となるのです。

これに対して、他予備校・他塾には表面的に当塾指導と同じ指導を謳うところがありますが、全員が同じ計画、全員が予備校・塾側が指定する特定の問題集・参考書を使用させるという指導もあります。しかし、そのような指導ではやるべき問題集・参考書が増えるだけであり、かつこの指導システムをとっている利点が全くありません。到底個別指導と呼べるものではありません。個別指導の利点も何もありません。

当塾指導システムを実現できるのは、当塾講師には全教科について受験界の頂点を極めた実力があるからです。どのような問題集・参考書・過去問集の問題であってもすべてその場でわかりやすく回答可能な実力があるからです。**この実力がなければ予備校・塾側の都合（指導力の欠落による指導内容の限定）が受講生の実力アップや効率よりも優先されてしまう弊害**があるのです。

CHECK 2　合格の天使の指導はここが違う！

当塾の**ネット塾**では、医学部志望受講生には東大理三合格講師が専属担当になります。さらに、理科の選択科目が「物理・化学」の受講生には「物理・化学」で受験した講師が「化学・生物」が受験科目である受講生には「化学・生物」で受験した講師がつきます。

当塾の**リアル塾**では医学部受験生の指導に当たるのはすべて東大理三合格講師です。計画の専属担当には「物理・化学」の受講生には「物理・化学」で受験した講師、「化学・生物」が受験科目である受講生には「化学・生物」で受験した講師がつきます。これにより質の高い計画の立案・指導、質の高い質問対応が可能となるのです。

これに対して、他予備校・他塾では形式的に当塾指導と同じ指導を謳うところがありますが、私大医学部合格講師が国公立医学部志望受験生の計画指導をしたり質問回答を行っているところもあります。

また単なる理系合格者が医学部指導や難関大理系指導を行っているところもあります。さらにひどいものになると、文系合格者が理系指導を行ったり、医学部指導を行ったりしているところもあります。しかし、そのような指導では全教科のバランスや到達点を考慮した計画など立てられませんし、具体的な問題の質問回答ができないもしくは極めて質が低いものにしかなりません。

当塾指導システムが本当の意味で受講生に有益である理由は、当塾講師が圧倒的実力を持っていることに加え、実際に講師が受験した受験科目について指導させているからです。**この部分の実現ができなければ、予備校・塾側の都合（指導力不足のごまかし・利益優先）が受講生の実力アップや効率よりも優先されてしまう弊害**があるのです。

CHECK 3　合格の天使の指導はここが違う！

当塾指導では**ネット塾・リアル塾**ともに質問対象に制限はありません。最大効率実現のため個人個人それぞれが使用する異なる問題集・参考書に対して、わからない問題や説明に対する質問にすべて説明・回答・添削指導をしています。また全国どこの大学の過去問であろうが、わからない問題や説明にはすべて説明・回答・添削指導をしています。これにより問題集や参考書、さらには過去問集に至るまで得なければならないことをすべて受講生は効率的に得ることができるのです。

これに対して、他予備校・他塾には表面的に当塾指導と同じ指導を謳うところがありますが、質問回答対象の問題集や参考書を塾指定のものに限る、特定のものに限るというところもあります。過去問には回答できないというところもあります。逆に、回答自体はしていても問題集や参考書の解説の域を出ないものがほとんどです。このような指導では到底実力は効率的についていきません。

当塾指導システムを実現するには、当塾講師のように全教科について受験界の頂点を極めた実力が必須なのです。**この実力がなければ予備校・塾側の都合（指導力の欠落による指導内容の限定）が受講生の実力アップや効率よりも優先されてしまう弊害**があるのです。

CHECK 4　合格の天使の指導はここが違う！

当塾のネット塾では回答は原則翌日まで返信（18時くらいまでにいただいた質問は翌日の23時59分までに返信が原則）です。

さらにネット塾の場合計画立案から質問回答まですべて1人の受講生には1人の専属講師がついて責任ある回答を行います。

当塾のリアル塾では受講生それぞれで異なる問題集や参考書、志望校の過去問集いずれの問題についても質問にすぐにわかりやすく講師が回答しています。

これに対して、**他予備校・他塾のネット指導**では、質問回答の時期は未定であったり、1週間後であったり、講師が回答できる時など曖昧かつ無責任なものも多々あります。これでは効率的に実力はつきません。

さらに質問についてはLINEなどで質問を受け付け、不特定多数の講師が回答するというものもありますがこれでは責任を持った回答など得られません。**他予備校・他塾の対面指導**では、20～30人の受講生に対して質問対応する講師が1～2人であったり、講師の指導実力が質問回答できるレベルにないというところも多々あります。実際に質問対応しますと謳っているのに何らかの理由をつけて回答してもらえない（する実力がない）というところも多々あります。

当塾指導システムは当塾講師の実力と熱意がなければ決して実現しないものです。**この実力と熱意がなければ予備校・塾側の都合（指導力不足のごまかし・利益優先）が受講生の実力アップや効率よりも優先されてしまう弊害**があるのです。

【当塾の受験戦略・勉強法理論について】

本書で解説している当塾のオリジナル理論は、そもそも当塾が多数の東大理三合格講師や東大合格者の中でも上位層の東大合格講師を束で抱えているからこそ研究・分析し導き出した理論です。安易に同じことを語ること自体許されません。

さらに本文の中でもお伝えしましたが、皆さんに注意していただきたいのは、合格の天使オリジナル理論に基づいて、各理論における得るべきものを高い質と次元でダイレクトに与えることができるのは当塾講師陣の圧倒的受験結果に実証された実力があるからです。実際に全国のどこの医学部・難関大学の問題でも解きうる、したがって分析を加えうる実力があって初めてできることという事実は重視していただければと思います。

本文の繰り返しになりますが、例えば、同じく最難関大学合格者であっても数Ⅲを受験していない＋二次試験や個別試験の理科を受験していない＝受験科目として数Ⅲ＋理科科目を極めていない人が全国の難関大学の問題を的確に分析できるかと言ったらそれはノーです。最難関大学理系合格者であっても数学や理科科目を得意としていない人についても同じことが言えます。

したがって、そのような実力では、

☑「試験問題の３類型・難問の２分類」理論を正確に適用することは不可能です。

☑「得点戦略」理論についても各自の志望校の問題特性について的確に判断することは不可能です。

☑「勉強ターゲットの３類型」理論についても、各理論から導かれた優れた知識や思考やノウハウを網羅的に教えることは不可能です。

もしそれが可能だというのであれば、その人は当塾講師陣に匹敵する受験結果を叩き出しているはずです。

皆さんが第一志望とする大学について的確な対策をとっていきたいのなら、できる限り高い実力の人からの指導を得るべきです。ここまで説明してきた事柄だけでも多くの要素があり、それについて一つ一つ的確なものを得られるか否かで大きな差がついてしまうことは今までご説明してきた通りです。

どのような実力の人から指導や受験対策のアドバイスを得ることができるかということは、やるべきことを的確に選別し焦点を絞れるか＝確実かつ効率的に実力をあげていけるか、ということに直結してきてしまう重大な要素です。

個人の努力や能力と関係がないこの部分で大きな差をつけられてしまっているのが現実なのです。皆さんはこの現実をしっかり認識するとともに悔しい思いをしないように十分注意していってください。頑張っているのにこのような原因で合格できない受験生をなくすためにご提供しているのが当塾指導です。

本書の初版発行以来、弊社指導に関する多くのお問い合わせをいただいておりますので、この点について弊社指導として何を行っているのかについては弊社公式サイトをご覧ください。

合格の天使指導の３大ポイントや７大特質に加え、指導内容につきまして極めて詳細にご説明しております。

公式サイト　**https://www.goukaku-tensi.info**

おわりに

以上、合格の天使が独自の分析を加えて体系化した受験戦略・勉強法をお伝えしてきました。

2014年に本書の姉妹版である『受験の叡智【受験戦略・勉強法の体系書】』出版を決意した大きな理由は、安易に語られる勉強法にこれ以上受験生が踊らされることがないようにするためです。

受験戦略、勉強法に関し本書以上のものを追い求める必要もまた**これ以上のものが存在することもない**と自負しています。

その根拠は
この本の執筆・監修を担当しているのは合格の天使が誇る
「30名超の東大理三合格講師陣」
という受験界最高峰を突破した受験戦略・勉強法のエキスパートであるということ
・圧倒的結果が伴っている受験戦略・勉強法であるということ
・単なる合格体験記ではなく客観的データを収集・分析したものであること
・受験戦略・勉強法を体系化したものであること
です。
この本を読んでくださっているあなたはすでに全国の受験生に対して大きなアドバンテージを得ています。そしてもう受験戦略や勉強法に悩む必要はありません。やる気や集中力、精神論を必要以上に追い求める必要もありません。

あとは実践です。
実践段階では本書の中で少し触れたように各科目の各単元・分野・項

目等について**一般原理化・普遍原理化・処理公式化**できる部分がたくさんあります。

この部分について必要十分な質と量を兼ね備えたものを習得できれば医学部合格は確実になります。

本書を何度も読み返し合格に必要なものを実践からどんどん得ていってください。

なお、弊社合格の天使は、確実合格を可能にする各科目の各単元・分野・項目等について「一般原理化・普遍原理化・処理公式化」したものを網羅的に保有しています。

しかし、これはとても書籍に収まる量のものではありません。

この部分につきましては門外不出の講義・映像講義や科目・質問数・質問事項無制限回答指導・添削指導を行っているリアル塾及びネット塾で余すことなくご提供しています。

本書で最高の武器を手に入れたあなたは、もはやあなたの頑張り次第で医学部合格を確実にできる状況を手に入れています。

最後まで自分を信じて頑張り抜いてください。

その先には必ず合格があります。

祈　第一志望校合格。

◆監修・執筆主任◆

東大「理三」『次席』現役合格講師「東大医学部医学科」小団扇嘉仁

叡学会　株式会社　合格の天使

代表取締役　上沼重徳

本店所在地

〒113-0033　東京都文京区本郷５－３－３

塾所在地

個別指導棟 東京都文京区本郷５－３－３ 本郷ビル１Ｆ・２Ｆ

講義視聴室 東京都文京区本郷 5―24―6 本郷大原ビル５Ｆ

TEL　03 － 6801 － 5925

E-mail　info@goukaku-tensi.com

※参考文献

全国の大学の医学部の公式ホームページ

独立行政法人大学入試センターホームページ

『受験戦略・勉強法バイブル』（弊社合格の天使刊）

東大理三合格講師30名超による
医学部 受験の叡智
受験戦略・勉強法の体系書
改訂新版

2018年 3 月 20 日 初版第 1 刷発行
2019年 4 月 3 日 初版第 2 刷発行
2021年 11 月 5 日 改訂版第 1 刷発行
2023年 10 月 29 日 改訂版第 2 刷発行

著 者 合格の天使
編集人 清水智則 発行所 エール出版社
〒 101-0052 東京都千代田区神田小川町 2-12
信愛ビル 4 F
e-mail : info@yell-books.com
電話 03(3291)0306
FAX 03(3291)0310
振替 00140 − 6 − 33914

＊定価はカバーに表示してあります。

乱丁本・落丁本はおとりかえいたします。

ISBN978-4-7539-3513-0

受験の叡智

共通テスト
完全対応版

受験戦略・勉強法の体系書

東大理三合格講師30名超、東大理系・文系上位合格層講師多数の圧倒的結果に実証された受験戦略・勉強法

【受験戦略編】
　総則編　戦略なき勉強法は捨て去れ
　合格への３大戦略編　３大戦略総則
　　第１部　ターゲットを絞る
　　第２部　ターゲットへの的確なアプローチ
　　第３部　志望校・併願校と選択科目の戦略的決定
　受験戦略構築編

【勉強計画編】
　　第１部　勉強計画の立て方
　　第２部　勉強計画のサンプルプラン
　　第３部　計画の実践と軌道修正のコツ
　　第４部　当塾講師陣の計画の失敗談とアドバイス

ISBN978-4-7539-3491-1

【勉強法編】
　勉強法総論
　勉強法各論（科目別勉強法）

【日々の勉強への取り組み編】
　　第１部　日々の勉強の核の確定
　　第２部　日々の勉強への取り組み方の重要ポイント

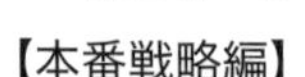

【本番戦略編】

【勝利の女神はあなたに微笑む編】

合格の天使・著　　◎本体 2000 円（税別）